平和と和解の思想をたずねて

平和と和解の研究センター
Center for the Study of Peace and Reconciliation CsPR

足羽與志子・濱谷正晴・吉田裕［編著］

大月書店

はじめに

1

私たちは、人々が生きるこの世界に、どのようにしたら平和と和解をもたらすことができるのだろうか。人々と社会が平和と和解を希求するとき、現代の社会科学はどのような貢献ができるのだろうか。そして、私たちが求める平和と和解は、いったいどのようなものであり、それはどこにあるのだろうか。人々と人々が生きる社会にその学問の基軸をおく科学、という広義の社会科学の立場から、今日、切望される平和と和解について、思考し、思索を深め、答えを追求し、そして、遠い道のりであっても、平和と和解への一歩を始めてその実現を目指すことを目的として、二〇〇七年、一橋大学大学院社会学研究科に「平和と和解の研究センター」が設立された。社会学、人類学、歴史学、政治学、哲学、宗教学、国際関係論、メディア論などの幅広い分野からの研究者の集まりが本センターの主体である。

本書はそのうちの一三名がそれぞれの研究の中に、平和と和解の思想を真摯にたずねていった、その思索の集積である。本書はまた、社会学、歴史学、宗教学、人類学などのそれぞれの学問分野の研究者が、平和と和解の思想を、みずからの専門とする研究の中に見いだすことを試みたその軌跡でもある。読者の方にはそれぞれの著者とともに、平和と和解の思想をたずねていただき、そしてまた、ご自身でも、平和と和解の思想をたずねる旅を始めていただければと願う。

2

本書の編著者となっている「平和と和解の研究センター」について、少し記しておきたい。本センターは、第一に、平和と和解を研究することにより、社会科学がより現代的な問題に取り組み、学問としての新たな広がりと深さを増すこと、第二に、日本の社会と文化が平和と和解の思想を持つことを明らかにし、十分に認識すること、さらにそれを日本および世界の思想的基盤として海外での紛争解決や平和構築へと架橋していくこと、この二つを大きな柱としている。それについて述べてみよう。

多くの人々が、日々の営みにおいて、またそれぞれの仕事に誠実に取りかかっているときに、ふとその手を休め、心に浮かび、ときにはひとりごちたりする問いかけがある。これまでの時代を生き抜いてきた私たちの曾祖父母、祖父母、両親は、どのような世界をつくり上げてきたのだろうか。そして今、私たちはどのような世界をつくり、子や孫、曾孫といった次の世代にどのような世界を手渡そうとしているのか。老いていく両親や、祖父母の死にあったとき、産まれた子どもの顔を見たとき、あるいは世界を変えるような出来事に遭遇したときなど、こうした問いかけがふと心に浮かんだ経験を持つ人々は少なくない。今生きる自分を間に挟んで、おおよそ二〇世紀をつくってきた三世代と、二一世紀をつくっていくだろう三世代をあわせて七世代、この七世代というのは、私たちが平均寿命をまっとうするならば、生きている間に直接に接するかもしれない世代の範囲として、実感を持って想像できる時間感覚の最大の範囲だろう。

この実感を持って、私たちが手渡されたこれまでの世界を振り返り、私たちが手渡すこれからの世界を想像するという、こうした直截的な問いかけは、一〇代の希望に満ちた若者か、あるいは思想家や宗教家、政治家がすればよいのであって、高度な専門性と細部の知識の蓄積をもっぱらとする学術研究者が発するには、あまりに平易で凡庸、愚直にしてナイーブにすぎる、と言われるかもしれない。しかし多くの人々が真摯に問いかけるこの問題に対して、正面から向き合うことをしなければ、なんの社会科学であろうか。

本センターの問いかけはそこにある。そもそも、社会科学は一九世紀末からの激しい社会変動の大きなうねりの中で、そこに形成されつつある社会と人間のあり方を理解するための近代の学問として生まれた。この時代は一人ひとりの人間性や能力を重視する啓蒙主義が生まれもしたが、産業化と近代国家形成が急速に展開し、一人ひとりの人間を歯車の一つとする平準化や単一化も進んだ。人間の個別化と没個別化という、相互に矛盾する対立項が同時に進行し、それぞれが近代化やナショナリズムの抗しがたい力で極度に展開されたのである。たとえば、近代化は封建的な身分制度や家族主義を崩壊させ、個人を解放したが、初等義務教育、普通選挙、近代軍隊制度、女性や子どもまで動員する工業化・産業化は、個人を単位としながら、同時に同質の個の量産をはかる制度であり、近代国家の基礎をなす不可欠のシステムとして機能した。その先には、個人の自発的な奉仕や愛国の「自由意思」が尊重され、巨大な力や制度に動員される全体主義があった。一九世紀末から二〇世紀のこの激動の時代に、社会学、広くは社会科学が生まれ、社会科学者は分断と対立を繰り返す社会を相手に、その理解に取り組んできたのである。

そして二〇世紀は人類史上、最大の犠牲者を出した戦争の世紀でもあった。二つの世界大戦における総力戦への移行は、最終的には人の個別性を抹殺する無差別爆撃やホロコースト、そして二発の原子力爆弾となる。戦争と暴力が繰り広げられた社会、その実態や原因も社会科学の対峙するべき対象であり、その同じ視線の先に、平和と和解を見据えていくことは、これからの社会科学の大きな課題であろう。

新たな戦いをもって始まった二一世紀は早くも、不安と暴力の時代の様相を予告しているかに見える。と同時に、前世紀の経験を無駄にせず、その反省と学びのうえに、平和と和解を求める声もこれまでになく強い。新世紀の最大の課題は、厳しい過去の対立に和解を結び、現在の対立を停止させ、近い将来の対立を回避し、そして平和をもたらすことだろう。それは一人ひとりの内面の課題であり、ローカル／グローバルな多種多様のコミュニティ、あるいは国家やそれを超える世界的組織の課題でもある。そして、「自己と他者の関係性」という問題は、和解においても、暴力においても、あらゆる場面を通じて、時代を超えて、人の根源的問題として横たわり続けている。

新しい大きな変化を予測させる世界で、社会科学は平和と和解の研究を始めることにより、現代的問題においても、また人や社会の本質を探る問題においても、さらにその幅を広げ、次なる展開を迎えることができるだろう。「平和と和解の研究センター」はそのささやかな一歩になることを願う。

二番目にあらためて考えたいことは、日本に住む私たちが、平和と和解の思想をつくり上げることについて自覚的になる、そのことの必要性と重要性である。明治以降、外国との戦争を繰り返してきた日本は、敗戦したアジア・太平洋戦争を最後の戦争とし、今日までどの戦争においても実戦において交戦していない、世界でも稀有な国となっている。敗戦後、平和憲法を制定し、平和国家・平和社会をつくり上げてきた。民間においては、とくに過去五〇年ほどの間に、多様な平和活動が展開した。そして、たとえば、被爆者が犠牲者の死の意味、自己の苦しみの意味を求めたはてに、同じ体験を二度と誰にもさせてはいけない、という反核と平和の希求に転じていった軌跡は、戦後の日本の市井の人々の思想のもっとも重要な核心部分である。自分が受けた痛みや死者の無念の声を代弁し、恨みには恨みを、痛みには痛みを、という報復ではなく、自分と同じ苦しみを誰も二度と受けないように、という訴えが、人々の幾多の苦しみと犠牲の水平線の先に立ち上がるところに、平和と和解の思想の根源を見いだすことができる。日本では、兵士だけでなく、国内のほとんどの都市が経験した無差別爆撃や沖縄の地上戦などで一般市民の多くが犠牲になり、そうした被害者経験と、そして戦争の加害者経験をあわせ持つ人々が、それぞれの立場や主張から、確かな宣言として、あるいは声高に語らないが、決してゆずれない心の中に、平和の思想をつくり上げてきた。自分と同じ経験をほかの人々に決してさせてはならない、死者の死を無駄にしてはならない、という被爆者の訴えは、戦争の暴力に倒れ、傷ついたほかの多くの人々にも共有されるものである。そして近年では、そうした人々の思想が、また新たな広がりの可能性を見せている。広島、長崎の被爆をめぐる運動やそれに派生する活動が、水俣のような公害の暴力にあった地域、米軍基地問題や原子力発電所問題に揺れる地域などと結びつきを深め、さらには、食の問題意識から有機農業、そして環境問題へと続くような地道な広がりを見せる。いずれも「いのち」をめぐる糸がつないでいると言えよう。

一方、近年、日本政府は従来の経済援助一辺倒の海外支援政策から、世界各地で生じている紛争の解決や平和構築に対して積極的に参加する姿勢を打ち出しはじめ、すでに官民でのこの方面での活動も始動した。しかしながら、日本の戦争経験と戦後の軌跡および平和の思想と、世界の紛争解決・平和構築への日本の支援の思想は分断され、両者を連続したものとして理解する思想は、いまだにその形を見せていない。日本の戦争経験とその後の平和構築の営為と、現在の海外での平和構築支援の思想的分断は、過去の犠牲と現在の貢献をそれぞれに十分に生かすことを妨げ、両者が持ってしかるべき意義を損なうものでもある。軍国主義に走った日本の戦争という歴史的経験とそれについての深い内省に裏づけられてこそ、日本の紛争解決・平和構築への取り組みが、思想においても、活動においても、世界に対して説得力を持つことができよう。そして海外での平和構築においても日本の関与の方法と思想がはっきりと示され、より意味のある国際貢献となろう。

この分断については、社会科学が、前者を日本および東アジアの歴史・社会・政治研究として、後者を外交や国際関係、地域研究として、それぞれ個別の領域分野の問題として扱い、双方にある連続性についての想像に欠け、思考してこなかったことにも責任の一端がある。日本の過去から生まれた思想性と世界の平和構築への日本の貢献とに、社会科学が架橋する試みは、日本の経験に根ざしかつ普遍性を持つ平和と和解の思想を育み、その実践に向ける出発点を準備するだろう。海外の紛争／ポスト紛争地域を対象とした、対立、戦争、平和構築等の研究と実践と、日本および日本との関係における平和と戦争の研究と実践との両者に、つねに多様なつながりを求めることにより、これまでにない日本の思想的領域をひらくことが、かならずできるだろう。

3

本書の各章は、一橋大学大学院社会学研究科地球社会研究専攻の講義「平和の思想」（二〇〇八年）において、センターの推進研究員が担当したリレー式講義がもとになっている。講義録を論文形式に書き直したものが半分であり、吉田論文、多田論文、渡辺論文、深澤論文、岡崎論文、足羽論文は、書き下ろしである。また、根本論文と寺崎論文は、執筆中の博士論文の一部を別途、本書のテーマのもとにまとめたものである。二人ともにセンターの重要な支援研究者である。濱谷正晴名誉教授はコーディネーターとして、毎回の講義の進行、レジュメの整理、録音、テープ起こしの手続き等を担当した。今回は寄稿を得ていないが、ジョナサン・ルイス教授、浅見靖仁教授には、講義で協力をいただいた。

本書に収録された一三の論文のすべてにおいて、それぞれに重なり合い、響き合う問題意識があり、その重なり合いと響き合いが、本書の意図するところでもある。とはいえ、論集としてのまとまりを考えて、大きく三つのパートへの振り分けを試みた。

第I部は、日本の平和をめぐる意識や思想についての論文が中心となっている。まずアジア・太平洋戦争が多くの人々に犠牲を強いた戦争であったにもかかわらず、戦争の実態すらも十分な調査がされておらず、それが現在も人々の平和と和解への強い希求の根源になっていることを指摘し、私たちの平和意識の立ち位置を明確にした吉田論文から始まり、戦争の大きな惨劇である原爆と沖縄についての濱谷論文、根本論文、多田論文が続く。濱谷論文は被爆者の意識こそが世界に普遍性を持つ、日本の平和と和解の思想の凝縮であることを示す。そして最後の渡辺論文では、戦後の政治史の観点から、日本の保守政治が示した平和思想を分析し、問題提起をおこなう。

第Ⅱ部には、主として欧米圏において、暴力と直結するナショナリズム、ないしはそれに類するものを喚起する装置について論じたものを集めた。一八世紀のフランスで見られた敵対するイギリス文化への傾倒に、精神のバランスを指摘する森村論文に続き、寺崎論文は、米国の自然観に注目し、国立公園の整備と軍事的ナショナリズムの関係から、原爆投下の必然性を自然の摂理のレトリックで示すに至る過程を論じ、内海論文はオリンピックでの世界平和と国威発揚のナショナリズムとの両義性を論じる。深澤論文は、ナチズムに先行し影響を与えたドイツの民族主義的宗教運動に、悪を純粋に行為する「反平和」ではなく、平和を阻害する要因を持った「非平和」の思想を、その精緻な筆致で浮かび上がらせる。

第Ⅲ部では、あらためて「和解とは何か」という問いかけを投げかける。中野論文は、歴史的にほとんど認知されてこなかったマニラ戦を取り上げ、日本とフィリピンの互恵的な和解と忘却ではなく、対話と記憶の保存という、より質の高い和解を提言する。メキシコの自意識形成において「征服に和解はあるのか」と問いかける落合論文は、弁証法的歴史観ではなく、併置的認識にメキシコの和解のあり方を探る。スーダンの内戦の調査をもとに、岡崎論文は海外の紛争解決の介入が内戦の継続を招く仕組みを分析し、普通の人々が被害者であるのだが、内戦の当事者ではないゆえにその惨状が無視されている状況を厳しく指摘する。最後の足羽論文では、スリランカの民族紛争の激しい暴力にさらされながらも同じ地に住み続ける人々の意識と、9・11以降にもニューヨークに住み続ける人々の意識を交差させながら、もっとも身近にある親密なコミュニティの再生に、政治化への抵抗と和解のモメントを示唆して、本書を終わる。

4

本書を手にして、あらためてページを繰っていると、筆者がそれぞれのスタイルで、驚くほどの率直さをもって、真摯にこの平和と和解という課題に対峙している姿が浮かんでくる。いずれも、客観的事実の把握に努め、資料を調べ尽くし、理論を積み上げ、思考を深める、いわゆる社会科学の研究手法にのっとった論文である。本書の表題『平和と和解の思想をたずねて』にある「思想」とは、フランス語の pensée や英語の thought で表されるように、限定的な「論」や「学」というよりも、むしろ、幅広い考察の作業、あるいは、文字通り、思い、想うという、意味合いが濃い。本書でたずねる思想とは、理屈を弄しない市井の人々の断片的な言葉にあったり、あるいは言葉にならないような声や音や吐息にあったり、あるいは平和や和解とは縁もないような出来事に紛れ込んでいる倫理観だったりもする。逆に、平和を声高に提唱しながらも、「非平和」の思想が根深く潜む場合もある。それらを私たちは聞き取りながら、読み取りながら、思索を続ける。そして専門家として身につけてきた学術研究の中で論じてみせるのである。

しかし、本書を手にした読者には、私たち研究者が、決して研究者としての専門学術用語の組み合わせと手慣れた手法で論文を書き上げているのではないことを、読み取っていただけることだろう。各学問分野の専門研究者がその学術研究の課題として、平和と和解の思想をたずねながら、実はみずからの平和と和解の思想をたずねていく道についていることが、各論文の行間から伝わってくるだろう。

平和も和解も、固定的な達成目標としてあるわけではない。繰り返すが、社会科学が平和と和解の研究をおこなうとき、次のことが重要であることは言うまでもない。それは、知りうる限りの事実の細部を正確に知り、記憶の単純化や偏った固定化に抵抗すること、できうる限りの論理性と客観性を求め、かつ既存の論理性と客観性にも疑問を挟みながら、他者を知り自己を知ること、そして、思考し、実践し、そうして再び思考することであり、これらの繰り返しの作業こそが、社会科学の一義的実践として示しうる、平和と和解のあり方であろう。

しかし、それだけではない。言葉の世界で描くことが命題である研究者は、同時にロゴスの限界や、ロゴスを超えるもののありかも承知している。ユダヤ人迫害を受けてロシアのラトビアから米国に移住したマーク・ロスコの静かな抽象画を好む人は多い。ロスコはホロコーストやレッドパージ、スペイン戦争の結末に絶望しながらも、生涯、無政府主義を曲げず、自殺に至るまで書き続けた。彼の作品群の単純な色の重ねと響きに、人々は彼の暴力や欲望、希望や清純が入りまじる、人の生の深い混沌とある種の調和を感じ取る。彼の作風と香月泰男の作品に一脈通じるところがあるように思うのは私だけでないだろう。七〇万人のうち七万人以上が亡くなったシベリア抑留を経験した香月は、帰国後、故郷の山間にこもり、人のあらゆる苦痛と苦悩と慟哭を塗り込めるかのように木炭を重ね塗りした漆黒の暗闇の画布に死者の顔を刻む作品群を書き続けた。色を何層も重ねた両者の作品は、暴力に打ちのめされた人の苦悩と記憶のように色を塗り重ねるのだが、塗り重ねの過程が示す不思議な調和は、まるで果たしえぬ和解への希求のように思えた。言葉の限界を知ることは、言葉の可能性を減じるものではない。言葉を超える次元への視線は、言葉にいのちを与えよう。「平和と和解の研究センター」では、二人の作品にならって、グラフィックデザイナーの小川信子さんに依頼し、センターのロゴやシンボルに使用する一連の作品を制作した。本書のカバーデザインはそのシリーズの一つである。

晩年、孫を得た香月は、漆黒の壮絶な作品とは別に、花やおもちゃの小品を一点、また一点と書きはじめた。そして彼の自宅の台所の壁を妻のために描いた花の絵で埋めた。私はスリランカの紛争や民族対立の三〇年近い調査で見聞してきた暴力行為の連続に、綿のような疲労を覚えていたとき、偶然、親しい友人宅の壁に香月の一輪の黄色の花の小品を見て、虚をつかれた経験がある。戦争の無惨な有様と慟哭を描く香月が、深い漆黒の暗闇を背景に天真爛漫に花開く伸びやかな姿を描くに至ったように、暴力の現実から目をそらさないでいるためにこそ、平和や和解を考えないではいられないと思った。

和解は、過去の清算や忘却ではない。過去の正確な記録は世界の公共財であり、個人や共同体の記憶には細心の配慮が必要である。和解の一つの姿とは、暴力と憎悪の連鎖を断ち切ること、暴力への憎しみや嘆きの激しい感情を他者や自己に向けるのではなく、他者も自己もそれぞれに生きること、生かされることを志向する、その志向性にあるのではないだろうか。しかし、平和と和解の思想をたずねゆくとき、平和も和解も、ともに、死者にはなく、生者にのみ許された特権であることを忘れてはなるまいと思う。

＊

「平和と和解の研究センター」は多くの方々に温かく支えられてきた。本書の編集にあたっては、厳しいスケジュールにもかかわらず、いずれも意欲的な論文を書き上げてくれた同僚の方々に深く感謝する。共編者である、本書のもととなった講義「平和の思想」担当の濱谷正晴名誉教授、センターの共同代表である吉田裕教授の協力と、事務局長の中野聡教授、ウェッブ担当のジョナサン・ルイス教授の随時的確なサポートにはいつもありがたく思う。センターの企画運営にリーダーシップを発揮してくれた大学院生の寺崎陽子さん、清水由希江さん、星野博美さん、高島まゆみさんほか多くの学生諸君、また温かい支援をいただいた市民の方々、とくに増井信・幸子ご夫妻、そして、センターのグラフィック関係のデザインと写真のプロの仕事を無償で提供してくれた小川信子・由司ご夫妻にはあらためて、感謝を捧げる。さらにまた、澤地久枝さんの講演、吉永小百合さんの原爆詩朗読の会、寺神戸亮氏の演奏会をはじめ、多くの講演者やパフォーマーがセンターを活気ある場としてくださったことにお礼を申し上げたい。本書が形を見たのは、その目指すところを適切に導いてくれた大月書店編集部の西浩孝さんのおかげであることは言うまでもない。

昨年から今年にかけて、鵜飼哲、イ・ヨンスク、秋山信将、春日直樹、マイク・モラスキー、小林多寿子教授を新しく推進研究員に迎えた。平和と和解の思想をたずねる私たちの軌跡を随時、読者に示し、ともに旅を続けたいと思う。なによりも、昨今の厳しい研究状況でこのような畏敬する同僚に恵まれたことは、幸せと言うしかない。

末尾となったが、「平和と和解の研究センター」は、平成二〇年度より二二年度まで国際共同研究センター「東アジア政策研究プロジェクト」から支援を受けて研究活動の一部をおこない、本書の出版にも成果発信のための助成を受けた。吹野博志氏、プロジェクト代表の小川英治教授・佐藤宏教授、発案者の加藤哲郎名誉教授にあらためて感謝を込めて、ここに記したい。

二〇一〇年四月

「平和と和解の研究センター」共同代表　足羽與志子

目次

装丁　桂川潤

I

第1章
戦争体験と平和の思想

吉田　裕

はじめに――戦後日本社会における平和意識

平和意識の特質

第一章は「戦争体験と平和の思想」である。このテーマを考えるうえで第一に重要な問題は、日本人の平和意識、その特徴である。戦後の日本社会における平和意識の特徴を概観してみると、一番目には軍隊や戦争に対して非常に強い忌避感が存在していること、戦争や軍隊はもうこりごりだという意識が強固に成立していることが指摘できる。保革の枠を超えて、ある種の絶対平和主義が成立していると言えるだろう。

自民党の政治家の場合でも、たとえば、後藤田正晴は自衛隊の海外派兵に非常に強く抵抗したが、そうした政治家が保守党の有力者の中にも存在しているという点が重要である。そういう意味では、日本は国際的な比較で見れば、非軍事化された社会、軍事化の進展度が低い社会と言える。

この社会の軍事化という問題については、実はあまり研究がなされていない。たとえば社会学の分野では高橋三郎が、ずっと以前からミリタリーカルチャーの研究の重要性を提唱しているが、ミリタリーカルチャーの研究自体は、ほとんど進んでいない。ただ、最近は、やはり社会学の分野で、戦後の「男の子文化」の中の戦争漫画についての研究がいくつか出てきている。[1]

二番目の特徴は、被害者としての強い実感に支えられた平和意識であったという点である。われわれは無謀で悲惨な戦争の犠牲者であるという意識が国民の中に非常に根強い。これは裏返して言えば、加害者としての意識の希薄さということにもなる。

三番目は、被害者意識の問題を別の角度から見たことにもなるが、憲法学者の和田進が指摘している「紛争巻き込まれ拒否」意識の存在である。[2]つまり、他国の紛争に巻き込まれることを恐れる意識が非常に強い。和田によれば、一九九一年の湾岸戦争のときの国際的な世論調査を見てみると、日本の場合には、その戦争によって、日本の経済にどういう影響が及ぶかということに国民の主たる関心があり、その点がほかの国とかなり違っている。これは「一国平和主義」というような形でいささか粗雑な批判をされることもある、そういう意識のありようである。

以上、平和意識の特徴について見てきたが、ここで「意識」としたのは、それが、どこから「思想」に転ずるのか判断するのが難しい問題だからである。まだかなり流動的な面やあいまいな面があること、そして、なによりも「思想」と呼ぶには受動的性格が強いことを考慮して、とりあえず、ここでは「平和意識」と呼んでおきたい。

1　平和意識の歴史的背景

日本の戦時体制との関連

第二の問題はそういうユニークな平和意識が存在していることの歴史的な背景を、どう見るかということである。この問題を次の三点から考察してみたい。一番目は日本の戦時体制の特質、二番目は戦場の現実、三番目が日本の戦後処理の独特のありようということである。

一番目の日本の戦時体制の特質だが、日本の場合、戦時体制の強化が、そのまま国民生活の窮乏化につながっていたという点が重要だろう。つまり経済的には後発資本主義国に属し、軽工業中心の産業構造を持つ国を、日中戦争以降の戦時体制の中で、経済統制を梃子にして、急速に重化学工業化・軍需工業化していかなければならないという事態に日本は直面した。経済のこの編成替えは、基本的には民需の切り捨てによって軍需を拡充するという政策を強引に推進することによっておこなわれた。その結果、軍需産業の拡充がそのまま国民生活の窮乏化に直結するという状況が生まれたのである。これについては戦時経済の国際比較が経済史の分野でかなり進んでおり、日本の戦時経済の特徴の一つとして、しばしば指摘されているところでもある。

他方、アメリカの場合は、第二次世界大戦を通じて国民生活が豊かになった唯一の国である。GNPが爆発的に膨張して、国民生活が急速に改善され、戦争を通じて恐慌から最終的に脱出したのである。さらに、アメリカの場合、国民生活の改善が戦時下にもたらされただけでなく、戦争を通じてある種の社会的な上昇が見られた。たとえば有名なのはGI法である。GIは兵隊のことだが、戦争に行った若者に優先的に大学への奨学金を支給するという政策がとられ、今まで高等教育に進めなかったような低い階層の若者が、大学に進学することが可能になった。まさにアメリカ人にとっては、あの戦争はグッド・ウォー（good war）だったのである。

このアメリカと日本との落差はあまりにも大きい。ドイツの場合も、とくに戦争の末期には国民生活の大きな落ち込みが見られるが、それでもその落ち込み方は日本よりは緩やかであると言われている。こうした状況があったために、日本の場合、戦争の時代は最低限の生活水準すら保障されなかった貧しい時代、物のない暗い時代としてつねに想起されることになる。

また、国民生活の窮乏化と関連して、軍部が政治的に進出した結果として戦争が起こったという歴史的経緯が重要だろう。「軍部独裁」成立の結果としての戦争という歴史認識である。しかし、日本の戦時体制を「軍部独裁」と言えるかどうか、軍部がオールマイティな政治権力を掌握していたかどうかは微妙な問題であり、官僚、財界、政党勢力、さらには天皇を中心にした宮中勢力の軍部への協力と同調という問題を視野に入れると、簡単に「軍部独裁」とは言えない面がある。しかし、ともかくも一般には「軍部独裁」と観念されるような政治状況が生まれたことは否定できない。そのことを考えると、敗戦には一面では、当時の言葉で言えば「軍閥」の政治的な支配からの解放という側面がやはりあった。そして、そういうものとして敗戦が国民に受容されていくという面があることを重視すべきだろう。

少し具体的に見てみよう。吉田茂、外交官で、天皇の信頼の厚かった内大臣の牧野伸顕の娘婿、戦後は占領期を中心にして長期間にわたって政権を担当し、保守本流の元祖と言われる人物である。その彼が一九四五年の八月二七日に、外交官の来栖三郎にあてた手紙がある。(3)

その一節には、「今までのところ、我が負けぶりも古今東西未曾有の出来栄えと申すべく、皇国再建の機運もおのずからここに蔵すべく、軍なる政治の癌切開除去、政界明朗国民道義昂揚、外交おのずから一新いたすべく、しかのみならず科学振興、米資〔アメリカ資本〕招致によりて財界立ち直り、ついに帝国の真髄一段と発揮するに至らば、この敗戦必ずしも悪からず」とある。

つまり、日本の社会組織の中に食い入っていた軍部という癌を、敗戦によって除去できたのであり、ありていに言えば、負けてよかったということを言っている。こういう意識は敗戦後、少し時間が経ってからであるが、国民の中にも拡大していった。仮に勝ったとしたらどういうことになっていたのか。軍部の力がさらに強くなり、軍人が今まで以上に横暴になる、軍国主義化もいっそう進む。そんなことになるよりは、負けたほうがよかったという実感である。

アジア・太平洋戦争の戦場と兵士

歴史的背景の二番目は、戦場の現実そのものである。戦死者の数をとりあえず見てみると、第二次世界大戦の大きな特徴は、軍人の戦死者に比べて民間人の死者が非常に多いということにある。同時に軍人の戦死者の場合でも、ソ連と中国を除けば、日本とドイツはやはり格段に多い。日本軍の戦死者が二三〇万人、ドイツ軍は三三〇万人、これに対してアメリカは約三〇万人、このうちアジア・太平洋方面での戦死者は約一〇万人だから、アジア・太平洋戦争は日本側の完敗に終わっている。そういう膨大な戦死者を、日本はこの戦争で出している。

同時にその戦死のありようが、かなり独特であった。亡くなった作家の小田実は、それを「難死」[4]と呼んだ。具体的に言えば、餓死、海没死、特攻死に象徴されるような死のありようである。

餓死については、陸軍士官学校出身の研究者である藤原彰の『餓死した英霊たち』（青木書店、二〇〇一年）が先駆的な研究である。この研究によれば、補給を無視した無謀な作戦指導、制海・制空権の喪失による補給の途絶、医療体制の不備などによって、日本軍に多数の餓死者が発生し、日本軍の戦死者二三〇万人のうち、五〇〜六〇パーセントは広義の餓死者であるとされている。広義の餓死とは、直接栄養失調で死んでしまう場合と、栄養失調で体力が落ちて、マラリアなどの伝染病に感染して死んでしまう場合の両方を含めての数字である。これにはやや過大な推計という批判もあるが、その論者の場合でも約四割はやはり餓死ではないかと推定している。(5)いずれにせよ、これは近代の戦争史の中ではかなり異常な数字と言っていい。

次に、海没死だが、艦船が沈没することによって発生する死者のことを言う。詳細な数字は明らかではないが、おおよそ海軍軍人・軍属一八万人、陸軍軍人・軍属一八万人が海没死したとされている。三十数万人の軍人が、いわばおぼれ死んでいることになる。(6)

とくに戦争の末期には、米軍の攻撃によって船舶の喪失が相次ぎ、輸送船が不足したため、輸送船の中に兵隊をすし詰めにして輸送した。いわゆる「狭縮登載」である。制空・制海権を米軍に奪われた状況のもとでの強行輸送であるから輸送船の多くは撃沈され、その結果、非常に多くの死者が出ることになった。日露戦争のときの日本の陸海軍の全体の戦死者数は約九万人ほどであり、それと比べてみると、この三十数万人の海没死という数字の持つ重みがわかるだろう。

加えて、特攻死という、今までの戦争にはなかった新しい死のありようが登場する。これには飛行機による体当たり（航空特攻）だけではなく、「回天」という、魚雷を改造した一人乗りの人間魚雷で敵艦に体当たりをする水中特攻もある。それから「震洋」やマルレ艇（㋹艇）と呼ばれる小型のモーターボートによる特攻艇、これも実戦で使われている。

さらに、最近になって当事者の回想記がいくつか出てきたことで、詳しい状況が知られるようになったのだが、「伏龍」という特攻隊があった。原始的な潜水服を身につけた隊員が、竹の棒の先に爆雷をつけて、米軍の上陸が予想される地点の海面に潜んで米軍の上陸用舟艇を待ち受け、下から棒爆雷を突き上げて爆破するという特攻隊である。一六〜一七歳の若者が隊員の中心だったが、幸いなことに実戦では使われていない。ただし、潜水服の性能が悪いために、訓練中に多数の事故死を出している。ちなみに、航空特攻だけでも戦死者は四〇〇〇人を超えている。

戦場の現実という点からすれば、いまだ十分解明されていない問題として、戦争神経症を挙げることができる。戦時に発症する精神障害のことである。欧米では第一次世界大戦以降、戦争神経症が非常に大きな問題として取り上げられ、研究と対策が進んだが、日本では、戦争神経症の問題は今までほとんど顧みられなかった。千葉県には国府台陸軍病院という精神病の専門病院があったが、そこのカルテが保存されており、それにもとづいて最近研究が、ようやく始まったばかりである。清水寛編著『日本帝国陸軍と精神障害兵士』（不二出版、二〇〇六年）などが、代表的な研究である。

「皇軍」には戦争神経症など存在しないというのが日本軍の建前だったが、実際には、日中戦争以降、表面化しなかったものも含めて、戦争神経症はかなり深刻な問題となっていた。たとえば日中戦争が始まると戦争栄養失調症が問題になる。中国戦線で栄養失調の症状を呈する患者が多数発生するが、その原因がわからないのである。アジア・太平洋戦争末期のように、補給が途絶えて食糧が不足するという状況ではないにもかかわらず、栄養失調の様相を呈する兵士が多数発生する。当初は伝染病ではないかと考えられていたが、最近の研究では、過酷な戦場の中で兵士たちが精神を病み、一種の拒食症を発症したのではないかとされている[7]。

また、兵士の身体の問題にも注目する必要があるだろう。日本ではアジア・太平洋戦争の開戦直前、一九四〇年の段階で、徴兵検査の合格基準を大幅に引き下げている。必要な兵力量を確保できないがための、いわば非常措置である。その結果、体位・体格の劣る兵士、病弱な兵士が大量に軍隊の中に入ってくることになった。

一方で、これも前掲『日本帝国陸軍と精神障害兵士』などによって、ごく最近になってわかってきたことであるが、知的障害者が軍隊の中に入ってきている事実がある。多少の知的障害を持った人間でも兵役につかせるということが軍の方針となり、知的障害者をある意味では意図的に入隊させた。この人たちが軍隊生活に適応できずに、精神障害を起こして国府台陸軍病院に入院しているのである。中には精神年齢五歳と判定されている兵士まで存在している。そこには非常に過酷な現実があった。

兵士の身体をめぐるそういう状況に加えて、日本軍の場合、軍の機械化が非常に遅れているという問題があった。そのため、歩兵で言えば戦場での移動は基本的には徒歩ということになる。歩く兵、まさに文字通りの歩兵である。外国の軍隊のようにジープやトラックで移動するわけではない。完全装備の場合には小銃や弾薬、食糧その他を合わせると、総重量が三〇キロや四〇キロにもなる場合がある。それを担って行軍する、それも体位・体格の劣る兵士、病弱な兵士、あるいは、予・後備役で召集された中年の兵士が、である。その必然的な結果として、過酷な行軍に耐えられなくなって多くの兵士が自殺をする。兵士の身体の面から見ても、「帝国陸海軍」は、非常に負荷が大きい軍隊と言わざるをえない。

ただし、ここで忘れてはならないのは、植民地出身の兵士たちの存在である。あの戦争で朝鮮人・台湾人の軍人・軍属が約五万人死んでいる。陸軍の特攻隊の中にも朝鮮人のパイロットがいて、十数名が特攻死している事実が確認されている。彼らが、どのような形で戦争に動員され、そしてどのようにして死んでいったのか、その実態の解明はまだ始まったばかりである。日本人の戦死者二三〇万人と無意識のうちに私たちは言ってしまっているが、その中には、この五万人の死者が含まれているのである。

戦死者の処遇

もう一つこだわりたいのは、戦死者の処遇の問題である。戦死すると戦死の公報が留守宅に届けられるが、その内容は非常に簡略で記載された情報も不十分なものだった。アメリカでは、遺族に対して戦死の状況が非常に事細かに説明される。いつ、どこで、どういう状況の下で戦死したのかという情報が遺族に伝えられる。逆に遺族の側も知りたい情報については軍に説明を要求し、軍の側もこれに応える責任を負っている。

ところが日本の場合には、戦死者に関する情報の伝達はきわめて不十分なものだった。とくにアジア・太平洋戦争末期の戦死者の場合には、戦死の公報が届くのが敗戦後の一九四六年から一九四七年にかけてのものが一番多い。しかし、その内容はといえば、たとえば「中部太平洋方面」で戦死などといった程度の情報しか記載されていない。ようやく一九七〇年度から厚生省が、死亡場所に関するより具体的な情報を遺族に提供する「死亡公報補完業務」を開始するが、アメリカとの違いは明らかである。

また、公報に記載された情報の不正確さという問題もある。何年何月何日に戦死と公報には書かれてあるが、この日付はほとんど当てにならない。とくに南方戦線の戦死者の場合には、その部隊が玉砕したと見なされる日、その日に全員が戦死したと見なして、事務処理がなされている場合が多い。そもそも一人ひとりの兵士がどういう状況の下で、いつ、どこで死んだかを、政府も軍中央も正確に把握できていないのである。

さらに遺骨の取り扱いの問題がある。日中戦争の中期ぐらいまでは、戦闘終了後に戦死者の死体を集め、それを集団で火葬に付して、遺骨を日本の国内に還送した。日本の国内でも駅などで遺族や関係者が遺骨を迎えて、そして部隊葬をする、あるいは市町村葬をするという形で、遺骨の扱いは非常に丁重だった。

ところが、戦争が激化し長期化する中で、そういう取り扱いをする余裕が前線ではなくなったため、銃剣やシャベルで戦死者の手首や指を断ち切って、それだけを持ち帰り、戦闘が終わったあとに焼いて、国内に送るということになる。

アジア・太平洋戦争の段階になると、それすらも不可能になってくる。有名なのは一九四二年八月から翌四三年二月にかけて戦われたガダルカナル島の戦闘だが、このときは、戦闘に敗れ、多数の餓死者を出した日本軍はかろうじて撤退に成功しただけで、遺骨の収容も満足にできなかった。そのため、ガダルカナル島の海岸の砂を袋に詰めて遺族に送るという措置がとられた。さらに、アジア・太平洋戦争の末期になると、遺骨を回収できないため、実骨や戦死した地域の石や砂すら入っていない遺骨箱が遺族に手渡されるようになる。中には、小さな位牌や戦死者の名前が書かれた木や紙の札が入っているだけである。

日本の葬送儀礼は遺骨ないし遺体が実際にその場にあって、その前で葬式がおこなわれるが、遺体や遺骨も何もない死は非業の死として扱われ、遺族の側に非常に大きな喪失感を残す。(8) この戦死者の遺骨の取り扱い問題は、小さなことのように見えるが、決してそうではない。戦後、政府は遺骨の収集事業をおこなうが、民間人を含む海外戦没者（硫黄島・沖縄を含む）二四〇万人のうち、遺骨の収集・内地への還送ができたのはだいたい半分にとどまっている。そのことが、日本人の平和意識に無視することのできない影響を及ぼしたと私は考えている。一言で言えば、それは、戦死者を国家から見捨てられた存在と見なす棄民観である。

2　日本の戦後処理の歴史的特質

「寛大な講和」

独特の平和意識の三番目の歴史的背景は、日本における戦後処理のあり方の中に求めることができる。日本の戦後処理には、冷戦が非常に大きく作用していて、一九五一年に調印されたサンフランシスコ講和条約自体が、「寛大な講和」という側面を持っていた。日本が受諾したポツダム宣言では、賠償の支払いが義務づけられており、日本政府としても賠償支払いの義務があることを、敗戦当時から認識していた。

また、占領政策の基本も日本の非軍事化・民主化にあった。ところが、冷戦への移行にともなって、同盟国としての日本の強化がアメリカの世界戦略上の重要な課題となる。そのため、アメリカは日本の非軍事化・民主化や戦争責任の追及に熱意を失い、日本の経済復興と親米保守政権の育成・強化を重視するようになった。

侵略戦争に直接の責任を負う日本の国家指導者を裁いた東京裁判（一九四六〜一九四八年）はその典型であった。東京裁判という形で実際におこなわれた裁判は、本来ならば第一次裁判であり、二次、三次の継続裁判に備えて、多数の戦犯容疑者が巣鴨に拘置されていたが、アメリカの対日政策が転換する中で、結局これらの容疑者は釈放され、継続裁判は放棄されてしまう。

冷戦への移行とならんで、日本の戦後処理のあり方を大きく特徴づけたのは、講和会議に中国や朝鮮を代表する政府が参加していないという問題である。一九五一年に調印されたサンフランシスコ講和条約には、日本が仕掛けた戦争の最大の犠牲者である中国を代表する政権が召請されていない。英米間の意見対立もあって、この講和会議には、台湾の中華民国政府も大陸の中華人民共和国も召請されなかったのである。

韓国政府は、交戦国の一員としてサンフランシスコ講和条約への参加を要求していた。一種の亡命政権が上海にあって日本に宣戦布告しており、中国戦線では朝鮮軍の部隊が、少数だが日本軍と戦っている。そうした歴史的経緯から、韓国側はサンフランシスコ講和条約に交戦国の一員として参加することを要求し、アメリカも一時参加容認論に傾くが、最終的には日本政府の強硬な反対によって召請は実現しなかった。そのため、サンフランシスコ講和条約では植民地支配の責任はあいまいなままとなったのである。また、すでに述べた東京裁判でも植民地支配の責任は問われることはなかった。イギリス・フランス・オランダなど、日本の国家指導者を裁いた連合国の中に、多くの植民地宗主国が含まれていたからである。その結果、日本は、国際的な場で植民地支配の責任を問われることなく、ただ敗戦の結果として自動的に植民地を喪失することになったのである[9]。そのことは、日本人が、朝鮮をはじめとしたアジア諸国に対する優越意識＝帝国意識を十分克服できないまま、経済復興と高度成長に専念してゆくことを意味していた。

サンフランシスコ講和条約は、講和条約として見た場合、たとえばイタリアの講和条約と比べた場合でも、非常に特異な内容の条約だった。具体的に見てみると、日本の戦争責任に関する直接的な言及がなく、講和条約の第一一条で、東京裁判の判決を受諾するということだけが記されている。日本の民主化を義務づける条項も軍備制限条項もない。さらに主要参戦国がアメリカの圧力の下で賠償の請求権を放棄したので、日本は重い賠償金支払いに悩まされることもなかった。

賠償の請求権を放棄しなかったのはフィリピンなどのアジア諸国四ヵ国だが、これに関しては二国間交渉で賠償協定を締結することになった。アメリカなどは関与せず、賠償交渉は二国間に丸投げされた形になる。これは日本にとって非常に有利な方式だった。敗戦国とはいえ、経済的には日本のほうが優位に立っていたからである。

その後、サンフランシスコ講和条約に招請されなかった中国を代表する政権の問題に関しては、アメリカの圧力の下で一九五二年に台湾の中華民国政府との間に日華平和条約が調印された。しかし大陸との関係では、一九七二年の日中国交回復まで国交正常化が遅れる。韓国の場合も一九六五年の日韓基本条約まで、国交の正常化が遅れてしまう。

さらに日本の戦後処理のもう一つの特質として、アジア諸国の国際的な地位が低い段階で戦後処理がおこなわれたということが挙げられる。アメリカの圧倒的な主導権の下で講和がおこなわれ、アジア諸国の意向や抵抗を押し切る形で「寛大な講和」が実現したと言えるだろう。

こうして、これは私の持論であるが、戦争責任問題をめぐるダブルスタンダードが、この時期に成立する。具体的に言えば、対外的には講和条約の第一一条で東京裁判の判決を受諾するという形で、必要最小限度の戦争責任を認めることによってアメリカの同盟者としての地位を獲得する、しかし国内においては、戦争責任の問題を事実上、否定する、あるいは不問に付す、というように、対外的な姿勢と国内的な取り扱いを意識的にせよ無意識的にせよ、使い分けるような問題の処理の仕方がこの時期に成立したのである。(10)

その象徴が教科書検定問題である。教科書調査官制度などを核にした現在の教科書検定制度が確立するのは一九五六年のことだが、この制度が確立すると、日本の戦争責任や加害責任にかかわる叙述はいっせいに教科書から姿を消す。たとえば南京大虐殺は占領期の日本の教科書には書かれているが、一九五六年以降の教科書検定の強化によって、日本の教科書からは完全に排除されることになった。

一九八〇~九〇年代における転換

ところが、一九八〇年代以降、状況が少しずつ変わりはじめる。まず一九八二年に教科書検定の国際問題化という事件があった。これは朝鮮の三・一独立運動を「暴動」と書け、「侵略」を「進攻」と書き改めろという内容の文部省による有無を言わせぬ検定があり、その検定結果がいっせいに日本のマスコミで報道されたことによって、国際問題にまで発展する。アジア諸国、とくに中国、韓国から非常に強い抗議があり、その結果、日本政府は、宮沢喜一内閣官房長官が談話を発表して、アジア諸国に対して教科書の内容の是正を約束する(宮沢談話)。

重要なことは、このとき、教科書検定基準に、「近隣諸国条項」が付加されたことである。これは、教科書の近現代史の叙述に当たっては、近隣諸国との友好関係、協調関係を増進する立場からの配慮をするよう求めた条項である。この結果、検定がゆるやかになって、強制連行、南京大虐殺、慰安婦などの加害叙述がいっせいに教科書に登場する。「侵略戦争」という表現も、検定ではフリーパスになった。

続いて、一九八五年に中曽根康弘首相が、戦後の首相として初めて八月一五日に靖国神社に公式参拝した。しかし、これも中国、韓国からの抗議を受けて、翌八六年八月には後藤田正晴内閣官房長官が、近隣諸国の国民感情に配慮するとして、参拝の中止を表明する。さらに、一九九三年八月には宮沢喜一内閣の河野洋平内閣官房長官の談話が発表され、慰安所設立への軍の関与を認め、元慰安婦の女性たちに対して謝罪をした（河野談話）。

この二つの官房長官談話＝宮沢談話・河野談話に関しては今日に至るまで日本の保守派内のタカ派から、その取り消しが強く叫ばれている。しかし、その後の歴代内閣は二つの官房長官談話を継承すると言わざるをえない立場に、国際的には置かれているのであり、その取り消しは不可能だろう。ここにもアジア諸国の発言権の増大という大きな歴史の流れを見て取ることができる。また、一九九三年には細川護煕連立内閣が成立し、細川首相は記者会見で、自分はあの戦争は侵略戦争だと思う、と発言をした。以後、毎年八月一五日の終戦記念日の首相式辞ではアジア諸国への加害についての言及がかならずあり、外国人の戦争犠牲者を含めた内外のすべての戦争犠牲者を追悼するという姿勢が形のうえでは貫かれてゆくことになる。さらに一九九五年には社会党首班の村山富市内閣が、「戦後五〇年に際しての談話」（村山談話）を発表して、植民地支配と侵略の歴史に対する反省を表明する。この談話は閣議決定を経た重要談話であり、その後、すべての歴代内閣は、その継承を明言している。

しかし、以上のような転換はどちらかというと国際的な契機が非常に大きく作用しているように思われる。事実、最近の研究でも、村山談話は、首相官邸主導ではなく、外務省主導で作成されたと言われている。[11] そして、転換の歴史的背景には、冷戦の終焉、アジア諸国の経済成長によるその国際的な地位の向上、さらには開発独裁型の政権が民主化されて、民衆の生《なま》の対日批判の声が日本人の耳にも届きはじめる、といった国際環境の大きな変化が存在している。そうした変化の中で、たとえば財界の中からも、アジア諸国との関係の正常化・安定化のためには、やはり戦争責任の問題についてのなんらかの意思表示が必要だという認識が生まれてきたのである。

とはいえ、国民意識の側の変化も見逃すことができない。実のところ、一九七〇年代の初頭まで、近代日本が戦った戦争に関する世論調査は、ほとんど存在しない。とくに、過去の戦争をどう思うか、ということを質問した世論調査自体が存在しないのである。つまり、戦争の時代のことは、もう終わったこととして日本社会の中では処理されてきた。そのことを世論調査の不在自体が象徴しているのである。日中国交回復のあたりから少しずつ、中国との戦争をどう思うかというような世論調査がおこなわれるようになり、ようやく八〇年代に入って、かつての戦争に関する本格的な世論調査がおこなわれるようになる。

そのため世論調査だけで通時的な変化をなかなか読み取れないという問題があるが、その他もろもろのデータと重ね合わせてみると、八〇年代から九〇年代にかけて、満州事変以降の一連の戦争は、侵略戦争だったという認識が日本の社会の中にいちおう定着してくることがわかる。「いちおう」というのは、侵略戦争だったという認識と、やむをえない戦争だったという認識とが共存している場合がかなりあるからである。侵略戦争だったが、避けられない戦争、やむをえない戦争だったという認識の存在である。

注目する必要があるのは、対米戦の評価に関しては、ある種のわだかまりが読み取れることである。読売新聞社が二〇〇五年一〇月におこなった世論調査では興味深い結果が出ている。[12] この調査は、国別の戦争責任を聞いている点で非常にめずらしい世論調査だが、「先の大戦については、次のような指摘があります。この中であなたの考えに最も近いものを一つだけ挙げてください」という質問に対する回答は、「中国との戦争、アメリカとの戦争〔中略〕はともに侵略戦争だ」が三四・二パーセント、「中国との戦争は侵略戦争だったが、アメリカとの戦争は侵略戦争ではなかった」が三三・九パーセントとなる。つまり、対米戦に関しては、日本だけが非難されるいわれはない、という意識が読み取れるのである。

政府が毎年実施している外交に関する世論調査によれば、アメリカに対して親しみを感じるとする人の割合はつねに七割前後を維持している。そのことを考えると、この調査結果は、やや意外な気がするが、どうもアメリカとの戦争は対中国侵略戦争とは別の戦争だという意識が、日本人の潜在意識の中ではかなり強いように思われる。しかし、実際には、日中戦争とアジア・太平洋戦争は、連続した密接不可分の戦争だというのが私の考え方である。[13] また、「潜在意識」と言ったのは、アメリカとの戦争に関する批判的議論を封印する政治力学が戦後の日本社会の中で作用している面があるからである。アメリカからの軍事的自立を主張する「反米保守」の議論は、保守論壇の中でかならず押さえ込まれるのがこの間の一貫した傾向である。ただし、この世論調査では、「中国との戦争、アメリカとの戦争はともに侵略戦争ではなかった」、つまり自衛の戦争、あるいはアジア解放のための戦争だと考えている人は一〇・一パーセントにすぎない。これは八〇年代以降のどの世論調査で見てもだいたい同様の結果が出ており、自衛戦争論、解放戦争論はつねに一割前後にとどまっている。

また、わだかまりという点から言えば、民衆の戦争協力や戦争責任の問題を追及・批判されることについての違和感が国民の中に存在する。他方で国家指導者の戦争責任という点ではかなりはっきりした合意が形成されている。たとえば中曽根首相の場合でも、靖国神社への公式参拝を最終的に断念したときの理由の一つは、国家指導者と一般の兵士は区別しなければならないというものだった。国家指導者とその命令に従ってやむなく戦場に赴いて、非業の死を遂げた一般の将兵とは明らかに区分しなければならないし、戦争の責任は国家指導者にある、だからこそ、A級戦犯の合祀されている靖国神社に首相が参拝することは、やはり問題があるという論理である。

これに関しては、二〇〇六年四月に朝日新聞社が実施した世論調査が重要である。この調査では、「靖国神社についてうかがいます。靖国神社には一般の戦死者とともにA級戦犯の東条英機元首相らもまつられています。あなたはこのことについて抵抗を感じますか、抵抗を感じませんか」との質問に、「抵抗を感じる」が一番高い年齢層は、七〇歳以上の男性の四六パーセントだった（全体では「抵抗を感じる」は三一パーセント）[14]。戦争体験世代は、自分たちを虫けらのように死地に追いやった国家指導者たちの責任を忘れていないのである。

国民意識の流動化

同時に、国民の戦争協力や戦争責任の問題を指摘されたり批判されたりすると、一般の国民の中から違和感や反発が出てくることにも注意を払う必要があるだろう。一九九〇年代に入ると従軍慰安婦の問題がクローズアップされてくるが、慰安所制度が性暴力であり戦争犯罪だと批判されると、戦争体験世代、とくに軍隊体験を持つ男性の中から強い反発が出てくる。元兵士にとっては、慰安婦の存在、慰安所の存在は自明の事実であり、ある意味では戦場における日常生活の重要な一角を構成していた。慰安所制度への批判は、いわば兵士の責任、民衆の責任という問題を正面から提起していたのである。それだけに、その批判に対しては、やはり非常に強い反発があった。戦争や軍部に対して批判的な意識を持っている人の中でも、慰安婦問題に関してはその批判を受け入れられないという人、反発してむしろ戦争肯定の側に行ってしまう元兵士がかなりいる。そして、それは、戦争の責任は国家指導者にあり、自分たちは、むしろ犠牲者なのだという意識と裏腹の関係にある。

たしかに、指導者の責任と一般の国民の責任を同じ次元で論じることはできないだろう。しかし、国民の戦争協力の問題と正面から向き合うことなしには、日本人の平和意識の深化はありえないのではないか。とくに最近のように、他国の戦争に巻き込まれる可能性よりも、アメリカの戦争に積極的に協力する形で自衛隊の海外派兵がおこなわれる可能性のほうが、ずっと大きい時代にあっては、戦争に対する国民の責任の問題を、もっと議論すべきではないだろうか。

すでに指摘したように、戦争認識の問題では、一九八〇年代に大きな転換があった。ところが、九〇年代の後半以降、ある種の揺り戻しがあって、歴史修正主義と言われるような潮流が台頭してくる。日本の歴史教科書は自虐的で、日本を悪く書きすぎている、もう少し日本人としての誇りを持てるような教科書にすべきだ、というような言説である。「新しい歴史教科書をつくる会」などがその典型だが、こういう潮流が世論にも一定の影響を及ぼすことになる。

靖国神社問題や歴史教科書問題をめぐる中韓からの対日批判への反発、反感が非常に強くなってきたのも、この間の新たな傾向である。政府による世論調査で見ると二〇〇〇年前後から、中国・韓国に対して親しみを感じないという人が非常に増えてくる。中国のほうは、これまでは、「親しみを感じる」が圧倒的だったのだが、それが減って、「親しみを感じない」が急速に増えていく。韓国に関しては、以前は「親しみを感じない」が圧倒的だった。しかし、韓国の民主化が進み、相互交流が深まる中で、「親しみを感じる」が急速に増えていった経緯がある。いわゆる「韓流ブーム」である。ところが、二〇〇五年前後から小泉純一郎首相の靖国参拝問題や歴史認識問題をめぐる摩擦・軋轢をきっかけにして、韓国に対しても「親しみを感じない」という人が増えていく状況がある。ただし、小泉内閣の退陣以降は、「親しみを感じない」が、また減少している。

もう一つの大きな変化は戦争体験世代の急速な減少である。つまり、直接の体験や記憶にもとづいて独特の平和意識を培ってきた世代が、世代としては消滅しようとしているのである。そういう中で戦争や軍隊に対する忌避感が、かなり風化していく面がある。ここでは、二つの世論調査を見てみよう。一つはヨーロッパ価値観システム研究グループが一九八一年から一九八二年にかけておこなった国際世論調査である。この世論調査では、軍隊に対する信頼度も調べているが、日本の場合、「非常に信頼する」、「かなり信頼する」と答えた人の割合が、他の諸国と比べて目立って低い。アメリカの場合、両者の合計は、七九・三パーセント、これに対して日本は、三六・二パーセントで、主要国の中では最低である[15]。日本では、軍隊・軍事組織が政治的・社会的な威信を持っていないことがわかる。

ところが、同じグループが一九九九年から二〇〇〇年にかけておこなった同様の国際世論調査では、日本の場合、「非常に信頼する」、「やや信頼する」が合計で六一・五パーセントとなり、増加が著しい（ただし、「非常に信頼する」は、八・五パーセントで、他国と比べると低い[16]）。ただし、後者の調査には「もし戦争が起こったら、国のために戦うか」という質問項目があるが、これに対して「はい」と答えた人の割合は、日本＝一五・六パーセント、アメリカ＝六三・三パーセント、ドイツ＝三三・三パーセント、イタリア＝五一・八パーセント、ロシア＝六三・八パーセント、フランス＝四九・二パーセント、韓国＝七四・四パーセント、中国＝八九・九パーセントで、日本はデータがある国の中で最下位となっている。国家への軍事的な貢献という考え方は、やはりあまり支持を得ていないと言えるだろう。そういう点では、ある種の平和主義がいまだ持続している面が一方ではある[17]。

また、戦争体験世代の急速な減少の中で、戦友会の解散が相次ぎ、遺族会の高齢化が進んでいることも見逃すことはできない。高橋三郎らのグループが現在、戦友会に関する全国的な調査をおこなっているが、その中間報告、『戦友会に関する統計調査資料』を見ても一九九〇年代の半ば以降、戦友会の解散が急速に進んでいる事実が確認できる[18]。

戦友会の解散や遺族会の高齢化は実は靖国神社にとっては深刻な問題となる。靖国神社を財政面でも支えてきたのは、これらの団体だったからである。靖国神社の収入は、一九八五年当時は年間三二億円あったのが、今は半分程度になってしまったと言われている。戦争体験世代の減少は、かつての戦争の侵略性を否定する「大東亜戦争肯定論」的な戦争観の基盤をも、確実に掘り崩しているのである。

おわりに

ともあれ、戦争体験世代が急速に減少しているという現実が厳然としてあることは誰も否定できない。そのことからすれば、直接の体験や直接の記憶にもとづく平和主義、それに裏打ちされた平和主義の時代というものは、いまや終わろうとしている。そういう一つの時代の節目に今、私たちは立たされている。

さらに付け加えるならば、戦後の日本人の平和意識は、ある意味では総力戦の時代に対応した平和意識だということが言えるかもしれない。つまり、列強同士が国家の総力を挙げて正面衝突をする、そういう中で一般の国民も総動員されて、銃後の女性や老人、子供までもがいやおうなく、戦争に巻き込まれていく。第一次世界大戦の場合は、まだ軍人の死者のほうが民間人の死者より多いが、第二次世界大戦の場合は両者の関係が逆転し、民間人の死者数が軍人の戦死者数を上回る。戦後日本の平和意識は、そういう時代の戦争を背景にした平和意識だった。

けれども、今後はそういう大国間戦争というものはあまり現実的可能性がない。アメリカを中心にした、いわゆる先進国が第三世界の紛争に介入していく、限定的な戦争が中心になる。それへの協力、非協力が日本にも問われてくるが、戦争の形態自体がアジア・太平洋戦争と明らかに違ってくる。そういう状況の中で、どのような平和意識なり平和思想を培う必要があるのか。そのことを、やはりよく考えてみる必要があるように思う。

最後に、最近の世論調査をもう一つ確認したい。戦後六〇年ということで二〇〇五年から二〇〇六年にかけて、朝日、毎日、読売の各社が大規模な世論調査を実施した。その結果を見てみると、戦争の原因や戦争の責任についての議論を、戦後の日本社会はあいまいにしてきたのではないかという意識が、国民の中に根強く存在することがわかる。朝日の二〇〇六年四月の調査（前出、三五―三六ページ）では、「なぜ日本がこの戦争をしたのか、日本人は自ら追及し解明する努力を十分にしてきたと思いますか、まだ不十分だと思いますか」との質問に対する回答は、「十分にしてきた」が一八パーセント、「まだ不十分だ」が六九パーセントである。二〇〇五年一〇月の読売の世論調査（前出、三四ページ）でも、「あなたは、先の大戦当時の、日本の政治指導者、軍事指導者の戦争責任問題をめぐっては、戦後十分に議論されてきたと思いますか、そうは思いませんか」という質問に対して、「十分に議論されてきた」が五・六パーセント、「ある程度議論されてきた」が二四・六パーセント、「あまり議論されてこなかった」が四三・二パーセント、「まったく議論されてこなかった」が一四・七パーセントであり、議論されてこなかったと考えている人は五七・九パーセントに達している。

つまり、国民の多くが、向き合わなければならないはずの歴史から逃避してきた、あるいは重要な問題を棚上げにしてきたと感じているのである。そして、戦後史の出発点におけるこのボタンの掛け違えが、今日の日本のこの混沌した状況の根源にあるのではないか。漠然とした形ではあるが、そういう意識が幅広く存在しているように思われる。戦争の形態が変わってきたことを考慮に入れる必要があるが、こうした意識が存在するということは、日本人の平和意識の深化のうえで、一つの足場となるのではないだろうか。

注

（1）代表的な研究として、伊藤公雄「戦後少年マンガのなかの〈敵〉イメージをめぐって」（伊藤編『マンガのなかの〈他者〉』臨川書店、二〇〇八年）がある。

(2) 和田進『戦後日本の平和意識——暮らしの中の憲法』青木書店、一九九七年、九六ページ。
(3) 吉田茂記念事業財団編『吉田茂書翰』中央公論社、一九九四年、五五三—五五四ページ。
(4) 小田実『「難死」の思想』岩波現代文庫、二〇〇八年、五—六ページ。
(5) 秦郁彦「第二次世界大戦の日本人戦没者像——餓死・海没死をめぐって」『軍事史学』第一六六号、二〇〇六年。
(6) 吉田裕「アジア・太平洋戦争の戦場と兵士」倉沢愛子ほか編『岩波講座 アジア・太平洋戦争5 戦場の諸相』岩波書店、二〇〇六年。
(7) 野田正彰『戦争と罪責』岩波書店、一九九八年、七三—七四ページ。
(8) 波平恵美子『日本人の死のかたち——伝統儀礼から靖国まで』朝日選書、二〇〇四年、一二二ページ。
(9) 大沼保昭『東京裁判から戦後責任の思想へ』有信堂高文社、一九八五年、八六ページ。
(10) 吉田裕『日本人の戦争観』岩波現代文庫、二〇〇五年、九一ページ。
(11) 服部龍二「村山談話と外務省」田中努編『日本論——グローバル化する日本』中央大学出版部、二〇〇七年。
(12) 『読売新聞』二〇〇五年一〇月二七日。
(13) 吉田裕『アジア・太平洋戦争』岩波新書、二〇〇七年。
(14) 『朝日新聞』二〇〇六年五月二日、「全国世論調査報告」『朝日総研レポート AIR21』第一九三号、二〇〇六年。
(15) 吉田、前掲『日本人の戦争観』、二六五ページ。
(16) 同前、二八一ページ。
(17) 同前、二八一—二八二ページ。
(18) 戦友会研究会編『戦友会に関する統計調査資料』戦友会研究会、二〇〇八年、八ページ。

■平和と和解の思想のために《文献案内》

家永三郎『戦争責任』岩波現代文庫、二〇〇二年
平和の思想を語るには、かつての戦争の歴史的性格や戦争責任の問題を、どう考えるかが、重要な論点となる。本書は、アジア・太平洋戦争の開戦に至る歴史的経緯をも視野に入れながら、戦争責任の問題を、誰の、誰に対する、どのような責任か、という視角から包括的に論じた著作である。

油井大三郎『なぜ戦争観は衝突するか――日本とアメリカ』岩波現代文庫、二〇〇七年
「戦争の記憶」は、それぞれの国民国家のナショナリズムの中核に位置し、自国の戦争を正当化する機能を果たすことが多い。和解のための障害となる「戦争の記憶」の相克の問題を、日米の戦後史に即して明らかにした著作である。

五十嵐惠邦『敗戦の記憶――身体・文化・物語1945―1970』中央公論新社、二〇〇七年
独特の平和意識が形成される過程は、日本が敗戦のトラウマを克服していく過程とも重なっている。その中で、日本人が忘却してしまったことに焦点を合わせた著作。「戦争の記憶」が忘却とワンセットの関係にあることに注意を促している。

第2章　原爆体験とその思想化

濱谷正晴

1　戦争を被害として認識することはたやすいことか？

「真実の腹立たしさが言えない」

戦争のときその身に生起したこと。それ（ら）を、「戦争」がもたらした「被害」として認識する。言われるほどに、そのことは容易ではない。

一九五三年、『原爆に生きて――原爆被害者の手記』という体験記が出版された。この作品は、被爆者の体験記録としてはもっとも古いものの一つである。「原爆被害者の手記を集めよう」という構想は、一九四八年八月頃の広島で、作家の山代巴ら数人のグループから生まれた。だが、手記の「集め方」について彼ら（「原爆被害者の手記編纂委員会」）は「適切な方法」を見いだせず、なかなか前に進まなかった。それから四年、「我々が被害者の家を直接訪問してお願いし、書けない人々のは代筆してもいい、発表の機会に恵まれない人々の、手記を書かれることに重点を置こう」という発想の転換により転機が訪れる。

「序」にはこう記されている。

被害者を直接訪問して、そこにある苦しみをみ、共に語ったせいからか、この仕事は最初から最後まで、未知の世界に驚異の目をみひらいた時の、感激というか、興奮というか、あのういういしいものによって推進されました。……そこにいとなまれている生活をみ、いろんな問題にふれる度、何かひどく魂をゆすられ、義憤を感じ、その義憤は一人でしまっておくことが出来なくなるのでした。[1]

この本の末尾に、当時広島大学の学生でこの手記集の編纂を手伝った川手健による「半年の足跡」という一文がある。その中で、川手は、《どうしてこれ迄原爆被害者の組織が出来なかったのか。何がその組織化を妨げて来たのか》と問い、「被害者の立上がりのおくれた根本原因」を「占領体制の圧力」に求めるとともに、被害者の組織化が遅れた責任の一端は、「原爆を平和の立場から取り上げようとした人々の側にもある」とした。

これらの人々はたしかに原爆を人類最大の罪悪として非難し、原爆の禁止を全世界に訴えはした。だが彼等はその運動を当の原爆被害者の中から引き出そうとはしなかった。……被害者が苦しい中をどの様に生き抜いていこうとしているかについての関心さえ極めて薄かったと云える。[2]

被害者は「市のかたすみに押し込められたまま、何の発言力も持たないで、時のたつに従って深くなって来る身体上、生活上、精神上の苦悩に耐えて来た。……被害者の救済援助に関しては七年の長い間、一顧もされなかった」のである。

日本の原水爆禁止運動は、一九五四年三月一日のビキニ事件を契機に起こったと言われる。アメリカがビキニ環礁でおこなった水爆実験による死の灰が、日本のマグロ漁船を襲った。日本人にとって魚が汚染されるというのは台所を直撃する恐怖であり、病院に収容された第五福竜丸の乗組員の容態が報道される中、ついに久保山愛吉無線長が死亡する。「水爆禁止」を求める東京・杉並の主婦たちの署名運動が全国に広がり、やがて、広島、長崎とつながっていく。

原水爆禁止の署名運動が一九五五年以降、何千万人という人たちの巨大な運動となって進んでいくと、運動の中心は東京（中央）に移っていき、広島・長崎は周辺（ローカル）に追いやられてしまう。どこに自分を置いていいのか。広島にあって地道な運動を続けてきた川手は、その後、自死する。

川手も一九五五年の第一回原水爆禁止世界大会が、広島で開かれるまでは、被爆者の会の中心的な活動者でしたが、盛り上って来た被爆者救援の声は、同時に若い彼の持つ欠陥への批判や攻撃となってあらわれ、彼の意見の用いられない状態をつくり出して行きました。しかし彼は、大学を二年も棒に振って青春を捧げたこの組織と、全く無関係になることは出来ませんでした。一九六〇年四月、遺書も残さず自殺して行くまでの間に、彼が私に送った言葉はつねに、被爆者の組織化の発端において、お互いに発見したあの方法が、捨てされられようとすることへの悲しみを訴えていました。(3)

編纂委員会のメンバーの一人は、奥深い山村で初めて会った被爆者から、「たて続け十四時間」闘病の苦しみを聞かされた。ところが、それは「手記の上に」表れていなかった。「どうして書けないか」とまた訪ねていき、「真実のことでも人の悪いことを書くと、村では暮しにくくなる」ことを思い知らされる。「今後もまた世話にならねばならないから、いいたいことが公表出来ない」。活字になって誰が読むかわからない文章に「真実は書けない」。「その人が一番訴えたい問題」こそ、「公表出来ない」ことだった。「原爆患者の口に目に見えぬくつわをはめている」、「真実の腹立たしさがいえないような病気にかかっている」日本の社会のありようは、はたして占領が解けたあとには、ほとんどなくなったのだろうか。

原爆被害の「つぐない」を求めて

原爆投下から一〇年。第一回原水爆禁止世界大会が広島で開かれる。被爆者という存在が、歴史の表舞台に初めて登場した。国民的かつ世界的な反核運動を背景に、一九五六年八月の長崎での世界大会において、被爆者の全国組織＝日本原水爆被害者団体協議会が結成される。一七都府県に在住するメンバーでスタートした被団協であったが、その後、四七都道府県すべてで組織が生まれる。[4]「被爆者の救済を！」という世論をバックに、日本政府は一九五七年、「原子爆弾被爆者の医療等に関する法律」を制定した。

この原爆医療法という法律ができるまでの一二年間は、国からの援助の手だては何もなかった。「放射線傷害」という原爆に特殊な「損害」に限って、一二年目になってやっと、制度的に認知された。

軍人・軍属に対してはすでに「戦傷病者・戦没者遺族等援護法」が、占領が解けた時期から制定（一九五二年）されていた。日本の政府は、国家の命令で戦争に行った兵士に対しては国との身分関係があったということで「国家補償の精神」にもとづく援護法を制定した。だが、一般庶民で戦争被害を受けた人たちは、そのような「国家との身分関係」になかったとされて、国家補償制度の枠組みからはじき出されたのである。

だがはたして、原爆、つまり核戦争による被害をこうむった人たちの被害は、軍人・軍属を対象としてつくられた法制度の中に、組み込みえるのだろうか。原爆は「総力戦」という新しい戦争思想が生み出した「絶滅」兵器であり、兵士が戦うという古い戦争観にもとづく国の制度の中に包摂できないのではないか。だとすれば、それとは異なる独自の対策を必要とすることになる。こうして、「原爆被害者援護法」の制定運動は、「原爆被害」に対する「償い」を求めて、戦争を開始し遂行した国家の責任を追及していくという方向性を強めていく。都市住民に対する無差別殺戮も、沖縄戦下における住民の犠牲も、同様に、総力戦の下で起こった。

一方、被爆者の境遇や原爆の実相がだんだん知られていくと、そのことが偏見や差別や無理解になってはね返ってきた。そうなれば、被爆者であることを明かすわけにはいかなくなる。

核開発競争の中、やがて（一九六〇年代の後半）世界の平和運動に亀裂が生じ、日本の原水爆禁止運動は分裂のときを迎える。被爆者運動は大きなよりどころを失った。だが、逆に言えば、大きな船に乗っかって動くのではなく、被爆者自身の運動として、自前のオートノミーを持って自立していくきっかけにもなった。

手記――「あの日、あのとき」から、戦後史へ

原爆被爆から二〇年。手記の歴史に、大きな転換が訪れた。それまでの原爆手記・体験記はだいたい「あの日、あのとき」――広島であれば、八月六日午前八時一五分に何があったか。長崎であれば、八月九日一一時二分に何が起こったか。それから数日間、どんなことがあったのか――について書かれたものが多かった。だがちょうどこの頃から、「原爆後の二〇年をどんなふうに生きてきたか。人生の節目節目でどんなことにぶつかってきたのか」――〈戦後（史）〉の中に、原爆というものを位置づけた手記が書かれるようになる。原爆被害の持続性が手記に描き出されるまでに、これだけの時間がかかった。

長崎では、福田須磨子が一九六五年に『生きる』を書く。この手記は、佐多稲子（長崎出身の著名な作家）らのバックアップを受けて、『われなお生きてあり』（筑摩書房、一九六八年）と題するライフ・ヒスト

リー・ドキュメントとなって刊行され反響を呼び起こす。
期せずしてこれに呼応するように、ほぼ同じ頃から、社会科学者――私の恩師である石田忠もその一人――や証言活動家たちが、被爆者の生活史調査、いわゆる聞き取り調査を始めていた。やがてそれは、事例研究や事例相談など、ソーシャルワーカーや弁護士たちによる作業へとつながっていく。

NGO被爆問題国際シンポジウム

このように、調査活動（「原爆被害」「原爆被災」白書運動、厚生省調査とそれに対する批判的な取り組みなど）・証言活動の裾野が広がって、分裂していた原水爆禁止運動団体の中にもう一回集まろうという機運が生まれてくる。そうした動きをバックにして一九七七年、原爆から三二年目に、国際的なNGOの主催で「被爆問題国際シンポジウム」（原爆被害の実相とその後遺・被爆者の実情に関する国際シンポジウム）が開かれた。

このシンポジウムに向けて三種類の調査（一般調査・医学調査・生活史調査）活動が各地の準備委員会の手で取り組まれ、「調査を通じて、調査するほうも変わったけれど、調査されるほうも変わった」と言われる状況が生まれる。一般調査の件数でいうと、全国で一万人余り（継続実施分を含む）の被爆者がこの調査に応じ、延べ五〇〇〇人ぐらいの人びとがボランティアで調査員として参加した。

生活史調査の調査票（面接要領）の中に、「誰かあなたに声をかけた人がありましたか。その人は助けを求めましたか。何か頼まれましたか。水をくれと頼んだ人がありましたか。その時助けてあげることができましたか」という質問があった。このような問いかけに応えて、それまで誰にも語ることなく胸のうちに秘めてきた出来事＝極限状況が残した〈心の傷〉が語り出されていった。

石田忠がこのシンポジウムに際し提出した二つのレポート――「生活史調査の結果についての若干の予

備的考察」および「原爆体験の思想化」(作業文書Ⅲ「原爆と人間」8)――は、国際調査団の社会科学グループにより、また、「原爆の社会的影響、とくに被爆者問題」を扱う第二分科会で討議され、とりわけ、被爆生存者に残る〈罪意識〉の問題をめぐって議論が交わされた。原爆がもたらした〈心の傷〉が、学術的かつ大衆的なシンポジウムの場で初めてまともに取り上げられた瞬間だった。
〈心の傷〉の研究が「悲しむべき状況」にあり、いまだ解き明かされていない重要な課題として認知されるまでに、おおよそ三〇年という時間がかかった。(5)

「受忍」

一九七八年、NGOによる軍縮会議(ジュネーブ)を経て、国連軍縮特別総会(ニューヨーク)が開かれる。八〇年代には、ヨーロッパを中心に反核の大きなうねりが起こった。国際的な核廃絶運動をバックに、被爆者に対する償いを求める世論も大きく動き出した。しかるに、盛り上がってきた世論に対し日本政府が打ち出したのは、「戦争犠牲」の「受忍」論であった。すなわち、

およそ戦争という国の存亡をかけての非常事態のもとにおいては、国民がその生命・身体・財産等について、その戦争によって何らかの犠牲を余儀なくされたとしても、それは、国をあげての戦争による「一般の犠牲」として、すべての国民がひとしく受忍しなければならない……。(6)

このような戦争犠牲「受忍」論の原型は、一九六八年の最高裁判決にあった。この訴訟は、引揚者たちが海外に残してきた財産の補償をめぐって争われたものであり、最高裁は、「戦争犠牲または戦争損害として、国民のひとしく受忍しなければならなかったところであり」と判示した。判例をベースに、被爆者

に向かって打ち出された「受忍」論は、その後、名古屋空襲による傷害者をめぐる裁判でも、また中国残留孤児の人たちに対する対策においても、持ち出されていった。

　被爆者援護法制定運動は大きな壁にぶつかった。巨大な壁にはね返されて、その打撃から再起するまでに長い歳月を要した。四年かかって『原爆被害者の基本要求』がまとめられていく。[7] こうした戦争被害受忍論を、日本の国は今なお撤回していない。「およそ戦争という国の存亡……」という文言は、もし将来戦争が起きれば、そのときも同じ姿勢を国はとることを物語っており、私たちの未来をも縛っているのである。

はたして「被害者意識」か？

　よく「被害者意識」と言われるが、被害を被害として捉えることは、そう簡単ではない。(1) なにかに自分が苦しんでいるとして、その苦しみがいったい何から生じてきたものなのか。どれが被害なのか。これを被害と言っていいのか。当事者は被害を特定すること自体に悩まされる。被爆者の場合、自分たちが浴びたのが原子爆弾という兵器であったこと、その兵器は放射能という目に見えぬ恐ろしいものを持っていたこと、などなど、あとから身をもって知っていく。(2) あれこれのことを被害だということは、誰かを傷つけてしまうことになりかねない。そう思うと、人はその思いを胸のうちにしまい込んでしまわざるをえない。(3) そうして、被害を被害として認識するには、「仲間の発見」＝自分だけが苦しんでいるのではない、自分と同じような境遇にある人がほかにもいることに気づいていくプロセスが必要である。(4) 何かのことをそれとして気づくには、言葉（概念）を獲得していかなくてはならない。たとえば、生存者たちの言う〈地獄〉の出来事も、極限状況の下で生じる〈心の傷〉あるいは〈トラウマ〉という言葉を知れば、自分が苦しんでいるのもそのことではないかと考えていく手がかりになる。自分が苦しみ悩んできた（いる）ことも、あのことなのではないか。そうやって人は、自分の中にもやもやとしてあるものを明確化していくことができる。（5）また、自分の胸のうちにある葛藤や思いを、表に出したとしても、自分に不利益としてはね返ってくることがない。そんな安全な条件や、場・環境が構築されなくてはならない。政策側から打ち出される「受忍」論や、運動の場で唱えられる「被害者意識」論は、被害者たちの行動を封じ込めてしまう。

被害を被害として認識するには、それを可能にしていくプロセスというものがある。こうしたプロセスを経て人びとがたどり着いたものを、「被害者意識」という言葉で片づけてしまってはなるまい。

2 〈原爆と人間〉――総括表が語ること

《原爆がもたらした被害は、人間としてとうてい受忍できない》。このことを事実にもとづいて明らかにするため、日本原水爆被害者団体協議会は、一九八五年、被爆から四〇年目にその持てる力を振りしぼって大規模な全国調査をおこなった。石田忠と私は、調査委員会に加わり、この調査の企画、ならびに分析・報告書の作成に携わってきた。

「原爆被害者調査」

《被爆者を理解しようと思うならば、常に人間を否定する力としてのみ働く原爆と、それにあらがって生きていこうとする人間と、その二つの力のつばぜり合いとして被爆者というものを捉えなければなりません(8)》。

「人間として受忍できない」ことを明らかにしようとするならば、調査は、〈苦悩としての原爆体験〉の中に深く分け入らなくてはならない。それは、語る（あるいは書き記す）苦痛を乗り越えて証言しようとする人びとのたたかいに依拠することができて初めて可能になる。B5版二八ページに及ぶ膨大な調査票であったにもかかわらず、全国四七都道府県のすべてに在住する被爆者から一万三一八六票もの調査票が集まった。以下は、これと同じ資料による、拙著『原爆体験――六七四四人・死と生の証言』からの抜粋である。(9)

被害層――〈心の傷〉〈体の傷〉〈不安〉

次ページの「総括表」を見てほしい。この表は、長い分析作業を経て石田が到達した地平を示す。

被爆者を層化するにあたり、私たちは、七つの指標を立てた。七つの指標は、大きく括ると、〈心の傷〉に関する指標が三つ、〈体の傷〉に関する指標が一つ、そして〈不安〉に関する指標が三つである。なぜ、この三つの被害に、焦点を絞ったのか。

〈心の傷〉「あの日」、〈原爆〉が現出させた出来事は、「今でも忘れられない、恐ろしく思っている、心残りな」こととして被爆者の脳裏に刻まれている。「被爆したためにつらかったこと」として、a「あの日のできごとが深く心の傷痕になって残ったこと」を挙げた者、ならびに、b「当時の死のありさまを思い出したとき」もしくはc「原爆や核兵器のこと（報道）を見聞きしたとき」に〈死の恐怖〉を感じたことがある者、これら三つを指標にして〈心の傷〉の有無を探ってみたところ、総数の六四パーセントに〈心の傷〉が認められた。

〈体の傷〉〈原爆〉は誰よりも先に〈子供・女・年寄り〉の命を奪い、〈異形の死〉、〈確かめようもない死〉を人びとに強いた。かろうじて「あの日」を生き延びた人びとの身にも、日を追って同心円上に〈原爆死〉が及び、その後も、死ぬにはまだ〈早すぎる死〉、がんの発症に象徴される〈遅れてくる原爆死〉、

総括表

被害（＊1）	総数	「つらかったこと」一人当たり件数（＊2）	生きる意欲の喪失体験のある者（＊3）	国の責任を問うている者（＊4）	類型A・B（＊5）	類型E・F（＊6）
Ⅶ	200(100.0)	11.7	141(70.5)	163(81.5)	174(87.0)	11(5.5)
Ⅵ	502(100.0)	9.1	290(57.8)	352(70.1)	408(81.3)	50(10.0)
Ⅴ	832(100.0)	7.3	376(45.2)	484(58.2)	597(71.8)	129(15.5)
Ⅳ	1223(100.0)	5.6	428(35.0)	551(45.1)	749(61.2)	295(24.1)
Ⅲ	1304(100.0)	4.2	297(22.8)	482(37.0)	629(48.2)	449(34.4)
Ⅱ	1117(100.0)	2.8	190(17.0)	353(31.6)	451(40.4)	499(44.7)
Ⅰ	889(100.0)	1.7	100(11.2)	220(24.7)	238(26.8)	511(57.5)
0	677(100.0)	0.4	29(4.3)	128(18.9)	143(21.1)	430(63.5)
Ⅶ～Ⅳ	2757(100.0)	7.2	1235(44.8)	1550(56.2)	1928(69.9)	485(17.6)
Ⅲ～0	3987(100.0)	2.6	616(15.5)	1183(29.7)	1461(36.6)	1889(47.4)
計	6744(100.0)	4.5	1851(27.4)	2733(40.5)	3389(50.3)	2374(35.2)

石田忠『統計集〈原爆体験の思想化〉～日本被団協「原爆被害者調査1985」分析～』（一橋大学〈原爆と人間〉研究会編，2004年）より，第1巻，表1-2.

＊1　被害層：〈心の傷〉（a「あの日のできごとが深く心の傷痕になって残ったこと」，b「被爆当時の人びとの死のありさまを思い出したとき」もしくはc「原爆や核兵器のことを見聞きしたとき」に死の恐怖を感じた），〈体の傷〉（d「病気がちになったこと」），〈不安〉（e「（被爆者であるために）不安がある」，f「自分の健康にいつも不安を抱くようになったこと」，g「子供を産むことや，生まれた子供の健康や将来のことに不安を抱いてきたこと」）．これらa～g 7つの指標について，7つとも該当する人が被害層Ⅶ，どれにも該当しなかった人が被害層0になる．

＊2　【問18　被爆したために，つらかったことはどんなことですか】の18の選択肢のうち，○が付けられた選択肢の数．上記adfgの指標もその中に含まれている．

＊3　【問19　被爆したために，「こんな苦しみを受けるくらいなら，死んだ方がましだ」とか，「いっそあのとき，死んでいた方がよかった」とか，思ったことがありますか】で「ある」と答えた人．

＊4　【問27　原爆被害者援護法にどのようなことを求めますか】で「国の責任を明確に」を選んだ人．

＊5　【問20　いま，あなたの生きる支えや，はりあいになっているのはどんなことですか】で，「被爆の証人として語りつぐこと」「援護法制定の日まで生きぬくこと」「核兵器をこの地球からなくすために生きること」を3つすべて挙げた人（類型A），いずれか1つもしくは2つ挙げた人（類型B）．

＊6　同じく【問20】で，「安定した生活を築くこと」「家族に囲まれて暮らすこと」「仕事に生きること」「趣味に生きること」「宗教に生きること」「多くの人とふれあうこと」のみを挙げた人（類型E），もしくは「特にない」と答えた人（類型F）．

病苦や恐怖に〈苦しみ抜いたあげくの死〉が襲った。被爆から四〇年の歳月を生き抜いてきた人びとも、「つらかったこと」の第二位に「病気がちになった」（d）ことを挙げた。被爆後の健康状態について、被爆者特有の症状――①「しばしば入通院した」②「ぶらぶら病になった」③「被爆して健康状態がすっかり変わった」④「体の具合が悪いときに死の恐怖を感じた」──に着目して捉えてみると、どれもなかった人は一五パーセントにすぎず、いずれか二つ以上あった者が六九パーセントを占めた。

〈不安〉「被爆したためにつらかったことは？」と問われて、生存者がもっとも多く挙げたのは、f「健康にいつも不安を抱くようになったこと」である。g「子供を産むことや生まれた子供の健康・将来に不安を抱いてきたこと」を挙げた人もある。このような〈不安〉は原爆被害者固有の苦しみで、直接、「被爆者であるために不安なことは？」と尋ねてみると、七六パーセントもの人が〈不安あり〉（e）と答えた。

これら七つの指標について七つとも該当した人が被害層Ⅶになる。七つのうち六つの指標に当てはまった人は被害層Ⅵ、順にⅤ、Ⅳ、Ⅲ、Ⅱ、Ⅰとなり、七つの指標に関する限りはいずれの被害もなかった人が0になる。層0の人は総数の一割であった。つまり、被爆から四〇年経った調査時点における生存者の九割は、〈心の傷〉か、〈体の傷〉か、〈不安〉か、いずれかもしくは複数の領域にまたがる被害に苦しんできた（いる）ことになる。

〈生きる意欲の喪失〉

総括表の真ん中に、「生きる意欲の喪失体験のある者」という項目がある。「生きる意欲を喪失した」ことがある人の割合は被害層によって違っている。被害層0では四パーセントだが、層がⅠ、Ⅱ、Ⅲ、Ⅳ……と上がるにつれて、カッコ内の比率が一一パーセント、一七パーセント、二三パーセント、三五パーセント、四五パーセント、五八パーセント、七一パーセントと規則的に増大していることがわかる。被爆したために「生きる意欲」を奪われた一番大きな原因は、「毎日がずっと病気との闘いだったから」で、次いで「被爆によって夢や人生の目標が断ち切られたから」である。前者に、「病気がちで家族に迷惑をかけるのが心苦しくて」「生涯、治る見込がないから」「死を見つめて生きる苦しさに耐えられなくなって」を合わせれば、三分の二近く（六四パーセント）は「病い」に苦しんだがゆえに「生きる意欲」を喪失させられたことになる。

「家族を原爆で亡くし、心の支えを失ったから」など、「つらかったこと」が積み重なる。〈体の傷〉に加えて〈心の傷〉（「あの日の体験に心をさいなまれて」）、〈不安〉（「健康にいつも不安を抱くように」）がおおいかぶさってくる。さらに、人生の節目節目において自分が「被爆者」であることに直面させられる。まことに、《被爆者の苦しみは「被爆者であること」それ自体》にほかならなかった。[10]

〈生きる支え〉

〈喪失〉感が高じると、ときに人は、〈自死〉に追い込まれる。未遂に終わったものの、試みたことのある被爆者は決して少なくない。だが、そうした苦しみに直面しながらも、多くの人たちは生き抜いてきた。〈原爆〉と立ち向かいながら生き抜く〈支え〉になったのは、何だったのか。われわれはそれを捉えようとして、「生きる支えやはりあいになっていること」を尋ねた。単純集計結果で見ると、「家族に囲まれて暮らす」がもっとも多く、次いで「核兵器をなくすために生きる」、「安定した生活を築く」、「援護法制定の日まで生き抜く」という順になるが、〈支え〉というのは一つとは限らない。どのような組み合わせで支えが選ばれているか。パターンで捉えたほうが、〈生きる支え〉の持つ意味を読み取ることができる。総括表の右側にある「類型A・B」、「類型E・F」はその試みである。

〈生きる支え〉の中で、「被爆の証人として語り継ぐこと」、「援護法制定の日まで生き抜くこと」、「核兵器をこの地球上からなくすために生きること」、この三つの選択肢を三つとも挙げた人を類型A、三つの選択肢のうちいずれか一つあるいは二つを、生きる支えの中に含めている人が類型Bとする。この類型A・Bの比率を、被害層との関連で押さえてみると、被害層が0からⅦへと上がるに連れて、類型A・Bの比率も二一パーセント、二七パーセント、四〇パーセント、四八パーセント、六一パーセント、七二パーセント、八一パーセント、八七パーセントと規則的に増大していく。

以上のごとく、総括表を、左から右に向かって、項目ごとにデータを眺めていくと、原爆がもたらした〈心の傷〉〈体の傷〉〈不安〉に、生きる意欲を喪失するほど苦悩させられてきた人びとほど、「国の責任」(後述)を問い、〈反原爆〉を支えにしながら生き抜いてきた、そんな姿が浮かんでくる。つまり、被爆者としての苦しみが重く深かった人たちほど、〈反原爆〉を生きる支えにしながら(あるいは、求めながら)生き抜いてきていることになる。言いかえれば、〈原爆〉がもたらす苦しみとたたかう中で、被爆者たちは、そのような〈支え〉を獲得してきたということができる。

死者と生存者をつなぐもの——証言分析

統計データを見て、項目間に共変動関係が認められるということは、項目相互の間になにかしら結びつきがあることを推測させる。では、どうしてこういうつながりが生起してくるのだろうか。類型AとBの違いに着目してみると、類型Aの人びとは、類型Bに比べて、「原爆で死んだ人たちの霊をなぐさめる」、「被爆者の仲間のために役立つ」という支えを挙げた人が多い。「原爆死者の霊をなぐさめる」とは、〈原爆死〉を遂げさせられた人びとの死を見つめ続ける、ということであり、死者たちとの関係において自分が生き残った意味を問い続ける、ということである。また、「被爆者の仲間のために役立つ」というのは、同じ原爆を浴びた者として仲間のこと・仲間とのつながりを考えながら生きていくということである。死者たちや、生き残った仲間のことに、被爆者はどうして、こだわりを持っているのだろうか。そのゆえんを、「証言分析」という方法で解いてみることにした。

「原爆被害者調査」の問4「あの日やその直後のことで、いまでも忘れられないこと、恐ろしく思っていること、心のこりなこと、などがありますか」には膨大な自由記述回答が寄せられた。それを分類したアフター・コードの中から、私は、「罪意識、助けずに逃げたので」（九五例）と、「無感動」（一八六例）に分類された証言を選び、その内容を読み込んでいった。[11] 以下は、その要約である。

「両親の死を確認し、近所の人の助けにより、母を自分の手で焼き、骨を拾ってきたブリキの缶に入れる。そのことに何の感情もなく機械的に動いた。また『助けてくれ』という声を聞いていながら、それを見捨ててきた当時を思うと、自分がどうしてあんなになったのか、恐ろしくこわい。」

この証言の前段は、無感動にかかわる証言です。後半は、助けず逃げてしまったという罪意識を語っている部分です。「自分がどうしてあんなになったのか、恐ろしく、怖い」という形で、自分のしたことを問い返し、自問していることに気付きます。

無感動というのは一切の感情や喜怒哀楽を失った状態を指します。感覚や感情が消えうせ、凍り付いていく。なぜそうなっていったのか。そのプロセスを被爆者の証言の中に探っていくと、まさに原爆が一瞬にして周囲の世の中の姿を変えてしまい、阿鼻叫喚の生き地獄が現出し、おびただしい異形な死に人びとを直面させた状況が浮かび上がります。

そういう状況の中では、人間は自分を守るために心を閉ざさざるを得ません。閉ざさないと、自分自身がおかしくなってしまうからです。閉ざすという心の機能（防衛規制）があるからこそ、人間はああいう極限状況の中でも生きることができた。無感動になるという心の働きを自覚する。そのことを通して、自分をそのような状態に追い込んだものを、生き残った人びとは見据えているのです。

後段は、助けを呼ぶ声を聞いていながらそれを見捨ててきた、という証言です。あの日の自分をそう言い切るのはそう簡単ではありません。見捨てて逃げたという体験を多くの被爆者が語りだしたのは、被爆後三〇年ぐらい過ぎた後のことです。もちろん個々にはまったくなかったわけではありませんが、多くの被爆者たちがこうした体験を語りだすようになったのは、かなり時間がたってからのことでした。

「あの声は今でも忘れることができなくて、自分をさいなむ。」「今でも心の重荷となって残り、人々の声が耳の底にこびり付いている。」「何もできないむなしさが痛切に今日まで心を痛める。」「助けてあげなかった罰で今苦しんでいる。」「なぜもっと頑張って救い出そうとしなかったのか。」「今になっても良心の呵責に耐えられない。」

「心残り」という言葉があります。「心に残る」というのは、「五臓六腑がひらひらと動く」、「まぶたに焼き付いて」「脳裏から離れない」、「今でも心に引っ掛かって忘れることができない」、そんな深い心の傷を指しています。助けず逃げた行為は「人間として許されない」、自分の行動をそう受け止めたとき、「自責」の思いは、人間をそのような状況に追い込んだものへと向けられていきました。

あのとき人びとは、破壊の中で「気が動転」し、「火に追われて」、「一人の力ではなすすべもなく」、「人のことどころではない」、「わけのわからない恐怖」に支配されていました。助けを求める人の声を聞いて助けに行っていれば、その人は死んでいたでしょう。問われなくてはならないのは、「生きようとすれば人間性を保持することができない」ような「極限を超える状況」にまで人を追い込んだ、原爆の反人間性です。(12)

「どうして自分はあんなになったのか。」「どうしたのか、どうなったのかの繰り返しで、つぶやきながら歩き続けました。」「この世の中でこんなことがあってよいものでしょうか。放心状態になって自問自答を何回したか知れません。」「老人、女、子供に何の罪があったのか。どうしてあんなむごい事に巻き込まれたのか。」

〈原爆体験〉が、生き残った人びとに問いを投げかけ、突き動かしている。〈心の傷〉だけではない。原爆被爆による〈体の傷〉が、そして原爆症の〈不安〉や、核の報道を聞いてよみがえる〈死の恐怖〉が、原爆で肉親を奪われた〈喪失〉感が、周囲の無理解・差別が、人生の節目節目で、頭をもたげてくる。原爆は、それを「忘れる」ようにすれば、そのくびきから人びとを抜け出させてくれることはなかったのである。生存者をとらえて離れることのない問いを見つめ、たずね続けることによって、人びとは、「極限状況」下におかれた、みずからを含む人間のすがたを凝視しながら、《原爆が人間に何をしたか》について語る言葉を見つけ出してきたのである。〈苦悩としての原爆体験〉が、生存者における〈原爆〉批判、〈戦争〉批判をおしすすめていると言うことができよう。

3　〈原爆体験の思想化〉

原爆後、生存者が苦しみとたたかいながら獲得してきた支えには、被爆者の思想が表れている。思想化とは、そのような思想をつむいでいく営みである。

原爆がもたらした重くてつらい体験に苦しんでいるのは、当の被爆者自身である。苦しみ・つらさに、なんらかの形で必死に抗っていかないと、人は生きていくことができない。原爆は「生きる意欲・意味」を奪うものとしてのみ働く。そのような方向に引きずり込もうとする原爆に、ときには打ちのめされ、ときに立ち向かいながら、生き残った人びとは、「ふたたび被爆者をつくらない」とする思想をつむぎあげてきた。

アメリカの投下責任について、『原爆被害者の基本要求』は、こう述べている。

広島・長崎への原爆投下が人道に反し、国際法に違反することを認め、被爆者に謝罪すること。その証しとして、まず自国の核兵器をすて、核兵器廃絶へ主導的な役割を果たすこと。……何よりも「ふたたび被爆者をつくらない」との被爆者の願いにこたえることこそ、アメリカが人類史上において犯した罪をつぐなう唯一の道なのです。(13)

前述した「原爆被害者調査」問4において「人間」という言葉を記した人びとの証言をもとに、私は、「これが人間か?!」と題する一つのストーリーを構成してみた(『原爆体験』第一章参照)。これらの証言からは、被爆者たち＝死者と生者が、心の底から、どれほどの怒りをこめて、「人道に対する罪」を告発しているか、その声が聞こえてくる。そしてこれまで生存者たちが、その重い口を開いて語り・綴り続けてきた証言が、「核戦争に対する抑止力」となっていることを忘れてはなるまい。

《「ノーモア・ヒバクシャ」「ノーモア・ヒロシマ・ナガサキ」「二度と被爆者をつくるな」という言葉の意味は、「いかなる人の頭の上にも、原爆、核兵器を落としてはいけない」、つまり、「報復を認めない」ということだ》と、被爆者は語る。(14)

「核戦争起こすな、核兵器なくせ」と並んで、『原爆被害者の基本要求』のもう一つの大きな柱は、「原爆被害者援護法の即時制定」である。

原爆は、人間として死ぬことも、人間らしく生きることも許しません。核兵器はもともと、「絶滅」だけを目的とした狂気の兵器です。人間として認めることのできない絶対悪の兵器なのです。(15)

このような「反人間的な原爆被害」が、「戦争の結果生じたもの」である以上、その「被害の補償」は「戦争を遂行した国の責任で行われなければならない」。日本という国をもう二度とあのような戦争をしない国にしたい。どうやったら日本の社会の仕組みを変えていくことができるのか。戦争を開始し遂行した国の責任に立った戦争被害者に対する補償制度を日本の国につくらせる。そうすることで、二度と過ちを繰り返さない「砦」にしていく。これは、戦争で傷つけられた人びと共通の願いであろう。

東京大空襲戦災資料センターは、「無差別爆撃国際シンポジウム——世界の被災都市は空襲をどう伝えてきたのか」を開催し（二〇〇八年一〇月一一日、江戸東京博物館）、ゲルニカ・重慶・東京をつなぐ試みをおこなった。一橋大学大学院社会学研究科の「平和と和解の研究センター」は、戦争がもたらした〈心の傷〉に焦点をさだめて、沖縄戦—空襲（東京・名古屋）—原爆をつなぐシンポジウムを開いた（二〇〇八年一二月一三日、一橋大学）。

日中戦争・太平洋戦争において、重慶をはじめ、わが国も、都市に対する無差別爆撃をおこなった。その点において、日本もまた、無差別爆撃という思想にもとづく戦略を展開した責任を負っている。そのような戦争形態の行き着く先に、広島、長崎があった。国民を、他国の人びとを、無差別殺戮という極限状況の中に立たせる。今、そのことの人間的意味を見つめなおすときである。

戦争に「踏み出す」人びとの手を縛り、政府が容易に戦争を「起こせない」ようにする。それを可能にするのは、「戦争はなくすことができる」し、「われわれ一人ひとりがそのことに貢献できる」のだ、という意思にかかっている。この地球の各地で繰り広げられているさまざまな「非戦の胎動」をたぐり寄せ、確かめ合い、「戦争のない社会」をつくる。そのためにも、一つひとつの戦争体験の思想化が求められている。

〔追記〕東京大空襲の被害者が起こした訴訟の第一審判決において、東京地裁は、二〇〇九年一二月一四日、「一般戦争被害者を含めた戦争被害者に対して救済、援助を与えるべきかどうか」は、「裁判所が解決するのにふさわしい問題」ではなく、「国民自身が、自らの意思に基づいて結論を出すべき問題、すなわち、国会が、様々な政治的配慮に基づき、立法を通じて解決すべき問題」とし、原告の訴えを棄却した。司法の姿勢は、名古屋空襲で下した判決のそれと変わらなかった。司法がくりかえし突きつけている「国会の裁量権」を行使すべきときは今しかない。まさに「国民の意思」が問われている。

注

（1）原爆被害者の手記編纂委員会編『原爆に生きて——原爆被害者の手記』三一書房、一九五三年、一ページ。
（2）同前、二八一ページ。
（3）山代巴編『この世界の片隅で』岩波新書、一九六五年、vi—viiページ。
（4）日本原水爆被害者団体協議会の歩みについて、詳しくは、『ふたたび被爆者をつくるな——日本被団協50年史』（あけび書房、二〇〇九年）を参照されたい。
（5）このシンポジウムの諸資料は、日本準備委員会編『被爆の実相と被爆者の実情——1977NGO被爆問題シンポジウム報告書』（朝日イブニングニュース社、一九七八年）に収録されている。
（6）原爆被爆者対策基本問題懇談会『原爆被爆者対策の基本理念及び基本的在り方について』（一九八〇年一二月一一日）より。

(7) 日本原水爆被害者団体協議会『原爆被害者の基本要求』(一九八四年一一月一八日)の全文は、http://www.ne.jp/asahi/hidankyo/nihon/about/about3-04.html で読むことができる。
(8) 石田忠『原爆被害者援護法――反原爆論集II』未來社、一九八六年、五九ページ。
(9) 拙著『原爆体験――六七四四人・死と生の証言』岩波書店、二〇〇五年。本書において、われわれは、「原爆が人間にもたらした被害を〈生きる意欲の喪失〉過程として再構成し、それに抗って生き抜く〈反原爆〉思想(生きる支え)の人間的必然性を明らかにする」ため、この目的を果たすに必要な調査項目のいずれにも無回答のない調査票(六七四四票)を選んで分析した。選定基準の詳細は、xvii―xviiiページを参照されたい。
(10) 前掲『原爆被害者の基本要求』より。
(11) 「原爆被害者調査」の問4に関するアフターコードの詳細は、前掲『原爆体験』の第一章を参照されたい。
(12) この要約は、「ノーモア ヒロシマ・ナガサキ国際市民会議」(二〇〇五年七月、東京)において筆者がおこなった発表「原爆に抗う被爆者たち」の一部を若干補筆したものである。
(13) 前掲『原爆被害者の基本要求』より。
(14) 二〇〇八年五月、「九条世界会議」(千葉・幕張)における、長崎の被爆者・吉田一人氏(東京在住)の発言より。
(15) 前掲『原爆被害者の基本要求』より。

■平和と和解の思想のために《文献案内》

石田忠『原爆体験の思想化――反原爆論集Ⅰ』『原爆被害者援護法――反原爆論集Ⅱ』未來社、一九八六年

「原爆否定の思想」――「この思想形成の必然は被爆者の〈生〉そのものの中に在る」。この命題に石田忠がこめた意味は何か？　どう解き明かそうとしてきたか？　二つの論集は、ひとりの社会調査家の探究と思索のプロセスを跡づけたものである。

ヘレン・エプスタイン『ホロコーストの子供たち』マクミラン和世訳、朝日選書、一九八四年

ダン・バルオン『沈黙という名の遺産――第三帝国の子どもたちと戦後責任』姫岡とし子訳、時事通信社、一九九三年

「ホロコースト」の生存者たちが解放後に生んだ子供たちと、「最終戦争」に関与したナチス幹部を父親にもつ子供たち。「歴史」にとらえられた彼・彼女らは、親子の間にある「こんぐらがった糸の両端」をときほぐし、「真実と向き合う」ことで「希望を探求」していく。両書をあわせて読むことにより、「対話」という方法の意義と可能性をつかむことができる。

島本慈子『戦争で死ぬ、ということ』岩波新書、二〇〇六年

「戦後生まれ」は、いかにすれば「戦争」を受け止められるのだろうか。「戦争による死」を知り、「悲しみの底」に降りることで、著者は、「戦後生まれの目で、戦後生まれにも通じる言葉で」、「戦争のエキス」を語り直そうとする。戦争を「防ぐ」ために。

第3章 原爆を語ること、平和を訴えること
広島における原爆被爆者の証言活動

根本雅也

はじめに

一九四五年八月六日、広島に投下された原子爆弾は多くの人々の命を奪った。また、その日を生き延びた人々も、負傷や放射線の影響などによって、身体的・経済的な苦難を経験したり、みずからの将来に不安を覚えたりしながら暮らしてきた。[1] こうした原爆の被爆者の中には、いまだにみずからの体験を語らない(語れない)者がいる。その一方で、一部の被爆者は原爆の体験を積極的に語り、平和を訴える活動をおこなってきた。

原爆の体験を人々に語り伝える「証言活動」は、広島に来る修学旅行生の増加とともに始まり、その後も紆余曲折を経てきた。このことは、証言活動が歴史的変容と葛藤の中にあり、活動をおこなう被爆者たちはその中で思案しながら体験を語ってきたことを示している。

証言活動は、それが形づくられた当初より教育的な側面を有していた。そのため、教育の観点から「原

爆をどのように伝えるべきか」「何を伝えるべきか」をめぐってしばしば議論が交わされてきたのである。これらの議論には大きく二つの対立的な立場が存在した。一方は、平和を訴えるには原爆の体験をそのまま感情的に語るだけでは不十分であると考え、原爆投下や当時の戦争の背景、そして現在の核兵器をめぐる状況との関係性なども含めて語る必要があるとした。もう一方は、原爆とその被害のむごさを知ってもらうために、被爆者はあくまで被爆当時の生々しい体験や、その後の自身の生活のみを語るべきと主張した。これらの二つの立場は、言いかえれば、原爆被害とその意味を広い視野から相対的に理解し語ろうとする立場と、原爆が示した圧倒的な暴力性を伝えるために体験者の絶対的な経験を重視する立場との対立であると言えるだろう。このような状況の中で、証言活動をおこなう被爆者は、いずれかの立場をとるなどしながら、みずからの体験を語ってきたのである。本論では、証言活動とそれにまつわる議論を歴史的にたどりながら、原爆を語ることに対する被爆者の思考と行動を検討していく。そして、これらを通じて平和の思想を探っていくことにしたい。

これまで幾人もの社会科学者が原爆の被害を明らかにしようと取り組んできた。(2) こうした状況において、原爆を語るという実践に着目し、被害そのものというよりも、被害の体験をもとに行動する人々のありようを理解していくことは、今後の研究にとって試金石ともなろう。

1　証言活動の誕生——政治的運動から教育的運動へ

証言活動あるいは「語り部」活動は、広島においては一九七〇年代後半以降、原爆被爆者や遺族によって組織的に取り組まれてきた。この活動に取り組む被爆者は、複数存在する団体やグループにそれぞれ所属しながら、修学旅行生等にみずからの体験を語ってきた。ここでは、証言活動が歴史的に形づくられる中で、教育的な役割を担っていったことを見ていこう[3]。

原水爆禁止を求める運動から「被爆体験の継承」へ

原爆被害者は、戦後の占領下においてほとんど注目されてこなかった。しかし、一九五〇年代中頃、原爆と水爆に反対する運動（原水爆禁止運動）が全国的にわき起こる中で、被害者の存在が注目されはじめた。そして、一部の被害者は、各地からの要請に応じて、みずからの体験を語るようになった。この運動の中で、原爆被害者とその語りは、当初、被害者の救援とともに運動の発展につながるものと考えられていた[4]。幅広い層を巻き込んで盛り上がった原水禁運動は、各政党に積極的に介入されるようになり、一九六〇年代半ばには複数の運動団体に分裂した。この分裂に対する反省から、広島ではただ原水爆禁止を訴えるのではなく、政党などによって左右されないように原爆被害の正確な記録を作成し、それを通じて原爆の恐ろしさと核兵器の廃絶を訴えようとする運動が起こった。一九六〇年代半ば以降に広島で展開された運動は、こうした原爆被害に関する記録や資料に関心を持つものであった[5]。これらの運動が掲げた目的の一つが、原爆の体験の「継承」である。原爆被害の体験が持つ教訓的な価値（たとえば「二度と繰り返してはならない」）が強調され、非体験者が体験を学び理解するという「被爆体験の継承」がしきりに叫ばれていった。

平和教育と広島修学旅行

一九六〇年代後半、「被爆体験の継承」が求められる中、広島の教師たちは原爆の学習を中心とした平和教育に取り組むようになり、一九七〇年代には全国に広まった。それとともに、広島は修学旅行の行き先として注目を集めるようになる。

東京の中学校教員であり、長崎で原爆を経験した被爆者でもある江口保[6]が企画した修学旅行は、平和記念資料館の見学を中心とした広島での学習を大きく変えることになった。自身が書き残した著書によれば、江口はすでに体験を語っていた被爆者の教師たちだけではなく、広島に存在する慰霊碑の関係者（たとえば中学・女学校の生徒を亡くした母親など）に話をしてもらうべく、みずから何度も広島を訪れて関係者を探し出していった。はじめて実施した広島修学旅行では、慰霊碑の前で献花をする生徒たちを見て、遺族である母親は涙を流していたと江口は記している。これらの関係者は、当初、自分の体験をほとんど話さなかったが、その後も修学旅行が繰り返される中で、体験を話す者が出てきた。また、碑の前でゆかりのある人に話を聞くという方法は、江口自身やメディアなどを通じて広められ、広島を訪れる修学旅行が急速に盛んになっていった[7]。それとともに、体験を語ることのできる被爆者が必要とされていく。

証言活動の誕生

広島修学旅行への関心が高まった一九七〇年代後半は、広島と長崎が世界的にも注目された時期でもあった。冷戦体制の下で核兵器がヨーロッパに配備されたことに対して、欧米で反核平和運動が高揚し、日本でもテンフィート運動[8]などが起こり、反核の声が高まっていた。こうした風潮の中で、一九八〇年代に入ると次々に体験を語る被爆者が組織化された。この中には、既存の団体が母体となっているものだけではなく、「原爆被害者証言のつどい」（一九八二年）や「ヒロシマを語る会」（一九八四年）のようにまったくの新しい組織もあった。これらの証言活動に取り組む組織は、とくに修学旅行生を念頭に置いて、体験を語ることを目的としていた。たとえば、ヒロシマを語る会の結成趣意書には次のように書かれている[9]。

〔前略〕敗戦後三十九年目になり、被爆の体験の風化が問題化し、また被爆者も高齢化して今後どれくらい語りを続けられるか不安になっています。〔中略〕一方、ここ数年間、修学旅行生を中心に広島を訪れる人は増加していますが、被爆体験を語れる被爆者は限られています。〔中略〕しかし今は被爆者が語らねばならない時期だと思い、自主的に会を結成することにしました。

Ⅰ　被爆者であれば誰でも入会できます。
Ⅱ　会員は個々において、どこの組織に所属してもよいが、この会の中にはセクトを持ち込まないことにします。
Ⅲ　修学旅行生等に話をするだけなく、原爆について多くのことを学習します。
Ⅳ　被爆者個人の体験はきわめて狭いものですから、お互いに話し合って被爆の実相をつかむようにします。

結成の背景に「被爆の体験の風化」や修学旅行生の増加が挙げられ、被爆者が語る必要性について言及されていることから、「継承」を目的としていることが見てとれる。加えて、「セクトを持ち込まない」という項目は、既存の運動（とくに原水禁運動）と一線を画すことを暗示し[10]、単に「継承」を目的としただけではなくて、その目的のみに特化したとも言える。つまり、証言活動にかかわる被爆者と団体は、政党が強く影響するような直接的な政治運動を目指していたというよりも、修学旅行生などを対象に「伝える」「教える」という教育的活動に主眼を置いていたのである。しかし、同時に「被爆者個人の体験はきわめて狭い」とされ、互いに話し合うことや原爆について学習することが企図された。原爆を語るには、個人の体験だけでは十分ではなく、より広い視野を被爆者は持つ必要があるということであろう。

しかし、ヒロシマを語る会の趣意書に見られた考え方は、証言活動に端を発したというよりも、広島を中心とした平和教育に由来するものであった。このことを次節で検討しよう。

2　平和教育と原爆

「体験の継承」から始まった平和教育

一九六〇年代後半、広島県の教職員として働いていた被爆者の一部が原爆に対する関心の低下（「被爆体験の風化」）を危惧して広島県の教職員として働く被爆者が広島県原爆被爆教師の会を結成した。[11]同会は、原爆に関する教育に組織的に取り組み、原爆学習の副読本を作成したり、広島平和教育研究所（以下、広平研と略）の設立（一九七二年）に尽力した。活動の進展とともに、体験を「継承」する理由についても整理されていった。広平研が掲げた設立文からこのことがうかがえる。

ヒロシマを忘却することは許されない。それは、原爆の犠牲となった多くの人びとへの贖罪と鎮魂の意味からだけではない。全人類が無知と偏見、戦争の恐怖から免れ、平和のうちに生存し抜くことは、核時代を生きるわれわれの至上の課題であり、ヒロシマはその原点だからである。人間の心に平和のとりでを築くことは、教育の力にまつところが大きく、ヒロシマは核時代の教育を問い直す原点である。教育を通して、ヒロシマを後の世代に継承し、人類共通のものにすることは、世界平和に貢献する人類史的責務である。

平和教育は、当初、「継承」を掲げて原爆を教えることから始められた。その後、「継承」の意義が整理されたのである。しかし、平和教育の内容と方法が吟味されていく中で、原爆学習の位置づけが変容することになる。

平和教育の進展と原爆の学習

一九七〇年代に入ると、平和教育が全国的に取り組まれる一方、その内容と方法について検討されるようになる。その中で、原爆は戦争に関する主題の一つとされ、またその教え方については単に被爆者の体験を学ぶのではなく、その体験を現在の社会状況と関連させるなどの工夫が必要とされるようになった。このことは、広平研の事務局長であり被爆教師の会会長でもあった石田明による第三回全国平和教育シンポジウム（一九七五年）の基調報告によく表れている。(12)

……せめて〔原爆の〕原体験だけでも継承しようとする段階から私たちの平和教育運動は始まりました。……体験継承を大切にしつつ、そこにとどまらず、人権・科学・国際連帯の教育などと固く結合させながら平和教育の体系化が試みられています。〔中略〕平和教育の「目的」としては、㋐戦争のもつ非人間性・残虐性を知らせ平和の尊さと生命の尊厳を理解させる。㋑戦争の原因を追求し、戦争をひきおこす力とその本質を科学的に認識させる。……などをその視点としています。「原体験の継承」については、たんに原爆や戦争の直接体験だけにとどめず、①原爆については大量無差別の破壊・虐殺の極地であり、従来の戦争観の根本的変更を迫るものであり、同時に現代に引き続く核戦争の原型として教えること。〔中略〕さらに、「被害」の側面にとどめず、日本民族としての加害責任の事実を明らかにする側面も大切であると述べています。

原爆の体験の「継承」から始まった平和教育は、「戦争の持つ非人間性・残虐性」「戦争の原因」「加害責任」といったほかの主題も学ぶようその射程を広げていった。また、「原体験の継承」においても、単に「直接体験」を話すだけではなく、その位置づけ（「大量無差別の破壊・虐殺の極地」「現代に引き続く核戦争の原型」）も教えることが求められるようになった。原爆の体験をそのまま学ぶだけでは平和教育として十分ではないという教師たちの姿勢がうかがえる。

こうした姿勢が実践に移された一つの例として、日本の「加害責任」に関する学習がある。一九八四年に被爆教師の会などによって作成された、日本と広島の加害に関する副読本『ひろしま――15年戦争と広島（試案）』の指導要領には、平和教育において原爆被害だけを教えるのは不十分であるということが次のように記されている。[13]

……〔中国・朝鮮をはじめとした諸国においては〕日本を原爆による被害国としてのみ捉えてはいない。ヒロシマ・ナガサキを原点とした平和教育をすすめるにあたって、加害者としての日本の立場を正しく子どもたちにつかませることもあわせて行っていかなくてはならないのである。

つまり、平和教育に取り組む教師たちは、原爆投下を日本による戦争というナショナルな歴史的文脈の中に置き直すことで、被害ばかりではなく、加害について教える必要性を主張し実践していったと言えよう。

そして、これから見ていくように、平和教育におけるこのような教師たちの姿勢は、体験を語る被爆者の中にも取り入れられていくことになる。

3　原爆を語ることと知識を身につけること――「幅広い証言者」としての語り

平和記念資料館館長を務めた高橋昭博は、証言活動の先駆け的存在として広く影響力を持った人物であった。本節では、高橋の思考と行動に着目して、「幅広い証言者」としての被爆者の語り方について見ていくことにする。[14]

旧制中学二年のときに原爆で体にケロイドを負った高橋は、戦後、市役所の職員として勤務する一方、原水爆禁止運動や被爆者運動にも積極的にかかわり、運動の中でたびたびみずからの体験を話してきた。しかし、政党系列化し互いに争う原水禁運動に対して嫌気がさした高橋は、平和教育に共感し、「私ひとりでもできる平和運動」としてみずからの体験を若い世代に語り伝えるようになった。こうした高橋の考え方は次の文章からも見てとれる。[15]

……戦争や原爆を知らない若い世代が主役になり、被爆者はむしろ脇役になって若者を支えてやる。それが、これからの運動の姿にならなければならないと思った。〔中略〕そして被爆者は若者ともっとも身近かに接して、……被爆体験を伝えなければならない。〔中略〕〔私は〕若者たちのために〈語り部〉として生きていこう……と。

みずからを「語り部」として自覚した高橋は、その手はじめとして、一九七六年に江口の勤める中学校を訪れて体験を語っている。では、若者へ体験を伝えることを重視した高橋は体験をどう語り伝えるべきだと考えていたのか。次にそれを検討することにしよう。

被爆体験を語ることと平和教育

平和教育に取り組む被爆教師たちと交流があった高橋は平和教育の重要性を認識していた。[16]平和記念資料館の館長に就任した一九七九年には、全国平和教育シンポジウムの「被爆体験の継承と平和教育」という分科会に出席し、被爆者は非体験者に対して体験を感情的に語るだけでは十分ではないと主張している。また、同年九月に高橋は「被爆体験継承の意味するもの」という文章で、被爆体験を語ることを平和教育と同等に捉えつつ、体験の語り方について記している。少し長いが高橋の主張を理解するために引用したい。(17)

平和教育を行うとき、あるいは被爆体験を語るときには、この平和憲法〔日本国憲法〕の崇高な精神を原点にきちんとすえておかなければならないと、私は思っている。そして……日本の加害者としての責任を深く反省し、……私たちが受けた苛酷な被爆体験を正しく伝え、しかも、現在、激動する国際情勢の中で、日本が直面する社会的、経済的、政治的諸情勢がどのように変転しつつあるかを明らかにし、なかでも世界における核軍拡競争の情況がどのようになっているかを明確に教え、語らなければならない。〔中略〕被爆による「苦しかった、悲しかった」という単なる体験話だけでは、もう若者には通用しない時代になっており、若者の心に、真に被爆体験の悲惨な実相を系統的に伝えなければ、訴える力とはならないと、私は思っている。

高橋は、若者など聞き手に理解してもらうために、「苦しみや悲しみ」を主観的に語るのではなく、加害者としての立場を含めて戦争と原爆被害の特徴などを語り、また現在の核状況や政治状況等も踏まえて「系統的」に伝えるべきであるとしている。このような考え方が、前節で示した平和教育における原爆の学習に対する態度と重なることは容易に見てとれるだろう。高橋は、こうした体験の語りを個人的に実践するとともに、前述のようにシンポジウムやメディアなどを通じてその必要性を説いていった。

体験を語るための情報交換と学習の場の創出――「被爆体験証言者交流の集い」の発足

高橋がみずからの考えを広く共有しようとした試みの一つに「被爆体験証言者交流の集い」の発足（一九八七年）が挙げられる。証言活動が盛んにおこなわれるようになり、活動をおこなう団体や被爆者が増えていく中で、「自らの体験を語るだけの人が少なくなかった」ことに気がかりを覚えた高橋は情報・意見交換の場を模索するようになる。(18)

「ヒロシマ・ナガサキ」が決して過去のものではなく、今日的なテーマであることを伝えなくてはならない。そのために、全人類を十数回も殺戮できるだけの核兵器が世界に配備されている現代の核状況を説明する必要がある。〔中略〕私は「語り部」にはそういう幅広い証言者としての役割が期待されると思っている。そのためには、揺れ動く国際情勢や世界の核状況について正しい知識と分析力を身につける必要があり、意見交換したり、学習し合う場をつくることは大切だ。

高橋にとって、原爆の体験を語ることとは単に過去を語ることではなく、現在に通じる「今日的なテーマ」であった。そして、それを伝えるためには「正しい知識と分析力」を身につけることが必要であり、学習と情報交換が必要だったのである。そのため、当時高橋が勤めていた広島平和文化センターの呼びかけによって結成された「被爆体験証言者交流の集い」は、広島で活動する証言団体を参加団体とし、(19)各団体の横のつながりをつくりつつ、より正確に、より多くの人々に語り伝えるための情報交換や学習の場を創出することを目指すものであった。

たとえば、「集い」では、専門家を招いて、原爆や核兵器、国際政治の状況、放射線の医学的な影響などについての講演を聴くといった研修会を実施した。また、「証言活動の参考のため」に『若い世代に被爆体験を語り継ぐために——原爆被害のあらまし』というパンフレットも作成した。[20] 原爆被害に関する知識を身につけるための取り組みがおこなわれたのである。

以上のように、高橋は被爆体験を語ることを平和教育と同等に捉え、その伝え方も平和教育と同様に情緒的な体験談ではなく、客観性のある幅広い知識を持って語ることを重視した。加えて、高橋はその語り方を証言活動に取り組む人々に広めていった。しかし、次節で検討するように、被爆者が知識を身につけて語るというこのような証言活動の傾向に対して反対する人々も少なからず存在した。

4　もう一つの語り方——「体験者」としての語り

長崎の被爆者であり、東京都の中学校教員として広島修学旅行を実施した江口保は、被爆者が原爆や社会状況などに関する知識を学び、それらを積極的に語っていくことに対して疑問を抱いた人物の一人である。江口は、早期退職したあと、広島に移り住み、広島修学旅行を計画する学校の教員に被爆者を紹介したり、被爆者を探しては体験を語るよう依頼するなど、修学旅行の手伝いに奔走した。このように広島で修学旅行と証言活動を間近に見てきた江口は、証言活動が盛んになるにつれて被爆者の語りが変容してきたことを次のように述懐している。[21]

……被爆者の証言が変わってきたのを感じています。それは証言者が増え、証言をする被爆者のグループができ、その中で勉強会をしたりして、原爆や平和の問題についての深い認識を証言者それぞれがもつようになったことが影響しているのではないでしょうか。そのこと自体はすばらしいことであると思います……。しかし、ともすれば、これらの学習の成果、たとえば、原爆のメカニズムや戦争の経過といったものが、そのまま修学旅行生への話の中にでて、大きなウエイトを占めるため、本来、話を聞かせてほしいと思っている、貴重な臨場感あふれる被爆体験やその後の体験を通してどのように生きてきたかという証言者の生き様が、話の一部になってしまっているような感じを受けることさえあるのです。そのために、だれの話を聞いてもみな、流れは同じ、という証言の画一化とでもいうべき現象がおこっています。証言の「機械化」ともいえるでしょう。

江口は、被爆者が証言活動の組織への参加等を通じて原爆や平和に関して学習した結果、「被爆体験」や「生き様」が前面に出されず、個々の語りが似かよる傾向があると批判している。簡潔に言うならば、江口の主張は、証言活動において被爆者は被爆時の体験などみずからの経験を語ることこそが重要であるということになろう。

このような姿勢が明確に表出したのが、被爆者が日本の加害を語るべきか否かをめぐって生じた次のような出来事であった[22]。

証言活動に取り組むある女性被爆者が広島県内の中学生グループを連れて平和公園内を平和学習していた。当時、韓国人原爆犠牲者慰霊碑は平和公園内になく、その対岸にあった。そのため、市民団体などが、碑が公園の外にあるのは民族差別であり、日本の加害責任を問ううえでも碑の移設をするべきだと要望していた。この中学生のグループはそのことを熱心に勉強していた。しかし、案内をしていた被爆者はその碑を説明する際に日本の加害や民族差別について触れなかった。その結果、生徒からその被爆者に「不勉強」を問う手紙が来た。これにショックを受け、彼女は証言活動をほとんどしなくなってしまった。

この事件を報じた新聞記事を受けて、江口は被爆者が加害について語ることに反対を表明する[23]。

〔被爆者が〕「加害の話をしなければ」という主張には、私は素直に納得出来ない。被爆者はまず何をおいても、非被爆者が証言することの出来ない被爆の厳然たる事実について話すべきである。〔中略〕例え、……原爆投下という事実が……侵略戦争の中で行われたとしても、被爆の証言とは一応切り離して語るべきである。〔中略〕加害の話を聞きたければ、多く出されている書物を読んだりして教師がなすべきであり、更に必要であれば専門の人達や経験者などを教師が捜し出して、生々しい話をきかせればいいのである。

江口の主張は、加害自体を教えることが間違っているということではない。ただ、被爆者は「被爆の事実」を話すことに特化すべきであると考えていたのである。

では、なぜ被爆体験を語ること、そしてそれを聞くことを重視したのだろうか。その理由について、江口は次のように述べている[24]。

被爆者からはまず、生々しい被爆体験を聞くことが何よりも大切なことだと思うのです。まして、広島や長崎では、その場所にたって、臨場感溢れる話を聞くことができるのですから。そして、被爆者の痛み・苦しみ・悲しみを追体験し、継承することから、生徒達は、これからどう生き、何をしなければならないのかを教師と一緒に考え、模索し、そして行動する出発点としてほしいのです。

江口にとって、被爆者から話を聞く意味は、生徒たちが「生々しい被爆体験」を聞き、そこから「痛み・苦しみ・悲しみ」を「追体験」し「継承」することにあった。そのために、被爆者には「学習の成果」を語るよりも体験をそのまま話すことを望んだということになる。このような江口の考え方は、周囲にいる被爆者に伝えられ[25]、これらの中には、江口の助言を受けとめ、原爆の体験を話すことを重視し、証言活動をおこなう団体にはかかわらないようにした被爆者もいる。江口の影響力を示す証左であろう。

被爆者が自身の体験を語ることが重要であり、体験者として「体験のみを語るだけで十分である」とも言える江口の考え方は、前節で見たように「体験を語るだけでは不十分である」とする高橋の考え方と相違し[26]、対立的ですらある。では、証言活動において、これら二つの対立的な考え方が存在し、双方がそれぞれに影響力を持って実践されている中で、個々の被爆者は体験の語り方についてどのように思案し、語ってきたのだろうか。次節では、双方とつながりを持ちながら証言活動に取り組んできた被爆者の一人、鈴田峰子（仮名）を事例として検討していくことにしよう[27]。

5　変わりゆく語り――鈴田峰子の場合

鈴田は、戦後三〇年以上語らなかった被爆者である。二二歳で被爆した鈴田は、そのときの怪我が原因で左足を切断している。当時の婚約者も戦死し、しばらく自暴自棄の生活が続いた。その後、教員として勤めたが、原爆のことを生徒たちに話すことはなく、被爆者であることも隠していた。

しかし、一九八〇年代に入って、鈴田は反核平和運動の高揚の中で自分が被爆者であることを公表することになった。戦後まもなく米軍によって撮影されたフィルムの中に映っていた鈴田は、この映像を入手したテンフィート運動の関係者によって探し出されたのである。フィルムをもとに映画を作製・上映しようとした運動関係者は、鈴田に許可を求めた。偏見の目で見られることを恐れ、被爆者であることを隠し、平和運動にかかわることもなかった鈴田は断りつづけた。しかし、連日訪ねてくる運動関係者に根負けし、渋々ながら承諾する[28]。

鈴田を証言活動へと誘ったのは、当時まだ教員であった江口保であった。前述の映画を見て連絡してきた江口と会った鈴田はそれまで話してこなかった自分の体験を語り、江口は子どもたちに体験を話すよう依頼した。一九八三年春、初めて体験を話したとき、当時の状況や戦後の生活などが一挙に思い出され、涙が止まらず、言葉が出てこなかったという。「次こそは語ろう」と意気込んだが、しばらく体験を話すことができない状態が続いていた。

この状況を打破するきっかけとなったのが、自分が体験を話した生徒からの感想文であった。ある手紙の中に「ヒロシマはかわいそうなところ」といった文章が書かれていた。「これではいけない。自分たちは原爆に遭ってもこれまで生きることができた。むしろ、かわいそうなのはこれからの時代を生きていく子どもたちではないか」と考えた鈴田は、話を聞いた子どもたちが「かわいそう」という感情に陥るだけにならないように体験を語るだけではなく、戦争とは何であるのかについてしっかり伝えることを目指すようになった。このことは、語りはじめた同年夏頃の手記からも読み取ることができる。

いまの私は証言をしなければならない重い責任と使命感を持っています。依頼を受ければお話をしていますが、語ることによって私がいままであまりにも勉強不足であったことを痛切に感じ、すべてをこれから学ばねばと本を読み、ご指導をいただきながら証言活動への勉学に励んでいます。

鈴田は体験を語ることに「使命感」を抱き、語っていくと同時に、「勉強不足」を感じ、学習するようになった。このことは鈴田だけではなく、証言活動にかかわる被爆者にしばしば見られることでもあった。質問や感想文といった聞き手の反応からみずからの語りや知識不足を反省し、学習するようになるのである。

鈴田の学習は、原爆だけでなく、現代の核状況や戦争、そして差別や日本の加害などあらゆる方面に及んでいった。また、その学習は、書物に加え、平和運動の関係者などとの積極的な交流を通じてなされた。たとえば、自身も結成にかかわったヒロシマを語る会では、メンバーで同和教育に取り組む教師から被差別部落のことについて真剣に学んだ。そして、その後、こうした地域を訪れたときには、相手を理解しようと心がけ、みずからの差別の経験も語ってきた。また、在日朝鮮人被爆者との出会いからは戦前および戦中の朝鮮人問題を知り、韓国や中国を訪れては日本の加害について学びはじめた。さらに、アウシュヴィッツ、ベトナム、沖縄、水俣など、さまざまな場所を訪れ、ピースボートにも乗った。また、学習を積み重ねる中で、原水爆禁止運動や被爆者運動の関係者とも交流するようになった。その中には平和教育に取り組む人々や高橋もいたのである。そして、以上のように学んだことを鈴田は積極的に子どもたちに伝えるようになった。

とくに鈴田が子どもたちに積極的に語ったのは、日本の加害についてであった。みずからが学ぶ中で、戦争とは何であったのかをあらためて考える機会を持ち、自分が今まで被害者意識の塊であったことに気づいたという。戦争を加害と被害の両面から考えていく中で、自分も戦時中は軍国少女であり、戦争に協力したという点では加害者の一員であった。そのため、その事実と反省を子どもたちに伝えようと、鈴田は原爆の体験に加えて、加害について自分で見聞きしたことをもとに語ってきた。

しかし、鈴田が加害を語ることに対して、江口はたびたび厳しい指摘を繰り返した。鈴田は江口から加害については話す必要はない、とにかく原爆の体験を話せばいいと何度となく言われたという。しかし、体験だけでは十分ではなく、戦争とは何かを伝えるべきだと考える鈴田は、自分が見たことや聞いたことなどを少しずつでも差し挟んで語ってきた。

みずからが学び考えたことを話す鈴田に対して反対したのは、江口だけではなかった。鈴田はベトナムを訪れた際に、枯葉剤のことを知り、奇形児の写真を撮った。そして、修学旅行生に放射線に関連させて枯葉剤の影響について話そうとこれらの写真を見せようとした。しかし、その学校の校長先生が即座に来て、写真を片づけるように言われた。原爆の話だけを聞きに来ているというのがその理由だった。鈴田は怒りを覚えたものの、写真をしまって体験のみを語り、結局、その写真を使うことはその後一度もなかった。

こういった自身への批判を経験しながらも、一九九三年、みずからの証言活動への意気込みを次のように記している。

……次の世代に私は加害と、被害の両面をしっかりとみつめ、過去の歴史への真実をしっかりと体験を通して語ることにより、「過ちを再び繰り返させない」世代を育てなければなりません。人類が幸せに生きのびるために、小さな私の運動として、反戦、反核（反兵器もふくめ）、反差別、そして環境汚染、自然破壊への反対を訴えています。証言は私の平和の一粒の種播きです。

長年の沈黙を経て、みずからの体験を語りはじめ、そして学習を通じて体験以外のことも語るようになった鈴田の変容は、彼女の語りの変容とともに、彼女の姿勢の変化を表している。一つは、江口に代表されるような「被爆体験を語るだけでよい」という立場と高橋に見たような「体験を語るだけでは不十分である」という立場の双方とかかわりを持ちながら、後者の考え方をとるようになったことである。鈴田は、江口を通じて証言活動をおこなうようになったが、その後、運動関係者や聞き手などとの交流を通じて、結果的に「体験を語るだけでは不十分である」という考えに至っていった。

もう一つの変化は、みずからの語りを「平和の一粒の種播き」と捉えているように、語りを通じて平和を訴えることに対する自覚が生じたことである。この点から考えるならば、鈴田が幅広い知識を意欲的に学習し続けてきたのは、鈴田にとって、平和のためには、原爆のみならず、さまざまな事象を学び伝えることが必要であったからだと言えよう。

鈴田の語りの変容は、単に語られる内容の変化を意味するにとどまらない。それは、鈴田が彼女自身の方法で平和を模索してきた過程を示しているのである。

おわりに

証言活動とそれに取り組む被爆者は歴史的変容と葛藤の中にあった。本章は、とくに「原爆をどのように伝えるべきか」に関する議論を被爆者の思考と行動に着目して検討してきた。そこには、「体験をそのまま語るべきである」という立場と「体験をそのまま語るだけでは十分ではない」という立場が存在していた。本論は、そのどちらかに優劣をつけるものではない。むしろ、原爆を伝えるに当たって、どう語るべきかが語り手にとって問題となり、それに対して個々の被爆者がなにかしらの「答え」を導き出してきたというのが本論で見てきたことである。

この模索の過程をよく表していたのが、鈴田の事例であろう。江口や平和運動に導かれて語り手となった鈴田は、周囲との関係性の中で葛藤しながらも、結果的に「体験のみを語るだけでは十分ではない」と判断し、学習を通じてみずからの語りを変容させていったのである。平和のために語りを変容していく鈴田の姿勢に見られるのは、他者とのかかわりの中でみずからの経験と思考にもとづいて形づくられ、みずからの行動を律していく思想の存在である。この思想を平和の思想と呼ぶことはできよう。しかし、このように考えるならば、平和の思想は、鈴田に限定されるものではない。平和の大切さを訴えるためにみずからの体験のみ語り続ける被爆者もまた、平和のためにみずからの行動を律する思想を持っている。平和の思想とは、平和を求めて行動する人々の中でそれぞれの経験と思考を通じて固有に形づくられるものなのである。

本章では、証言活動に取り組む被爆者の思考と行動に焦点を当てて、平和の思想を検討した。しかし、鈴田の事例からわかるように、彼女の模索の過程には、聞き手や江口あるいは運動団体といった周囲の組織や個人の存在が不可欠であった。その点では、平和の思想は、周囲の人々との多様な相互作用を通じて個々人が練り上げていくものだと言えるだろう。

そして、周囲に存在する人々のうち、とくに証言活動に不可欠なのは聞き手の存在である。「原爆の体験をどのように語るべきか」という問いは、「聞き手に何を伝えるべきか」という問いである。本章で見てきたように、この問いに答えようとして、語り手たる被爆者ばかりがこれまで試行錯誤を重ねてきた。このような状況において、今まさに聞き手の姿勢と思想こそが問われている。

注

(1) たとえば、日本原水爆被害者団体協議会編『原爆被害の実相と被害者の苦しみ』日本原水爆被害者団体協議会、一九五九年、濱谷正晴『原爆体験——六七四四人・死と生の証言』岩波書店、二〇〇五年など。

(2) これらの研究は、原爆被害者の持つ個々の被害を特定しながら被害の全体像に迫ろうとしてきた。その代表的な研究として、たとえば以下のものがある。志水清編『原爆爆心地』日本放送出版協会、一九六九年。伊東壮「原爆被害の全体像へ接近するための視点と方法」『ヒロシマ・ナガサキから世界と未来へ』勁草書房、一九八五年、石田忠『原爆体験の思想化——反原爆論集Ⅰ』未來社、一九八六年。濱谷、前掲『原爆体験』など。また、こうした社会科学者の取り組みを整理したものとして、以下のものがある。山手茂「原爆災害の社科学的研究——その方法論的一試論」『経済と社会――東京女子大学社会学会紀要』第二号、東京女子大学社会学会、一九六七年。濱谷正晴「原爆被害者問題調査研究の歴史と方法」『一橋研究』第二一号、一橋研究編集委員会、一九七一年。濱谷正晴「原爆被害者問題の社会調査史」『社会調査－歴史と視点』ミネルヴァ書房、一九九四年。広島市・長崎市原爆災害誌編集委員会編『広島・長崎の原爆災害』岩波書店、一九七九年。これらの研究は原爆被害者の抱える問題を明らかにすることをその射程としているため、証言活動に従事する被爆者にとくに焦点を当てているわけではない。

（3）証言活動に着目した研究者に米山リサがいる。米山は主として証言活動をする原爆被爆者と国家（およびそれと同一なものとして広島市行政）という二つのアクターによる対立を前面に強調しているため、その間にある中間的な組織の働きや被爆者の葛藤、そして周囲との相互作用等についてほとんど検討していない。ヨネヤマリサ「記憶の弁証法――広島」『思想』第六一四号、岩波書店、一九九六年八月、五―二九ページ。または、Lisa Yoneyama, *Hiroshima Traces: Time, Space, and the Dialectics of Memory*, Berkley and Los Angels: University of California Press, 1999（小沢弘明ほか訳『広島――記憶のポリティクス』岩波書店、二〇〇五年）など。

（4）被害者招聘運動とも呼ばれた。この活動については、被爆者・高橋昭博（後述）が自著で言及している。高橋昭博『ヒロシマ、ひとりからの出発』筑摩書房、一九七八年、四八―五〇ページ。

（5）たとえば、原爆ドームの保存を求める運動、原爆被災資料の収集・保存を求める動き、そして爆心地の戸別地図を復元して被爆当時の住民について追跡調査をする爆心地復元運動と原爆被災全体像調査などがおこなわれた。そこには大なり小なり広島の知識人たちがかかわりを持っていた。

（6）江口保は長崎の被爆者であり、東京都の被爆者運動や都教組にかかわり、広島修学旅行の確立に尽力した人物である。すでに亡くなっており、江口に関する記述は自著の記述と江口を知る人々への聞き取り調査にもとづいている。たとえば、江口保『いいたかことのいっぱいあっと』クリエイティブ21、一九九八年。

（7）平和記念資料館における修学旅行等での入館者数は、一九七五年度には小中高（団体）では二二万五四〇五人だったが、一九七九年度には三二万七三五九人となり、一九八八年度には五六万七〇一〇人と増加の一途をたどった。また、資料館の総入館者との割合においても、一九七五年度は一八パーセント、一九七九年度二九・七パーセント、一九八八年度には三九・一パーセントと同じくその割合を増やしている。

（8）戦後まもなく米戦略爆撃調査団が原爆被害の記録として広島と長崎を撮影した。そのフィルムを一人一〇フィート分ずつ買い戻そうとする運動。
（9）ヒロシマを語る会編『生かされて』ヒロシマを語る会、一九九四年を参照。
（10）筆者が聞き取り調査をおこなった被爆者の中には、この文言があったことで語る会に加わった人物もいた。
（11）同年、広島の教師たちによって県内の小・中学生約二〇〇〇名を対象とした「原子爆弾（被害）に関する調査」というアンケート調査が実施されている。この調査を報告した中学教師の川島孝郎は、調査結果が「学校教育における原爆問題を中心にした平和教育の欠落をはっきり示し」たとし、原爆と平和を教えるためにまず広島の教師たちが立ち上がる必要性を主張した。川島孝郎「原爆と子どもたち――『原子爆弾（被害）に関する調査』のまとめ・問題点」『未来を語りつづけて』労働旬報社、一九六九年、一五七―一六五ページ。
（12）石田明「平和教育の内容を深め運動の輪を各地に広げよう」『平和教育運動』第三号、一九七六年、五―九ページ。
（13）広島平和教育研究所編「平和教育副読本　ひろしま――15年戦争と広島（試案）指導にあたって」『平和教育研究』第一二号、平和教育研究所、一九八五年、七二ページ。
（14）高橋はいくつもの書物を著しているが、以下のものをとくに参照した。高橋昭博『ヒロシマ、ひとりからの出発』筑摩書房、一九七八年、『ヒバクシャのこころ』汐文社、一九八四年、『ヒロシマいのちの伝言』平凡社、一九九五年。
（15）高橋、前掲『ヒロシマ、ひとりからの出発』、二一六ページ。
（16）平和教育の確立と推進に尽力した教師・石田明がみずからの白内障を原爆に由来するとして日本政府を訴えた裁判では、原告側証人として立ってもいる。
（17）高橋昭博「被爆体験継承の意味するもの」前掲『ヒバクシャのこころ』、一四三―一四四ページ。
（18）高橋、前掲『ヒロシマいのちの伝言』、二〇一ページ。
（19）世話人会として、広島平和文化センター、広島平和教育研究所、ヒロシマを語る会、原爆被害者証言のつどい、ヒロシマ・ナガサキ平和基金推進委員会が就いた。また第一回の会合の座長は当時広平研理事長であった空辰男が務めている。このことからも「証言活動」に関して広島平和文化センターと広平研や被爆教師の会の結びつきは強かったと推測できる。

(20) 被爆体験証言者交流の集い世話人会編『若い世代に被爆体験を語り継ぐために——原爆被害のあらまし』被爆体験証言者交流の集い世話人会、一九九〇年。「証言活動の参考のため」に作成されたこのパンフレットには、エノラ・ゲイの飛行経路や原爆の構造、広島の歴史、原爆の熱線、爆風、放射線による被害などが簡潔に書かれている。また、これをもとに作成された『原爆被害の概要』というパンフレットが現在平和記念資料館で配布されている。
(21) 江口、前掲『いいたかことのいっぱいあっと』、二〇九ページ。
(22) 一九八九年八月四日付の『毎日新聞』(朝刊)が報じている。
(23) 江口保『ヒロシマ・ナガサキの修学旅行を手伝う会通信』第一二号、ヒロシマ・ナガサキの修学旅行を手伝う会、一九八九年九月。この中で江口氏は毎日新聞の記事を添付してみずからの考えを述べている。「ヒロシマ・ナガサキの修学旅行を手伝う会」は江口が広島に移住した際に立ち上げた会である。
(24) 江口、前掲『いいたかことのいっぱいあっと』、二二五ページ。
(25) 江口と親交のあった被爆者など約一〇名に対して聞き取りを結果、江口がきっかけで語りはじめた被爆者の中には現在まで彼の助言を大事にしている者がいることがわかった。
(26) 高橋は自著の中で江口の名前を挙げて「それ〔体験を語る〕だけでは必ずしも効果的でない」と述べている。高橋、前掲『ヒロシマいのちの伝言』、二〇一ページ。
(27) 鈴田に関しては聞き取りをもとにした本が出版されているが、本稿においては鈴田自身による記述および著者がおこなった聞き取りをもとに構成しており、実名を用いないことにした。
(28) 一九八二年には、欧米を回るこれら運動関係者に頼まれて、鈴田も随行している。各地でスピーチをおこなうことになったが、多くは内容を同行者に事前に確認されるなど、自分の言葉で話してはいなかったという。

■平和と和解の思想のために《文献案内》

中澤正夫『ヒバクシャの心の傷を追って』岩波書店、二〇〇七年
本稿では、被爆者が語るという行為に着目し、その語り方をめぐる態度を社会的・歴史的に検討した。しかし、中澤は精神科医として、被爆者個人の心理状態に着目し、原爆の体験の記憶や語ることの難しさといった「心の被害」を検討している。本稿では取り上げなかったこうした現象を理解することも重要であろう。

直野章子『「原爆の絵」と出会う――込められた想いに耳を澄まして』岩波書店、二〇〇四年
本書は被爆者が体験を描くという表現行為に着目したものである。原爆投下直後の状況について三〇年後に描かれた「原爆の絵」を対象とし、著者はそこに込められた「想い」を作者への聞き取りをもとに探っている。それとともに、非体験者（聞き手）がどうかかわるべきなのかについても検討している。

広島市編『広島新史　都市文化編』広島市、一九八三年
原爆にかかわる研究の多くが原爆被害者を対象とするのに対し、本書は戦後の広島市の都市空間と地域社会に焦点を当てている。とくに、広島市が原爆による壊滅的な状況からの復興を目指す中で「平和都市」を理念として掲げていく様子は、広島において「平和」という概念が道具的に用いられてきた側面があることを例示している。

第4章
沖縄と平和
軍事大国アメリカとどう向き合うか

多田　治

1　民主党政権とともに揺らぐ沖縄

普天間基地移設問題の再燃

二〇〇九年夏の衆議院選挙で民主党が圧勝し、政権交代により鳩山由紀夫内閣が樹立して以来、沖縄の普天間基地移設問題が再び大きな注目を集めてきた。自民党政権期にすでに日米合意に至っていた名護市辺野古への県内移設が、今回の政権交代で再び一から検討されはじめたからである。一九九五年に沖縄で起こった米兵による少女暴行事件を契機に、九六年の日米合意で辺野古が代替移設地に決定して以来、長年迷走し続けてきた普天間問題は、また振り出しに戻った感がある。

民主党は二〇〇八年発表の「沖縄ビジョン」で、普天間基地の県外・国外移設を掲げていた。だがいざ政権をとってみると、現実問題として県外・国外に代替候補地を探すのが至難の業なのは、これまでと同様である。といって、鳩山首相が現状通りの辺野古には方針を決めきれず、あいまいな態度のまま結論を先延ばしにしてきたことには、主に二つの理由があった。一つは、鳩山内閣が社民党・国民新党との連立政権であり、社民党が県内移設を強く拒否しており、辺野古移設の場合は政権離脱も示唆していること。もう一つは、沖縄県内の民主党議員が辺野古移設に強く反対しており、それによって県民の信任を獲得しているため、中央の民主党内部の県内移設派との間にねじれが生じていることである。

鳩山首相は、アメリカのオバマ政権の顔色を気にしながらも、〇九年内の方針決定を断念した。年明けの二〇一〇年一月二四日には候補地の地元で名護市長選がおこなわれ、移設反対派の稲嶺進が、現職で移設容認派の島袋吉和を僅差で破った。地元が移設を認めない意思をアピールした形になり、辺野古への移設はより困難な状況になった。

主要メディアの論調

鳩山内閣の普天間問題への態度は、明らかに不統一で優柔不断なものに映る。これに対する主要メディアの反応は、総じて批判的だ。新聞の中でとくに厳しい態度をとるのが、産経新聞と読売新聞である。それらをまとめると、政権が代わったからといって、すでに日米間で正式に決まった県内移設を覆し、非現実的な県外・国外移設に逆戻りするようでは、日米同盟に対するアメリカの不信増大を招きかねない。辺野古移設を既定路線として推進しなければ、沖縄の海兵隊の一部グアム移転の計画も頓挫し、結局は近隣住民に危険な普天間基地を永続させることになる。なにより在日米軍基地の存在による抑止力は依然大きく、今回の件でオバマ政権との関係を悪化させれば、日本の安全保障は大きく揺らぎ、危機に陥る可能性があるという。社民党との連立を解消することになってでも、鳩山首相は速やかに辺野古移設を決断すべきだ、といった論調である。そうした中、名護市長選で移設反対派が勝利したことで、「それ見たことか」という批判の声はますます強まった。

これに対して朝日新聞や毎日新聞、東京新聞は、鳩山政権が県内移設を見直したこと自体は一定程度評価している。政権交代によって、既存の国家間合意が再検討されることは、アメリカを含めほかの国にもよくあることであり、そもそも、普天間基地を辺野古に移す県内移設では、在日米軍基地の七五パーセント近くが集中する沖縄の負担を軽減することにはならないからだ。

とはいえこれらの新聞も、米軍基地の「抑止力」や、普天間基地の代替施設の必要性、つまり「移設」の必要性自体を問い返すことはなく、自明の前提として議論を進めている。だが、本当にそうなのだろうか。単なる撤去ではなく、「移設」の必要があるのだろうか。

せっかくのこの機会に、あらためて根本から問い直してみよう。はたして、米軍基地は日本にとって、本当に必要なのだろうか。そもそも、米軍は世界においてどういう存在なのか。日本だけでなく世界にとっても、真に正当性を認められる存在なのか。アメリカはいったい、世界中で突出した軍事力を持って、何をしようとしているのか。こうしたことを問わずして、日本が単なる自国の安全という国益のために、同盟関係や抑止力を保持し、自衛隊を米軍の行動に協調・貢献させればよいという発想は、危ういのではないか。実際、これまでの日本の立場は、そのような対米追従的なものであり続けてきた。

沖縄はまさに、明らかに非対称的で片務的とも言うべき、日米の軍事関係を凝縮した場所である。沖縄における広大な基地の提供は、日本政府の「思いやり予算」と合わせてパッケージ化され、日米安全保障体制の拠点となっている。日本全体の国土面積のわずか〇・六パーセントの沖縄県の中に、在日米軍基地の七四・二パーセントが集中している。沖縄本島の全面積のうち、米軍基地は一八・四パーセント、五分の一近くを占める。騒音や米兵の犯罪をはじめ、県民の日常生活は大きな影響と制約を受けている。

だが、沖縄にそこまで基地を集中させておくべき必然性は、実は何もないのである。第二次世界大戦における敗戦以来、沖縄はアメリカの一方的な都合から、広大な基地を占められてきた。そのことが沖縄以外に住む日本人にとっても、軍事問題を沖縄まかせにしておけば都合がよかった、という話にすぎない。そのことをここで、いま一度想起してみよう。普天間問題をローカルな「沖縄問題」へと押し込め、片づけてしまうのではなく、日本全体の安全保障や日米関係の問題として、各自が他人事ではなく自分の問題として、切実に引き受ける必要があるのだ。

したがって、この沖縄というローカルな場所からこそ、日米関係の軍事的な側面、さらにはアメリカの世界的な軍事戦略を垣間見て、グローバルに問い直すこともできるだろう。私はこれまで沖縄を研究してきたが、沖縄はそうした独自な場所の力を持っている。

もっとも、日本や沖縄の中だけを見ていては、米軍という存在を充分に理解するには限界がある。ここでは、限られた紙数の範囲ではあるが、アメリカの軍事行動などの実態にも焦点を当て、その中に沖縄や日本を再び位置づけて考えていくことにしたい。

2　アメリカと戦争

戦争の日常化――「例外」が常態化した国

今日のグローバリゼーションや戦争・平和を考えるとき、アメリカの存在を抜きにして語ることはできない。沖縄の基地問題を考えるうえでも、軍事面からアメリカという国の実態を知っておくことは重要である。

世界各国の軍事費を比較してみよう。二〇〇八年のアメリカの軍事費は六〇七〇億ドルで、二位中国の八四九億ドルを七倍以上も上回り、圧倒的な世界一位である。以下、三位フランス六五七億ドル、四位イギリス六五三億ドル、五位ロシア五八六億ドル、六位ドイツ四六八億ドル、七位日本四六三億ドル……と続き、他の先進国をはるかに凌駕している。アメリカだけで、世界全体の軍事費の四割を占めている。世界に対して、もっとも軍事的な存在感と脅威を示しているのは、ほかならぬこの大国なのである。(1)

アメリカのGDPに対して軍事費の占める割合は四パーセントほどで、特段高いわけではない。だが、連邦政府予算の内訳を見てみよう。社会保障・医療・福祉等の義務的予算、支払利息等を除いた残額を、自由裁量予算と言い、これが各省庁に配分される。この自由裁量予算はさらに、主に国防省と国土安全保障省に配分される防衛費と、他の省庁に配分される非防衛費とに、大きく分類される。二〇〇九年度予算では防衛費が五九四五億ドル、非防衛費が三九三〇億ドルで、防衛費が自由裁量予算の全体九八七六億ドルの六割を占めているのである。しかも、防衛費は前年比四六二億ドル増なのに対し、非防衛費は一三億ドル増にとどまる。(2) 明らかに軍事に偏り、教育や医療、福祉、雇用・貧困対策など、国民の生活の根幹部分には充分な予算を割いていない。そのため、富裕層と貧困層の格差は広がる一方である。(3)

第二次大戦後に握った世界的な覇権を背景に、アメリカは数多くの戦争・軍事介入を繰り返しおこなってきた。一般に知られるものとして一九五〇年代初頭の朝鮮戦争、六〇年代後半~七〇年代前半のベトナム戦争、九一年の湾岸戦争、9・11テロ後のアフガニスタン、イラクとの「対テロ戦争」が挙げられるが、それらは一部にすぎない。ほかにも中南米ではキューバ、グアテマラ、ペルー、グレナダ、エルサルバドル、ニカラグア、パナマ、中東ではレバノン、イラン、クウェート、アジアではインドネシア、ラオス、カンボジア、アフリカではコンゴ、リビア、ソマリア、スーダンなど数多くの国々に対し、米軍は爆撃をおこなってきた。(4) また直接の軍事行動をしない場合でも、他国の多くの戦争・内乱・テロに対し、自国の利益の観点から内政干渉し、武器を供与して後方支援するなど、間接的にもかかわってきた。戦争を日常化し、国際秩序の「例外」を常態化させているのが、アメリカという国の実態であると言えよう。

冷戦後の戦争

長期化したベトナム戦争の大きな痛手にもアメリカは倦むことなく、各地で戦争を続けてきた。冷戦終結へ向かう一九八九年末、ブッシュ大統領（父）は、人口二五〇万人の小国パナマに二万五〇〇〇人の兵を送った。人口密集地区を中心に二七カ所を一気に攻撃し、数千人が死傷、二万人が家を失ったと言われる。独裁者ノリエガを麻薬取引で逮捕することが政府の公式見解で、主要メディアは侵攻を無批判に称賛したが、実際のねらいはトップを入れ換え、パナマ運河への利権を確保し、米軍駐留を永続化させることにあった。

このパナマ侵攻は、冷戦後の世界でアメリカが戦争を続ける典型的なモデル・原点になったように思われる。明らかに弱小な敵に、「正義」の立場で介入する理由を見いだし、その国の市民も巻き込んで無差別に爆撃する形である。実際その一年後の九一年、ブッシュはイラクと湾岸戦争を始めた。イラン・イラク戦争の後、イラクとクウェートの間に紛争が生じた。アメリカがフセインに不介入を表明したので、イラクはクウェートに侵攻したが、そこからアメリカは態度を急変させ、国連軍ならぬ多国籍軍を編成し、湾岸戦争に突入したのである。[5] この頃からアメリカ国防総省は、相手国の戦死者数を機密事項とし、公開しなくなったが、猛烈な爆撃により、一五万人のイラク人が死亡したと推定されている。

この戦争で重大なのは、新兵器の劣化ウラン弾が初めて、しかも大量に打ち込まれたことである。放射能により、イラク人と米兵の両方に白血病やがんなどの健康被害が多数出ている。そしてこの流れは、九九年のコソボ紛争（旧ユーゴスラビア内戦）におけるNATO軍の空爆に受け継がれ、大量の劣化ウラン弾やクラスター爆弾が使用されることになった。

9・11と「対テロ戦争」

とはいえ九〇年代のクリントン政権では、冷戦の終結も影響し、アメリカの軍事費は縮小傾向にあった。これが大幅な増加に転じるのはブッシュ（息子）政権下、二〇〇一年九月一一日の同時多発テロ以後である。

世界貿易センターに航空機二機が激突した映像は、世界中に衝撃を与えた。二七〇〇人以上もの生命が奪われ、アメリカ国内に異様な憤りを呼び起こした。ブッシュ政権はまもなく、「対テロ戦争」を開始した。テロの首謀者としてオサマ・ビンラディン、テロ組織アルカイダを断定し、タリバン政権が彼らを匿っているとして、まずアフガニスタンへの空爆を実行した。次に、テロ後まもない一〇月には、イラクが大量破壊兵器を持つ疑いがありながら査察を受け入れないことを理由に攻撃対象とし、〇三年三月にイラク戦争を開始した。だが、いまだにビンラディンがテロの首謀者という明白な証拠はないし、イラクに大量破壊兵器も見つからなかった。[6] ましてやフセイン政権とアルカイダの結びつきや、イラクと9・11テロとの因果関係が、発見されたわけでもないのである。

9・11を「対テロ戦争」の契機としながら、結局はアフガニスタン以上に9・11と無関係なはずのイラクのほうが、戦闘やその後の紛争が長期化し、被害は甚大である。インフラが壊滅的な打撃を受け、何の罪もない民間人、とくに子ども・女性・老人が、空爆・銃撃・地雷・米兵の暴力の犠牲となってきた。現在も復興にはほど遠く、イラクにおけるアメリカへの憎悪は高まるばかりである。

ここで注目しておきたいのが、九一年の湾岸戦争と〇三年のイラク戦争の連続性であり、それはパパ・ブッシュ政権とブッシュ・ジュニア政権との連続性でもある。実際、ジュニア時代の副大統領チェイニーは、パパ時代には国防長官を務め、湾岸戦争を主導した。同様にパウエル国務長官は元軍人で、パナマ侵攻や湾岸戦争のときには米軍のトップである統合参謀本部議長を務め、戦闘を指揮していたのである。

すでに湾岸戦争で、イラクの民間人の戦死や被害は甚大で、主要メディアの戦争に肯定的な報道にもかかわらず、国際世論の非難は高まっていた。だが時が経ち、湾岸戦争やイラクのことが次第に忘れられてきた頃、9・11テロは起こった。飛行機がビルに突っ込んでいく映像を世界中の人々はくりかえし見せられ、そのインパクトがあまりに絶大だったために、「対テロ戦争」は強力な説得力と正当性を与えられた。そのため、湾岸戦争からイラク戦争へのつながりは、9・11のまばゆい影に隠れ、見えにくくなっていた。実際にブッシュ・ジュニア政権の強硬派は9・11の前から、イラクを再攻撃したいと考えていた(7)。9・11はタイミングよく、「テロとの戦い」という格好の物語を与えてくれたのである。

ところが、実は近年、そもそも9・11テロさえもが、アメリカ政府の自作自演だったのではないかという、驚くべき嫌疑がかけられ検証が進み、再調査の必要性が叫ばれてきている(8)。調査委員会の最終報告書には事実と食い違う点が多く、いくつもの疑問点が指摘されているのである。たとえば、世界貿易センタービルの崩れ方は、爆薬を使った制御解体によるもので、航空機の激突による損傷と火災だけではあのような崩れ方はしないと、多くの建築家たちが指摘する。事件のときにビルの地下一階にいて生存した人物は、航空機が突っ込む前に大きな爆発音を聞いたと証言する。また、ペンタゴンにも航空機が衝突し、爆発炎上したとされているが、その割には建物に開いた穴はあまりに小さく、しかも事件直後でさえ、現場に残っているはずの航空機の残骸がなく、写真やビデオにも残っていない。これらは氷山の一角で、ほかにもこの種の疑問や不明な点が、多数指摘されている。

だが現状では、これらの真相を知ることはできない。こうした議論は、「陰謀論」のレッテルを貼って片づけられがちだが、実際に9・11には不透明な側面が多すぎる。少なくともこうした嫌疑に対して、現状の不十分な公式報告書よりもはるかに正確で綿密な情報の提供と、事件の再調査・再捜索の必要性が高まっている点は確かだろう。

また同時に、こうした9・11の真相がどうあろうとも、テロとの関連性が明白でないまま、ブッシュ政権がアフガニスタンとイラクへの「対テロ戦争」を仕掛けたこと、またその際に9・11テロのインパクトを存分に活用したことには、なんら変わりがないのである。9・11はたしかに多くの人の理不尽で悲惨な死をもたらしたが、だからといって、イラクの広域に大量の無差別爆撃をおこない、より多くの民間人を死に至らしめた行為が、決して正当化されるわけでもないのである。

軍産複合体――戦争・石油・カネの密な関係

ここまで、軍事大国アメリカが繰り返してきた戦争の経緯を、概略的に見てきた。いったいなぜアメリカはこれほど執拗なまでに、たびたび戦争を繰り返してきたのだろうか。これには世界平和や安全保障の観点だけでは見えてこない側面があり、視野を広げて経済面から戦争を捉え返していく必要がある。

アメリカでは、戦争はそれ自体がビジネスとしても捉えられている。まず、軍需産業が非常に発達している。二〇〇八年の世界の軍事企業の売り上げランキングでは、トップ一〇のうち七社、トップ二〇でも一三社がアメリカの企業である。(9) 二〇〇二年度、軍需企業の上位四社が国防総省から受注を受けた金額は、ロッキード・マーティン一七〇億ドル、ボーイング一六六億ドル、ノースロップ・グラマン八七億ドル、レイセオン七〇億ドル、合わせて四九三億ドルにも達した。(10)「対テロ戦争」の建前により、莫大な税金が軍需産業に流れる仕組みができあがっている。まさに戦争は、アメリカの巨大な公共事業の役割を果たしている。

一方、石油産業も戦争と関係している。アメリカがイラクをはじめ中東にこだわる理由の一つは、原油が豊富で、アメリカ企業の石油利権がかかわっているからにほかならない。アメリカの政権には、こうした軍需・石油業界のトップの人材が名を連ねることが多く（逆に言えば、政治力のある人物が企業に招かれている）、また献金とロビー活動によっても、企業の利益が政策に反映される。二〇〇一年発足のブッシュ政権では、多数の高官が以前に軍需産業・石油産業の役員や株主を務めていた[11]。軍事と産業、政治の諸勢力が密接に結びついた軍産複合体（military-industrial complex）が、アメリカの戦争政策の主導権を握っている。中東で戦争を起こすことに利益を持つ人たちが、政治を動かしていたのである。

「陰謀論」批判とメディア・コントロール

だが、以上のような議論は、どんなに事実にもとづいていても、「陰謀論」「偏っている」「左翼」「トンデモ話」などといった、感情的で拒絶的な反応を呼んでしまいがちだ。その後にはおおよそ、「中立的」「客観性」を心がけるべきだ、という言い回しが続くだろう。実際これまでも、アメリカの軍事政策や他国への介入を正面から批判してきた論者、たとえばチョムスキーやサイード、マイケル・ムーアのような人たちは、批判をタブー化するアメリカ国内の異様な言論統制の空気の中、そういうレッテルを貼られてきたし、脅迫や嫌がらせを受けてさえきた。彼らが多くの事実を積み上げて提示していても、「陰謀論」「偏っている」のようにパターン化された、むしろ感情的な反応が返ってくるのである。程度や表現の差はあるにせよ、日本でも似たような傾向がある。それはいったい、なぜなのだろう。こうした思考や感情の回路を反省的に捉えておく作業も、おそらく有効なはずである。

われわれは誰しも、すでに自明な常識と化した前提を根幹から覆されると、動揺してしまうものだ。「世界貿易センターの破壊は、アルカイダがやった。だからアメリカはアフガンを、イラクを攻撃した」、そういう了解が定着している。それを今さら、「あれはアルカイダの仕業ではなく、前もって綿密に計算された、制御解体の崩れ方ではないか」といった別の可能性を示されると、前提がガラガラと崩れ、パニックに陥ってしまうのである。

他方で、先に見てきたパナマ侵攻〜湾岸戦争〜コソボ紛争〜アフガン戦争〜イラク戦争、という一連の戦争において、米軍が民間人に向けて無差別に大量の爆撃をおこなってきた現実は、多くのふつうの人々にはあまりに直視しがたく、重苦しくて受け入れられない現実であるはずだ。だが実際には、多くの人々はこの現実を受け入れている。それはなぜか。

また、これらの戦争や9・11テロへの対応では多くの場合、明白な根拠もないまま敵を断定する「陰謀論」を展開してきたのは、むしろアメリカ政府であった。だが、こうした「テロリスト」を名指す行為は「陰謀論」として弾劾されず、少なくとも戦争開始時には「正義の聖戦」が承認され、ときには誇りをもって称揚されてきたのである。それはなぜか。

周知のように、われわれはつねに、強力なメディア・コントロールの渦中にいる。これはわれわれがたえず注意や警戒を払っておくべき、基本的な存在論的前提である。われわれは自分の身近な日常事を除くと、世界の大部分の現実を、メディアを通してしか知ることができない。それゆえ、われわれはメディアの報道に頼って、世界のリアリティを構築している。メディアが伝える現実を、客観的事実として信じてしまうことになる。だが、多くの報道は客観的・中立的ではありえず、報道する側の主観や利害、社会関係が入り込んでいる。その意味では、ニュースはつねに「偏っている」。制作者が見せたいように、「陰謀論」的な現実を生み出し、編集することすら可能である。それはアメリカも日本も、基本的には同じことだ。インターネットの普及によって、新聞やテレビの情報が相対化されるようになってきたとはいえ、主流メディアの流す情報の力はまだまだ強力である。

とくにアメリカの場合、大手メディア産業自体が、軍産複合体のコングロマリットの傘下にあって利害をともにしているため、アメリカがおこなう戦争に関して、中立的・客観的な報道をおこなう立場にはほど遠い。一般市民に流される情報は、巧妙にコントロールされている。ベトナム戦争時、戦争報道の影響によって反戦運動が高まったことからの反省・学習もあった。都合の悪い戦争の現実は伝えない。また国民の側も多くの視聴者にとっては、都合の悪い現実は知らされないほうが、日常感覚を保つには心地よい。戦地のあまりに生々しい現実は、知らされるにはあまりに受け入れがたいものなのだ。そこに、メディアと大衆の共犯関係が成り立つ余地が生じる。われわれはメディアによって、あることを知らされると同時に、別のことを知らされずに済んでもいるのである。

世界とアメリカ――グローバリゼーションの虚構性と逆説

ここまできて、私は「反米」のレッテルを貼られるほどにまで、アメリカを批判的に描きすぎているように思われるかもしれない。だが現実に、二〇世紀前半の二回の世界大戦を通して、軍事力と経済力において突出した地位に立ったアメリカは、世界に対する圧倒的な覇権を獲得し、今日に至っている。その具体的な内実を把握しておくことは重要である。近年様相が変わってきたのは、経済力とドルの力が相対的に低下し、貿易赤字と財政赤字がふくらんだ状況にあって、強大な軍事力の影をちらつかせながら、アメリカの覇権的地位をなんとか延命させようと腐心している姿である。

われわれはここで、ネグリ&ハートの『帝国』やトッドの『帝国以後』、ウォーラーステインの世界システム論など一連の議論からも、思考のヒントを得ることができよう。すなわち、今日のグローバル化した世界における超大国アメリカの突出したプレゼンスを考えるとき、世界を「アメリカとそれ以外の国々」に分けて考えることもできる。より明確に言えば、以上のような戦争・軍事の面にせよ、アメリカ中心に進められてきた新自由主義的なグローバル経済の面にせよ、そこに見られるのはむしろ、「世界とアメリカ」という構図である。

先に見たようにアメリカは、世界の軍事力の四割までを一国で占め、他の先進国を大きく凌駕している。

アメリカとまともに戦争をして、勝てる国などない。ほかならぬアメリカこそが、明らかに世界にとっての軍事的脅威となっている。他方、「ワシントン・コンセンサス」と言われるような、IMF・世界銀行とアメリカ政財界が強力に推し進めてきた新自由主義的グローバリゼーションは、「市場原理」「規制緩和」「民営化」などをあたかも普遍的趨勢のように世界に広め、アメリカ優位に世界を組みかえる形で、他の先進国や発展途上国を巻き込んできた。この面ではアメリカは、世界にとって経済的脅威の存在である。すなわち世界とアメリカは、軍事と経済、両方の面で対峙し、緊張を続けている。

あるいはこう問うてみよう。「新自由主義」「自由化」と言うときの自由は、いったい誰にとっての自由なのか。グローバリゼーションとは誰にとっての、どういう利害を含んだグローバルなのか。外見上はグローバルな普遍性を持つ現象に見えても、その実かなり、アメリカ一国の国益や国内問題に端を発している側面が、少なからずある。グローバル化の虚構性を突き、一国の国内問題ではないのかと疑い、検証してみることが、逆説的にも、グローバル化をめぐる諸問題を真に問う地点へたどり着く近道なのではないか。

日本の安全保障、沖縄の基地問題も、こうした視点の延長上で考えてみることにしよう。

3 再び日本、沖縄へ

「ニュー・パール・ハーバー」からパール・ハーバーへ

「アメリカ新世紀プロジェクト」という、九七年に設立された保守系のシンクタンクがある。会員にはチェイニー、ラムズフェルド、ウォルフォウィッツ、アーミテージらブッシュ政権の閣僚や、ブッシュ大統領の弟でフロリダ州知事を務めたジェブ・ブッシュも含まれている。彼らが9・11テロの起こる一年前、二〇〇〇年九月に発表したアメリカ防衛再建計画では、「新しい真珠湾攻撃のように」（like a new Pearl Harbor）破滅的で刺激を及ぼす大事件がなければ、アメリカの防衛体制の再建には長い時間がかかるだろうと述べていた。そして、まさに9・11テロこそが、アメリカ主導の新世界秩序に向けて、「ニュー・パール・ハーバー」として首尾よく機能させられたのであった。

ここでわれわれは、再び日本の文脈に引きつけて、むしろ元のパール・ハーバー、つまりあのアジア・太平洋戦争における真珠湾攻撃のほうへと、立ち返っておく必要があるだろう。いみじくも9・11テロが起こった二〇〇一年は、真珠湾攻撃六〇周年にあたり、ちょうど五月からディズニー映画『パール・ハーバー』が上映されてもいた。時代を超えて二つの大事件がパラレルに重ねられるとき、日本がその攻撃のあと、アメリカとの圧倒的に不利な戦いの中で、本土六四都市の空襲、沖縄戦、そして広島・長崎への原爆投下まで、壊滅的な打撃を受けて敗戦に至った状況は、近年の対テロ戦争においてアフガンやイラクが徹底的な空爆を受けた状況とも、むしろ連続性をもってつながってくるように思われるのである。

真珠湾攻撃と9・11テロという、六〇年の間隔をおいてアメリカが受けた二つの攻撃は、いずれも大規模な戦争開始の端緒となった。だが史実が伝えるように、一九四一年のハル・ノートは、日本をアメリカに対して開戦せざるをえない決定的な状況に追い込んだ。もちろん、そのことを理由に、日本の各地での戦争行動を正当化してはならないが、当時の一連の政治経済的・軍事的なプロセスの中で、日本は確実に、戦力の圧倒的に異なるアメリカの、より壮大で巧妙なアジア・太平洋戦略の術中に収まっていったのである。

ここで想起すべきは、すでに日本の敗戦は明らかな戦況下で、人口の多い順に日本の六四都市に、民間人を巻き込む形で無差別に空爆がおこなわれたことである。そのとどめとなったのが広島・長崎への原爆投下であり、日本との戦争における実質的な効果よりは、原爆の威力を試す実験的な意味と、すでに冷戦を見据えたソ連に対する象徴的な威嚇の意味のほうが大きかった。原爆投下は明らかに、対日戦争においては不要であり、むしろ戦勝国アメリカの国威発揚や軍事戦略のために、日本が利用されたといっても過言ではない。

ところが、われわれは日本のこの戦争を、冷静かつ詳細に認識し、自分のこととして正面から反省的に捉え返す機会を、いまだ持ちえていない。戦後の占領下にあって日本人は、東京裁判・GHQ的な歴史観・戦争観を与えられ、教え込まれてきた。そこには当然、占領者側の強力なマインド・コントロールが働いている。だが、その自明性を問い直そうとすれば、その営み自体がもはや「左翼」か「右翼」「保守」、いずれかの二項対立的なレッテルを貼られ、「胡散臭い」「偏っている」「ヤバイ」と見られてしまうような、厄介な状況になっている。こうした敗戦国の空虚さをせめて埋め合わせ、癒やしてくれるのが、司馬遼太郎原作のテレビドラマに見られるようなロマン主義的歴史観、といった状況である。

上の世代が経てきた戦争の歴史をとらえ返すことさえ困難な、思考停止を強いられる日本の状況にあって、「認識の政治」をいかに試みなおすことができるか。かならずしも情緒や倫理の次元ではなく、まずは冷静な認識という次元で、あの戦争を日本人が受けとめなおす作業、それを「右」や「左」などに固定化されずに柔軟におこなう態度こそが、必要だろう。たとえば、東京裁判ではなぜ、敗戦国の戦争責任だけが問われることになったか。戦勝国側の無差別爆撃は、なぜ戦争犯罪・国際法違反として取り上げられずに済んできたのか。この問題を不問に付してきたことは、軍事占領や植民地主義的な現実を、今なお巧妙な形で存続させる一因になってきただろう。落ち着いて考えるべき問題は、いくらでもあるのだ。

すなわち、こうした歴史的な検証・反省作業をなぜ今、日本人がおこなう必要があるのか。当時の日本が今日のイラクまで、「空爆」「核」という連続性をもって、つながってくるからである。日本のあの戦争は決して過去のこととして、現在から切り離せない。ベトナムやイラクの戦地へと直結する、沖縄の基地の歴史と現状を見るとき、戦争状態はいまだずっと続いていると考えたほうが適している。現代の中東情勢と、日本のあの戦争を、六〇年以上隔てた歴史を超えて、同一の地平で捉え返すとき、自分の痛みある身体感覚は間接的であれ、歴史的な厚みと空間的な広がりを持って、広島、長崎、沖縄とイラク、アフガンを、他人事でなく自分のこととして、切実に関係づける想像力を呼び起こしてくれる。

圧倒的な軍事力を背景に、戦争を日常化・ビジネス化し、「例外」を常態化させてきたアメリカにとって、この六〇年以上もの間に継続してきた戦争のリアリティには、反省によってもたらされるはずの切れ目などない。自国に受けた攻撃に対する報復行動において、「自由」「民主主義」の名のもとに正当化された大量殺戮は、近年もなおおこなわれてきたのである。彼らが「イスラム原理主義」や「テロリズム」を攻撃するとき、そこにはジョン・ダワーが太平洋戦争に見出したような人種差別の意識も、依然含まれているだろう(12)。

年次改革要望書──日本が受け続ける経済的圧力

日本に対するアメリカの支配は、経済と軍事の両面で、今日もなお続いている。広大な沖縄の米軍基地と、在日米軍に毎年割り当てられる巨額の「思いやり予算」は、この経済と軍事を結びつける形で、両国間の非対称的な力関係をわかりやすく表している。

だが、アメリカの支配は安全保障の面だけでなく、より広い範囲に及んでいる。ここで注目すべきは、主要メディアがほとんど伝えない、年次改革要望書の存在である。一九八〇年代末〜九〇年代初頭、アメリカの対日貿易赤字を是正するため、日米構造協議がおこなわれたことは有名だ。だが、これを受け継ぐ形で九四年から現在まで、毎年秋に年次改革要望書が出され、実質的な内政干渉が恒常的におこなわれていることは、あまり知られていない。二〇〇四年に関岡英之が著書『拒否できない日本──アメリカの日本改造が進んでいる』(文春新書)で紹介したのを契機に、ようやく政治家や知識人などに広く知られ、議論されはじめたが、いまだに一般レベルでの認知度は低いままだ。

要望書の内容は、通信、情報技術、医療機器・医薬品、金融、流通という五つの産業分野と、商法、司法制度改革、競争政策、民営化など、分野横断的なテーマに及んでいる。実際これまで、独占禁止法改正や大店法廃止、建築基準法改正、労働者派遣法改正、人材派遣の自由化、健康保険の本人三割負担、郵政民営化、司法制度改革、商法改正など、近年おこなわれた日本の重大な構造改革のことごとくが、アメリカの年次改革要望書で求められた点に即していたことが、明らかになっている。

ところが、こんなに重大で多岐にわたる内政干渉がおこなわれてきたにもかかわらず、日本の新聞・テレビといった主要メディアは、この要望書についてほとんど報道しないのである。事情は明かされていないが、おそらく日本のメディア自体が、なんらかの圧力や利害調整、コントロールを受け、タブーになっているのだろうと思われる。

小泉・竹中体制が強力に推し進め、メディアも大衆も「小泉劇場」などとフィーバーして後押しした郵政民営化も、実はアメリカの外圧を背景にしておこなわれていたのである。植民地統治の常套手段は、宗主国側が実現したいことを、植民地側があたかもみずから内発的に求めているかのように信じ込ませ、操ることである。同様のことが近年の日本で起きている。この二〇年間、さまざまな分野で規制緩和や自由化、民営化が進み、アメリカの外資企業が日本に参入し、企業も買収し、彼らの活動の余地は大きく広がった。他方、日本の伝統的な会社や雇用の慣行は「古い」と否定され、実力主義が導入され、派遣労働が増え、格差社会が進行し、医療負担も増えた。われわれが直面する今日の日本の「生きづらさ」の多くは、アメリカをモデルにして近づくよう、市場や社会を組みかえ(させられ)てきたことにも端を発している。

この「生きづらさ」をわれわれは、「官から民へ」「規制緩和」「自由化」「グローバル化」などのスローガンとともに、当たり前に受け入れてきてしまった。それらを実現することが当然よいこと、必然的に進むべき道として、みずから内発的に選びとるかのように、錯覚してきたのではないか。こうした一連のスローガンや改革が、実は特定の「民」の活動に有利になるようなロビー活動の結果でもあることを、知らされないままに。

「移設」というイデオロギー

同じような構図を、本章の冒頭で見た普天間基地移設問題にも見いだすことができる。多くの主要メディア、とくに親米保守系のメディアや知識人たちは、「日米同盟」「抑止力」「危機」「移設」「沖縄の地理的優位性」などを自明の前提として、国益を守る立場から、辺野古への県内移設を急ぐべきだと主張する。ところが、もともとこれらの概念は、日本の国益というよりは、日本に駐留するアメリカの国益を言い表したものなのである。そうした相手の枠組みを、日本のメディアや知識人が知らず知らずのうちに受け入れ、あたかも自分たちが内発的に練り上げ、欲したもののように使っているにすぎない。

そうなるのはなぜか。移設が進まないことで彼らがもっとも恐れる危機は、安保体制が崩壊し、日米関係が悪化する事態である。つまり、彼らがもっとも軍事的脅威と抑止力の必要を感じ、過敏に反応しているのは、近隣諸国の軍事行動以上に、ほかならぬ同盟国・アメリカそのものに対してなのである。沖縄に基地を固定しておきたいのは、既得権益を守りたいアメリカだけでなく、アメリカの軍事力を恐れる、日本のメディアや知識人でもあるのだ。

こうした本音を露呈したのが、二〇〇九年一二月二二日の新聞各紙の報道である。ヒラリー・クリントン国務長官が藤崎一郎駐米大使を呼び出し、辺野古移設の早期実施を求めたことが、異例の事態として一斉に報じられた。だが、直後にアメリカ国務省は呼び出しの事実を否定した。この否定のほうを各紙は報道せず、沖縄の地元紙・琉球新報が伝えただけだった[13]。多くの読者が知りえたのは、「ヒラリーが怒っている」「異例の事態」のほうだけであり、鳩山政権批判と辺野古移設への世論を強めようとする、明らかな印象操作である。

「まず移設ありき」という、議論の前提を疑う必要がある。「移設」はそれ自体、沖縄の安全保障役割のさらなる固定化と対米追従、新基地建設を正当化するイデオロギーなのである。そのことを看破せねばならない。そして、はたして「移設」は本当に必要なのか。なぜ普天間基地の撤去だけでなく、新基地をつくる必要があるのか。誰のため、何のため、そしてなぜ沖縄県内か。問い直してみると、根拠が弱いものばかりであることに気づく。

必然性なき対米追従を超えて

実際これに関連して、普天間の地元の伊波洋一・宜野湾市長、屋良朝博・沖縄タイムス論説委員、吉田健正・元桜美林大学教授らは、アメリカの行政文書や聞き取りなどをもとに、近年のアメリカの軍事戦略から見て、米軍基地が沖縄に集中すべき理由がすでになくなっていることを検証している[14]。それらによれば、近年アメリカは西太平洋の海兵隊の拠点を、沖縄・普天間からグアムへ移したいと考えており、その計画を着々と進めている。

しかもこの拠点移転策は、主にアメリカの自国の軍事再編戦略のためにおこなわれるもので、沖縄の負担軽減や日本政府の交渉への配慮は、副次的な要因にすぎない。九六年の辺野古移設合意から一三年が経過し、その間に世界の軍事情勢と米軍の戦略も大きく変わった。対テロ戦争へのシフトである。アメリカは、世界のテロ・紛争の発生地が予測不可能な中、どこへでもすぐ出動できるよう、軍の移動性・柔軟性を高めようとしている。フィリピン・タイ・オーストラリア・韓国・日本など西太平洋の同盟国との合同演習を、グアムを中心的なハブとし、各地を周る形でおこなう。各地に対しベストな戦略的位置にあるのが、グアムとされたのである。すでにグアムには、普天間基地の一三倍、嘉手納基地の四倍もの広大なアンダーセン空軍基地があり、二本の長い滑走路がある。しかもそれは国防総省の所有地だ。広さと使いよさにおいて、辺野古海上の代替施設案や嘉手納統合案とは比べものにならない。二〇一四年にグアムの軍事拠点機能が完成すれば、沖縄は米軍にとって、西太平洋の係留点の一つにすぎなくなる。[15]

つまり、冷戦から対テロ戦争へのシフトの中で、普天間の海兵隊が沖縄にいることの重要性は、米軍から見て相対的に低下した。かつて「太平洋の要石」と呼ばれた沖縄は、朝鮮戦争からベトナム戦争という、冷戦の時代にもっとも機能させられた。北朝鮮・中国・ソ連に対して、地政学的な重要性を持ちえたからである。だが今や、アメリカは沖縄という場所にかつてほどこだわっていない。普天間の代替施設が沖縄県内につくられるべき合理的な理由は、米軍再編の戦略的立場から見ても、もはやなくなっているのである。

それでは、いったいなぜアメリカは、普天間基地の県内移設、辺野古の新基地建設を要求しているのか。アメリカにとって、それは必要性の問題ではなく、普天間の既得権益を保持できるなら、それに越したことはないからだ。米軍の戦略上、普天間の実質的機能は、グアムへ移転する。グアム移転にかかる一〇二・七億ドルのうち、日本政府は六割もの六〇・九億ドルを負担する。辺野古の計画は、これとは別に、もう一つ新しい基地を日本の負担でつくろうとしているのである。グアム移転よりは重要度が低いが、日本が予算を出してくれるし、便利な基地はあったほうがいい、というわけだ。九六年の合意で一度手に入れた新基地の権利を、わざわざ自分から手放すはずもない。

「抑止力」や「県内移設」を声高に唱える日本のメディアや知識人、政治家たちは、こうしたアメリカの実際的な動きとは別のところで、その要求を必要以上に重く捉えて、沖縄の過剰負担を固定化しようとしている。もし米軍基地が沖縄から本土に大量に移ってくれば、かつてのように国民に広く、反基地・反米意識が再び高まる恐れがある。この事態を避けるため、沖縄の基地の抑止力の効果が強調され、合意通りの辺野古移設が主張されてきたのである。(16)

新基地建設という対米追従は、必要性や必然性がないにもかかわらず、沖縄に基地を固定化・隔離するという条件で、またも甘受されようとしている。だが、このような必然性なき対米追従を、みずから主体的・内発的に求めて行動することこそが、ますますアメリカの要求通りの日本になることを促す。それはまさに、先の年次改革要望書とリンクしていた、郵政民営化をはじめ一連の構造改革に見られたことでもあった。

戦後の占領状態は、今日もなお姿を変えながら、より巧妙かつソフトな形で、継続している。メディアによる情報操作をともないながら、日本の対米従属はみずから主体的におこなわれている。それは、軍事と経済の両面においてである。それらは別個におこなわれながら、根底ではつながっている。そして、軍事面の占領と従属がソフトに受け入れられているのは、主に沖縄という、隔離された場所が割り当てられているからである。沖縄ではこの軍事と経済の二面性は、基地と振興のリンク、補助金・公共事業・基地依存経済という生々しい形をとってきた。

しかしながら、本章で見てきたように、これまで米軍が世界各地でくりかえしおこなってきた戦争・軍事行動は、世界平和や人道的な観点からして、正当性をもって受け入れられるにはほど遠いと思われる。少なくとも「同盟国」だからといって、大義なきビジネスとしての戦争に加担させられる理由など、日本の側にはないのである。

日本の軍事面での対米従属がはっきり目に見える場所、それが沖縄である。この広大な米軍基地の集中する場所においてこそ、アメリカの軍事戦略の横暴さや独善性、行きづまりと、日本の対米従属的な外交・軍事政策の無策ぶりが、基地問題という具体的な形で、可視的に現れている。だから沖縄の問題は、ローカルな「沖縄問題」へと、日本本土から隔離された地域に押し込めて済ますわけにはいかない。日本の各自が他人事ではなく自分の問題として、切実に引き受けていくべき問題なのである。

沖縄は、平和への問題意識と想像力を呼び起こしてくれる場所でもある。アメリカとのあの壮絶な地上戦で大きな犠牲を出し、以来現在までずっと基地に占められてきたこの島では、戦争や軍事占領の恐ろしさを、今も身近に生々しく感じることができる。だがまた沖縄は、その固有の立場に置かれてきたからこそ、決してアメリカの圧力に屈し切らない、独自の場所の力、強さとしたたかさ、明るさを持ちつづけてもいる。[17]まさにここから、占領状態からの真の独立と、世界の平和をリアルに志向していくことが、重要な意味を持つと思われるのである。[18]

注

(1) ストックホルム国際平和研究所のデータによる。ちなみにその前年、二〇〇七年のアメリカの軍事費は、二位イギリスの九倍あった。また、中国が〇七年三位（五八三億ドル）から二六六億ドルも伸ばしてイギリスを抜き、二位に上がった。中国はこの一〇年間で軍事費を三倍に急増させている。一方、日本は〇七年四三六億ドルから二七億ドル増だが、順位は五位から七位に下がった。

(2) 二〇〇九年度予算教書による。なお、ジョエル・アンドレアス『戦争中毒——アメリカが軍国主義を脱け出せない本当の理由』きくちゆみ監訳、グローバルピースキャンペーン有志訳、合同出版、二〇〇二年、五ページでは、二〇〇二年度のデータをもとに、軍事費が自由裁量予算の五〇・五パーセントで、その他の合計は四九・五パーセント、うち教育関連予算は八パーセントであることを示していた。二〇〇九年度までには、防衛費と非防衛費の格差はさらに広がっている。

（3） 堤未果『ルポ　貧困大国アメリカ』岩波新書、二〇〇八年、『ルポ　貧困大国アメリカⅡ』岩波新書、二〇一〇年や、マイケル・ムーアのドキュメンタリー映画『華氏911』二〇〇四年、『シッコ』二〇〇七年、『キャピタリズム――マネーは踊る』二〇〇九年などで、広く伝えられている。

（4） ウィリアム・ブルムは『アメリカの国家犯罪全書』益岡賢訳、作品社、二〇〇三年、一七〇―一七一ページで、第二次世界大戦以降の米軍による爆撃リストを作成・提示している。また同書二一四―二六六ページでは、さらに包括的なリストとして、米国による他国への介入の歴史を列挙している。

（5） アメリカの元司法長官ラムゼー・クラークは、湾岸戦争開始直後の集中的な爆撃が、イラクのクウェート侵攻より前から計画されたものであったことを指摘している。ラムゼー・クラーク『ラムゼー・クラークの湾岸戦争――いま戦争はこうして作られる』中平信也訳、地湧社、一九九四年、七二ページ。クラークは湾岸戦争に対する国際戦争犯罪法廷を開催し、ブッシュ大統領らがイラク全土に無差別な爆撃をおこなったことなどを、国連憲章・国際法・アメリカ憲法に違反する戦争犯罪として告発した。

（6） 大量破壊兵器の不在によって、参戦していたイギリスのブレア政権は国民の支持率を下げ、退陣を強いられた。

（7） チャルマーズ・ジョンソン『アメリカ帝国の悲劇』村上和久訳、文藝春秋、二〇〇四年、二九二ページなどに詳しく書かれている。

（8） すでに数多くの検証本が出版されている。デヴィッド・レイ・グリフィン『9・11事件は謀略か――「21世紀の真珠湾攻撃」とブッシュ政権』きくちゆみ・戸田清訳、緑風出版、二〇〇七年、藤田幸久編著『9・11テロ疑惑国会追及――オバマ米国は変われるか』クラブハウス、二〇〇九年、ベンジャミン・フルフォード『暴かれた9・11疑惑の真相』扶桑社、二〇〇六年、きくちゆみ・童子丸開『超みえみえ　テロ&戦争詐欺師たちのマッチポンプ』徳間書店、二〇〇九年などを参照されたい。

（9） Defense News のデータによる。http://www.defensenews.com/static/features/top100/charts/top100_08.php?c=FEA&s=TIS

（10） 兵器や軍用機の単価を見てみると、ロッキード・マーティンの爆弾バンカーバスターが一五万ドル、レイセオンの巡航ミサイル・トマホークが六〇万ドル、ボーイングの戦闘機ホーネットが五七〇〇万ドル、ノースロップ・グラマンのB－2爆撃機に至っては一三億ドルと、いずれも非常に高い。

(11) チェイニー副大統領は石油・天然ガス開発等のハリバートン社の元CEO（妻のリン・チェイニーもロッキード・マーティン社の取締役）、ラムズフェルド国防長官は軍需企業ゼネラル・ダイナミクス子会社の取締役、パウエル国務長官はゼネラル・ダイナミクスの元株主、ウォルフォウィッツ国防副長官は軍需企業ノースロップ・グラマンの元コンサルタント、アーミテージ国務副長官は軍需企業レイセオンの元役員、ライス補佐官（のちに国務長官）は石油企業シェブロンの元取締役だった。そして父のブッシュ元大統領が、軍需企業ユナイテッド・ディフェンスを買収したカーライル・グループの名誉顧問を務め、息子ブッシュもかつてカーライル子会社の役員だったうえに、若い頃に石油会社を創設、CEOを務めた。戸田清『環境学と平和学』新泉社、二〇〇三年、三一―三五ページなどを参照。

(12) ジョン・W・ダワー『容赦なき戦争――太平洋戦争における人種差別』猿谷要監修、斎藤元一訳、平凡社ライブラリー、二〇〇一年を参照。

(13) 各紙に加え、『世界』二〇一〇年三月号、三三六ページ、岡本厚「編集後記」を参照。

(14) 宜野湾市HP（http://www.city.ginowan.okinawa.jp/）、伊波洋一・永井浩『沖縄基地とイラク戦争――米軍ヘリ墜落事故の深層』岩波ブックレット、二〇〇五年、屋良朝博『砂上の同盟――米軍再編が明かすウソ』沖縄タイムス社、二〇〇九年、吉田健正『沖縄の海兵隊はグアムへ行く――米軍のグアム統合計画』高文研、二〇一〇年、『週刊金曜日』二〇一〇年一月一五日号、二八―二九ページ、「普天間移設と辺野古新基地は関係ない」などを参照。

(15) 〇六年七月のグアム統合軍事開発計画、〇八年四月のグアム統合マスタープラン、〇九年一一月の環境影響評価案という一連の公式文書は、その方向を明確に指し示している。その内容はインターネットでも公開され、誰でも閲覧できる。だが日本の主要メディアは、普天間問題と密接に関連するはずのこのグアム移転の内容を、ほとんど伝えていない。

(16) 仮に抑止力の議論を正面から受け入れても、辺野古の新基地建設の必要性には根拠がない。なぜなら、普天間基地を純粋に差し引いても、沖縄には依然多数の米軍基地が集中しており、世界のほかの米軍駐留国と比べても、まだ突出した状況だからである。沖縄には米軍の基地施設が三四、海兵隊だけでも一五の施設があり、普天間飛行場はその一つにすぎない。普天間を除く沖縄の基地と、県外の在日米軍や自衛隊を合わせても、十分な抑止力になっている。

(17) こうした側面については、拙著『沖縄イメージを旅する――柳田國男から移住ブームまで』中公新書ラクレ、二〇〇八年も参照されたい。

(18) 本章は、平成二一年度文部科学省科学研究費補助金・若手研究(A)「観光・移住・メディアがもたらす地域イメージと文化変容に関する社会学的研究」(研究代表者・多田治)による助成を受けた成果でもある。また膨大な資料の収集・整理に際しては、一橋大学大学院社会学研究科博士後期課程の須田佑介君の助力を得た。記して感謝しておきたい。

■平和と和解の思想のために《文献案内》

ジョエル・アンドレアス『戦争中毒――アメリカが軍国主義を脱け出せない本当の理由』きくちゆみ監訳、グローバルピースキャンペーン有志訳、合同出版、二〇〇二年
アメリカはなぜ、かくも戦争をしたがるのか。独立戦争から9・11テロまで、アメリカが戦争を繰り返してきた歴史の実態を、マンガでわかりやすく解説。9・11テロ後、米・日で広く読まれ、版を重ねている。自国の無差別爆撃と戦争ビジネスを認めない人は、アメリカの中にも少なからずいるのだ。

立命館大学国際平和ミュージアム監修、石原昌家編『オキナワ――沖縄戦と米軍基地から平和を考える』岩波書店、二〇〇六年
沖縄の戦争・基地・平和について書いた本は数多いが、まず入門用に一冊を選ぶなら、DVDつきのこの本がよいだろう。DVDにはわかりやすいナレーションつきの映像に加え、七五〇点もの沖縄戦の写真が収録されており、戦場で人々が置かれた状況を視覚的に把握できる。

新崎盛暉ほか『観光コースでない沖縄――戦跡／基地／産業／自然／先島』高文研、二〇〇八年
一九八三年初版のロングセラーの第四版。実際の基地・戦跡フィールドワークのツアーから生まれた本。本書の改訂の経緯自体が、時代とともに沖縄が経た変化を映している。第四版は執筆者も若返り、内容も一新。各分野の第一線で活躍する沖縄在住の記者と研究者七人が、沖縄の現場と歴史の実相を伝えている。

第5章 戦後保守政治と平和
戦後民主主義運動が強制した「小国主義」

渡辺　治

はじめに

戦後保守政治の特異な相貌

　戦後日本の政治は、わずかの例外を除いて保守政党、それも自民党が政権の座に座り続けた点できわめて特徴的である。その自民党一党政権下の保守政治は、こと安保・外交領域では、一般には、改憲、自衛隊の海外派兵策動、靖国神社参拝、戦争責任のあいまい化というように、復古主義、軍事大国化の追求というイメージが強い。実際、保守党政権下では、憲法は、ほぼ一貫して嫌われ続けてきたし、その改廃の試みも間歇的に繰り返された。したがって、「戦後保守政治と平和」という題を見ると、もっぱら、戦後の保守政治が平和を蹂躙しようとしてきた歴史を想像される方が多いと推測される。

　しかし、実際には、戦後の保守政治は、決して一貫して平和に敵対してきたわけではなく、逆に、一九六〇年以降の三〇年近くはある種の「平和主義」的な政治が展開されてきたし、この種の政治のあり方は、現在でも受け継がれている。本稿では、戦後保守政治が「小国主義」とでも名づけるべき独特の平和的政策を展開したことに注目し、なぜそうした小国主義政治が登場し存続したかを、それを促した戦後の平和運動に着目して検討したい。

小国主義とはなにか

ここであらかじめ、「小国主義」について検討しておきたい。それは、保守政権により追求された独特の政治のあり方を指す。それは、憲法九条が想定した「平和主義」すなわち「武力によらない平和」を目指す政治ではない。安保条約による米軍のプレゼンスと核の傘、そして自衛隊の存在を安全保障の根幹として容認する。しかし、この政治は、本来安保や自衛隊とは正面から衝突する憲法の改変に消極的であるどころか、憲法九条の理想を受けて、米軍の軍事行動に対する自衛隊の支援や自衛隊の海外派兵にも消極的であり、非核三原則、武器輸出禁止三原則をはじめ、他国にはない政策を打ち出した。なにより、小国主義は、軍隊を自国の権益の擁護のために使うことは否定した。そうした点で、戦前日本や戦後の諸大国の安保・外交のあり方とは顕著に異なる方向を追求してきた。そうした保守政治の独特の安保・外交政策をここでは小国主義と規定しておく。

戦後保守政治の三つの時期区分

ここで検討する小国主義は戦後直後から採用された路線ではなかった。大きく言って、戦後の保守政治は、小国主義の採用を基準とすると、三つの時期に区分される。

第一期は、一九四五年から一九五〇年代いっぱいで、この時期の保守政治は、復古主義と大国化、すなわち戦前並みの軍事大国への復活を目指した政治の時代である。しかし、この時期は六〇年安保闘争での国民的運動の高揚を受けて、第二期に転換する。一九六〇年から一九八〇年代末に至る第二期は、戦後の保守政治が「小国主義」と言われているような政治、外交政策を体系的に展開せざるをえなかった時代である。ところが、一九九〇年以降の第三期には、保守政権は再び小国主義を変えて、経済のグローバリゼーションの下で軍事大国と改憲を求めるに至ったのである。以上の三つの時期に区切って、戦後保守政治と平和のかかわりを検討したい。

1　復古主義と大国化の野望とその挫折の時代

敗戦から、講和を挟んで、一九五〇年代は、戦後保守政治が、外交においても内政においても戦前並みの大国に復帰しようとした復古主義の時代と言うことができる。

戦後保守政治の原型としての吉田政治

そうはいっても、戦後の保守政治を最初に担った吉田茂の政治は、安保・外交に関する限り、単純な復古主義の路線をとったわけではなかった(1)。吉田政権は、敗戦により経済的困難にあえぐ日本が戦前並みの軍事大国に戻るのは無理だと考えた。むしろ、冷戦下の二大陣営対立の下で、積極的にアメリカの庇護の下に入り、アメリカに従属・依存しつつ西側陣営の一員として国際社会に復帰することを目指した。その限りで、吉田政権は、敗戦と冷戦体制という戦後日本を取り巻く新たな状況をふまえた安保・外交のあり方を志向していたと言える。

吉田政権の下で、安保条約による米軍の自由な基地使用、その下での自衛隊という戦後日本の安全保障の基本的枠組みがつくられた。冷戦下で日本を反共陣営の一員として動員したいアメリカの要請を受けて、憲法九条を蹂躙する再軍備が始まり、自衛隊も創設された。

しかし、吉田政権は、それ以上の軍事大国化についてはきわめて消極的であり、改憲にも乗り気ではなかった。このように、吉田政権が、かならずしも復古主義を志向しなかったのは、戦後の状況に対する冷静な判断だけでなく、敗戦により戦争と軍国主義を嫌悪するようになった国民意識を重視したからであった。そのため、吉田政権は、アメリカへの従属・依存は容認しながら、アメリカの言うがままに憲法を改正し再軍備を前進させることには、言を左右にして抵抗したのである。その点に限って言えば、吉田政権は、第二期の小国主義の時代の萌芽であったと言ってもよかった。しかし、吉田政権は、こうした路線を、あくまで戦後の一時的方便と考えており、決してその後の小国主義のように自覚的にそうした路線を採用したわけではなかった。それに、吉田政権も内政面では戦前の政治への復古を目指していた。

復古主義政治と改憲

講和以降、こうした吉田政治のあいまいさを払拭して、本格的な復古と大国化を志向する政治潮流が台頭した。鳩山一郎をはじめ、戦後公職追放にあった政治家たちが講和を機に続々政界に復帰したことが、こうした復古主義を加速化した。

こうした復古主義の最大のスローガンは、「憲法改正」であった。憲法九条が軍隊の保持を禁止しているため、これをそのままにしては、日本は自前の大国としての復活の第一歩を踏み出すことができないからである。九条だけでなく、日本国憲法では、戦前日本で「統治権の総攬者」と規定されていた天皇が、「象徴」というあいまいな地位に置かれていたり、強い人権保障がされている反面、安定した政治をおこなうに不可欠の行政命令などの権限も奪われていたから、復古派は憲法の全面見直しを主張した。

ところが、日本国憲法は九六条で改正に二つのハードルを設けていた。一つは、衆参両院で三分の二の多数を得なければ、改憲案を発議できないというハードルであり、もう一つは、国民投票で過半数を獲得するというハードルである。そこで復古派は、一方で改憲に消極的な吉田政権を打倒することを目指すとともに、改憲発議に必要な衆参両院での三分の二の多数を獲得するべく、保守政党の合同、改憲運動を精力的に展開したのである。

岸信介の帝国主義復活構想

こうした復古主義の政治の頂点が、岸信介内閣であった。岸信介[2]は対米開戦時における東条内閣の商工大臣であったが、戦犯容疑者として巣鴨に収監され一九四八年に釈放されると政界に進出し、一九五七年には内閣総理大臣になるという復古主義の象徴のような経歴の持ち主であった。岸信介は、戦後の日本を、アジアの中で覇権的な地位を確立した戦前の大日本帝国のように復活させたいという野望を持ち、こうした帝国の復活のために、強い国内の政治体制をつくることを志向したのである。

もっとも、岸とて、第二次世界大戦後の新しい政治情勢の中で、戦前型そのままの大日本帝国の復活は無理だということはわかっていた。そこで、岸は、冷戦対峙の状況に積極的に乗って、アジアの中でアメリカが推進する反共の尖兵としての役割を積極的に果たすことによって大国として復活していきたいと考えたのである。また、岸は戦前日本帝国主義が植民地勢力圏とした中国大陸など東アジアは、社会主義圏となってしまい再び日本の勢力圏にすることは難しいため、新たに東南アジアの反共諸国を日本の勢力圏にすることを企てた。

岸は、政界に復帰するや、改憲と保守合同を掲げて精力的な活動を展開し、復古主義派のリーダーとしての地位を占めるに至ったのである。

戦後民主主義運動の原点

ところが、こうした復古主義の政治に対し、強力な反対運動が台頭した。この運動は一方で安保条約にもとづく米軍の基地拡張の動きに反対し全国で基地拡張反対闘争という形で高揚し、他方、復古派が追求した改憲や復古主義政治の動きにも激しく抵抗した。ここでは、そうした安保と復古主義に反対する運動を「戦後民主主義運動」(3)と呼んでおく。この戦後民主主義運動が保守政治の転換を強要し、戦後保守政治に小国主義を強制する原動力となったのである。戦後民主主義運動は、独特の特徴を持っていた。

第一の特徴は、この運動の中心的な担い手が、「総評」というナショナルセンターに結集した労働組合運動だったことである。

平和運動の中心に労働組合運動が座ることは、戦後日本では違和感のない常識となっているが、実はそれこそが戦後の社会運動の中でつくられた特徴であって、世界史的に見ると、決して一般的なことではない。労働組合運動は、自分たちの団結と産業行動によって労働者の労働条件や生活の向上を実現する組織だから、自分たちの労働条件を改善し労働者の生活を改善するためには強力なストライキや闘争をおこなうが、かならずしもいつも平和のための闘いに積極的になるとは限らない。しばしば、狭い意味での労働者の生活の維持とか労働条件の改善は、帝国の拡大によっておこなわれるということもありうるからである。戦後日本で労働組合がその運動の主たる課題として平和と護憲を掲げたのは、戦前の軍国主義を止められなかったという「悔恨」であった。戦後日本の労働運動は、自分たちの生活の根底に平和があり、それを崩されては労働者、国民の生活は成り立たないということを、戦争体験によりいやというほど思い知らされ、平和擁護を本務として取り組んだのである。

第二の特徴は、総評のかかる行動に呼応して、社会党や共産党という革新政党が、平和と護憲をその課題として掲げて運動の中心を担ったことであった。社会党も共産党も、社会主義を目指す政党であった。

平和と民主主義の課題は、いずれも、資本主義の変革、社会主義の実現なくしても解決できる課題であり、社会党、共産党の「固有の」課題ではないとも言えるのに、当時の革新政党は、「平和」「独立」「民主主義」を正面の課題として掲げたのである。では社会党や共産党は、民主主義的課題をどうしてみずからの課題として設定したのだろうか。それは、当面する日本国民の最大の課題は、社会主義の実現ではなくまず戦前の軍国主義への復活を阻止して民主主義を実現するという点にあるという認識だった。日本の社会主義運動にも、あの無謀な侵略戦争を阻止できなかったことに対する反省が強くあったのである。

社会党は一九五一年の左右社会党への大分裂をはじめ、たびたび分裂を繰り返していたが、その分裂の原因はつねに社会主義戦略をめぐる対立ではなく、安保と講和、再軍備をめぐる意見の対立であったこと[4]も、注目された。五一年の社会党分裂後、選挙のたびごとに躍進したのは、全面講和、安保反対、再軍備・改憲反対を掲げ、護憲と平和を前面に掲げた左派社会党であった。

平和の思想の独特の構造──平和と民主主義のセット

戦後民主主義運動の特徴の第三は、運動を領導する思想にも、大きな特徴があったことである。当時の平和の思想は、特殊な構造を持っていた。

一つは、今でも私たちの中では半ば常識となっていることであるが、日本では「平和」と「民主主義」がつねに対になって主張されたということである。五〇年代の組合運動や平和運動において、平和と民主主義が主張されるようになったが、平和と民主主義が一体となっていることは決して自明ではない。なぜなら、平和にも、民主主義にもそれぞれ固有の価値があり、しかも、平和という価値と民主主義という価値はいつでも、接合するわけでもなく、また、どちらを優先するかで対立することもあるからである。

たとえば、アメリカは、イラク戦争を戦う口実として、イラクのフセイン体制の打倒と民主主義を掲げたし、アメリカは民主主義体制の下、国民の同意をえて戦争に突入した。そこでは民主主義と戦争が接合しているのである。また、しばしば、平和と民主主義の価値を比べた場合、民主主義のほうが重い価値として位置づけられることもある。ナチス・ドイツに対するイギリスの宥和政策が非難されるのは、民主主義を一時の平和の前に捨てたことが非難されるからである。

ところが、戦後民主主義運動では、つねに平和と民主主義が一緒になって掲げられ、また、民主主義はいつでも、平和という価値の実現の手段として位置づけられるという特徴を持ったのである。実はここにも、アジア・太平洋戦争の記憶と反省が横たわっていた。戦前の日本の侵略戦争は専制的な天皇制の下で国民の意思に反して遂行された。反対の声も弾圧された。そうした戦前の体制への強烈な反発こそが、戦後民主主義運動の思想における原点であった。そこから、なにより重んずべき価値として「平和」が位置づけられ、かつ、平和と民主主義がつねにセットになって主張されたのである。ここにも、日本軍国主義を許してしまったことへの強い反省、悔恨の情があったと言える。

日本国憲法九条の思想

平和の思想の二つめの特徴は、憲法がつねに運動を領導する理念となったということである。これまた戦後日本に固有の特徴であった。平和運動が、日本では憲法擁護闘争と結合したのである。その理由は、日本国憲法の構造と、国民の憲法理解の独特の仕方にあった。

日本国憲法の草案は占領軍がつくったものであったが、その狙いは、二度と再び、日本の帝国主義を復活させないという点にあった[5]。そのため、憲法は、ほかの現代憲法には見られない九条という独特の規定を持ったのである。しかも、憲法九条は、日本の平和を実現する仕組みとしてつくられたのではなく、東アジアの平和を保障するための規定としてつくられたという性格を持っていたのである。これには少し説明がいる。

二〇世紀前半の東アジアは、「戦争の世紀」と言われた二〇世紀世界の中でも戦争の発火点の一つであった。しかも、二〇世紀前半のアジアにおける戦争の主人公はつねに日本であった。アジア・太平洋戦争に至る契機も日本帝国主義の中国への侵攻であったことは言うまでもない。そこで、第二次世界大戦後、東アジアの平和と安定を実現するためには、何をおいても日本帝国主義の大陸への侵攻を抑えればよいということも明らかであった。

日本の大陸への侵攻を抑えるにはいくつかの手段が考えられた。もっとも端的なのは日本の軍備を制限することであったが、それを、日本を取り囲む四大国、アメリカ、イギリス、中国、ソ連を含めて条約で保障するという方法も考えられた[6]。しかし、GHQは、第一次世界大戦後におけるドイツ帝国主義の復活の教訓からしても条約による軍備制限方式がかならずしも有効でないと判断し、軍備の制限をいっそ日本国憲法の中に埋め込むという方式を考えたのである。その結果九条は、自国の平和を保障するためではなく、まずは東アジアの平和保障方式として憲法中に規定された。日本の平和は、アジアの平和が確保される結果としてついてくるものと考えられたのである。その意味では、憲法は、軍国主義の復活に反対した戦後民主主義運動と志向を同じくし、その旗印としてふさわしいものであった。

こうした戦後民主主義運動を背景に、一九五五年、保守勢力が改憲を目指して保守合同を敢行するのと軌を一にして、平和と民主主義の旗を掲げる社会党は衆参両院で改憲発議を阻止するのに必要な三分の一の議席を確保した。憲法改正の発議を阻む条件がつくられたのである。

岸内閣の安保改定先行戦略

改憲が当面現実的でなくなったため、岸は首相に就任すると、安保条約改定を先行させる戦略をとった。

帝国復活の前提として改憲による自前の軍備保持は不可欠であったが、国会では社会党が三分の一を抑えているのでただちに改憲発議には踏み切れない。そこで岸は改憲の意図を公言しつつ、その前段として安保条約の改定を追求したのである。基地貸与条約であった安保条約を改定し、日米「対等」なものにして、アメリカが日本の防衛をする義務を明記すると同時に、日本とアメリカとの共同作戦体制をつくる。そういう体制をつくる中で、日米が共同で軍事作戦を展開するには憲法改正が必要だということで、憲法改正を実行する。こういう二段階戦略をとったのである。

安保改定反対運動の高揚をもたらした三つの要因

しかし、こうした岸内閣の構想に対し、大きな反対運動が起こった。安保反対闘争である。この安保闘争の高揚により、岸内閣はなんとか安保改定を強行したものの、アイゼンハワー大統領の訪日が断念されただけでなく、内閣総辞職、さらには保守政治の転換を余儀なくされることとなった。

安保反対運動の高揚にはいくつかの原因があった。第一に、この運動で初めて、総評の仲立ちの下、社会党、共産党が共闘したことである。社会党、共産党、総評を核に「安保改定阻止国民会議」[7]が結成され、これがアクティブな活動家、市民の広範な結集を可能にしたことである。国民会議は、安保闘争期間中、二二次にわたる統一行動を提起し、国会での審議と相まって岸内閣を追いつめた。

地方でも、国民会議にならって二〇〇〇を上回る共闘組織がつくられ、国民の動員をおこなった。この安保共闘型が、六〇年代以降、共同闘争、統一戦線の模範型となって運動を引っ張ることになる。

第二に、そうした労働運動、共闘の成立と相まって、巨大なエネルギーを持った学生運動、母親運動、原水爆禁止運動など、新たな階層を動員する組織が五〇年代中葉に相次いで成立したことである。これが安保闘争に加わり、運動にかつてない広さをもたらしたのである。

第三に、しかし、これだけでは、あの安保の高揚はできなかった。それに加え、こうした組織の運動の持続的働きかけによって、未組織の市民、労働者の大きな立ち上がりを生んだことである。運動が、戦後国民の中に潜在していた、「再びあの悲惨な戦争はいやだ」という感情に基盤をおいた平和意識と、あの戦争に引き入れられてどうすることもできなかった「戦前の軍国主義の復活はいやだ」という反復古主義の感覚を顕在化させたからであった。この平和と反復古・民主主義の意識は、先に見たように、五〇年代戦後民主主義運動の底流の流れる二つの魂であったが、これが安保反対闘争で合流したのである。

5・19強行採決と運動の広がり

六〇年五月一九日の岸内閣の強行採決は、こうした市民の平和意識と反復古の意識を結びつけ運動の画期的高揚をもたらした。もともと、五月一九日の強行採決は、岸内閣が、安保条約改定を機にアメリカ大統領アイゼンハワーの来日を実現し、みずからの政治的基盤を固めようという思惑から起こったものであった[8]。政府は、アイゼンハワーの訪日を、条約批准書交換も兼ねて六月一九日に設定した。当初はこの日には条約批准は当然終わっている予定であったが、反対運動の高揚と国会での追及で審議は遅れに遅れ、大統領訪日に間に合わない危険が出てきた。岸内閣にとって「幸い」なことに、憲法の規定によって条約は、参院で批准されずとも衆院の批准後三〇日で批准が完了する。逆算して、五月一九日が強行採決日として選ばれたのである。ここで強行採決してしまえばあとは参院を開かずとも批准は成立する、これが岸の思惑であった。ところが、このもくろみは裏目に出て、この強行採決を境にデモへの参加者が大幅に増加し、運動は頂点を迎えた。無党派の市民層が大量に請願行動に参加するようになり、国会は連日、一〇万を超える人で埋まった。総評は、安保反対で初めてストライキに突入し、ストには計五六〇万人が参加し、整然とストライキを敢行した。

五月一九日の強行採決後の情勢に対し、丸山眞男、竹内好ら市民派知識人は、「五月一九日以降、運動は反安保の闘いから、反ファシズムの闘いに性格を変えた。安保に賛成する人も反対するものも日本の民主主義を守るという一点で立ち上がる必要がある」と主張した。(9) その考えはかならずしも正しくなかったが、反安保―平和の課題と民主主義擁護の主張が、岸内閣の強行採決によりあらためて一体化したことは注目すべき出来事であった。六月一〇日には、下見に訪れた大統領秘書官のハガチーが羽田でデモ隊に取り囲まれ立ち往生する事態が起こり、六月一五日の統一行動では、ついに死者が出た。こうした反対運動の未曾有の高揚により、アメリカ大統領の訪日は中止に追い込まれ、岸内閣は改定を強行したものの総辞職を余儀なくされたのである。

2　戦後保守政治の転換と「小国主義」の時代

保守政治の反省

こうした安保闘争による運動の高揚の衝撃を受けて、保守政治の第二期が始まった。第二の時期には、保守政治が大国化、復古主義の志向を断念して、憲法改正をやめ独特の小国主義の政治をつくっていくことになるが、そのきっかけになったのが今述べた安保闘争による、国民の立ち上がりに対する保守政治家たちの甚大な衝撃であった。次の引用は岸内閣に科学技術庁長官として入閣していた中曽根康弘の回顧(10)であるが、こうした反省は中曽根だけのものではなかった。

これだけ一生懸命〔改憲を〕やっているのに、どうして国民はわかってくれないのか……そう思いました。しかしじっくり反省してみて、これは人間の壁というか、市民社会の岩盤ができたということなんだと思いました。私は海軍士官から政治家になって、そのままずっと、どちらかといえば国家の側、治める側にいたわけですが、治められる国民の側に立ってみると、戦前戦中にわたっていろいろな統制があり、官憲に威張られたり、非常に苦労してようやく平和と自由が得られたわけで、この平和と自由は絶対手放さないという意思が戦後の日本人の中にあった。与えられたものにせよ、この自由と平和を手放すまいとかたくなに考え、また、一国平和主義の扇動に乗った。そういうことを治める側にずっといたわれわれは気がつかなかった。

戦後保守政治家たちの多くは、安保反対運動の高揚の要因を、国民の平和と民主主義に対する志向の噴出と捉えて、これを共産主義者の煽動とは捉えなかった。彼らはデモに立ち上がった市民たちの背後に一般市民の保守政治に対する大きな不満を感じ取って恐れおののいたのである。こうした危機感に促されて、戦後保守政治の転換をおこなったのが、岸内閣の跡を継いだ池田内閣(11)であった。

憲法改正の断念

池田内閣がまず手をつけたのが、憲法の改正の事実上の断念であった。安保における国民の反対は、明らかに軍国主義の復活に反対の意思の表れであった。もはや、改憲などを提起したら保守政治は国民から見放される。そうした判断の下、池田首相は、安保後の総選挙に際して、自民党の党是である「憲法改正については、基本的な問題だから多数で押し切るようなことは民主的な考え方ではないと思う」と述べ、改憲消極姿勢を打ち出した。続く一九六二年の参議院選挙では、「憲法については、多くの国民の多数の意見を聞いて結論を出すまでは改正をしない。三分の二以上の勢力になったからといって、改正をすることはしない」と一歩踏み込んだ発言をおこなった。そして一九六三年には、「在任中には憲法改正はしない」と明言したのである。六四年、政府の憲法調査会の報告書が出された。報告書自体が、安保以後の改憲消極論の有力化を受けて、改憲一本にまとめきれなかったものであったが、池田はこれを受け取って調査会を解散させ、改憲をお蔵入りにしてしまったのである。党内の改憲派は池田の変節をなじったが、こうした池田の態度を、のちの歴代内閣総理大臣は踏襲するようになり、以後自民党政権は改憲を断念したのである。岸信介は回想録[12]で、「日本の憲法改正の機運をくじいた一番の元凶は、池田勇人と私の弟の栄作だ」と断定したが、それはあながち間違っていなかった。改憲が復活するのは、実に四〇年後、安倍晋三内閣を待たねばならなかったのである。

運動の継続と小国主義への圧力

改憲が不可能となったために、保守政権は、九条の下で自衛隊の存続と成長を図ることを余儀なくされた。その際の政府の解釈は、「自衛隊は自衛のための最小限度の実力」であり、憲法九条が禁止する「戦力」ではないというものであった。

しかし、政府のこうした解釈による自衛隊の維持、拡大政策に対しても、九条を武器にした運動や国会での革新政党の追及が続いた。これが小国主義の政治[13]をさらに進めることを促したのである。

九条を梃子にして自衛隊の活動に制約をかけようとした、この時代の運動には二つの特徴があった。第一は、恵庭、長沼と相次いだ九条裁判が、保守政権の安保・軍事政策に厳しい制約を課したことである。恵庭裁判では自衛隊が九条に違反する軍隊であるかないかが正面から争われ、政府はたじたじとなった。長沼裁判では、自衛隊のナイキ基地建設のための国有保安林の伐採の違憲性が問われ、札幌地方裁判所は初めて自衛隊を憲法違反と断定した。さらに、殉職自衛官の護国神社への合祀を、キリスト者であるその妻が違憲として争った自衛官合祀拒否訴訟は、それまで自衛隊が着々と進めてきた、護国神社への合祀や、地域での宣伝活動などに歯止めをかけた。

第二は、社会党、共産党、ときに公明党も加えた議会での政党の追求が、政府の小国主義政策を促進し九条の具体化の大きな梃子となったことである。毎年の予算審議に際し、憲法裁判で明らかになった実態を使いつつ、革新政党は、自衛隊や政府の外交、安保政策を追及し予算の通過と交換に政府はさまざまな制約を承認せざるをえなくなったのである。以下に述べる非核三原則などは、いずれも、こうした野党のしつこい追及の所産であった。

非核三原則と核密約

保守政権は、こうした運動の圧力を受けて、明文改憲をしないという消極的な形で政治を転換させただけでなく、より積極的に、憲法九条を具体化するような制度や約束を具体化せざるをえなくなった。

その第一は、「核を持たない、つくらない、持ち込まない」という非核三原則の宣言であった。この非核三原則は、もともとは佐藤栄作内閣が沖縄返還交渉を推し進める過程で、野党が、沖縄に配備されている核兵器が返還とともに本土にも持ち込まれる梃子になるのではという懸念を示したことに応えて、六七年に答弁されたものであった。ところが、野党は、この答弁を何度も繰り返し求め、ついに、七二年、沖縄返還協定の承認と引き換えに、これは国会決議となったのである。世界第二の経済大国でありながら、自衛隊の核武装は禁止された。非核三原則を唱えた佐藤首相はそれも一つの理由となって、ノーベル平和賞を受賞するという皮肉な栄誉を得たのである。

しかし、非核三原則は、アメリカの核政策、安保体制とは重大な矛盾をもたらすものであった。もともとアメリカは、旧安保条約の下で、本土においても核搭載艦船や航空機を自由に寄港、離着陸させてきた。有事における核配備もやるつもりであった。安保条約の改定に際し、日本側は、核の持ち込み、配備に際しては「事前協議」を求めることで、それを制約しようとしたが、既得権を主張する米軍部の意思は固かった。そのため、核持ち込みについては密約がなされた。[14] 核搭載艦船等の寄港は、従来通り「持ち込み」を容認し「事前協議」の対象としない、というものである。

ところが池田、佐藤内閣は、たびたび核問題について答弁を繰り返してきたが、そこでは、大臣たちが「核を積載した艦船の入港は認めない」と答弁して、アメリカ側をあわてさせた。そこで、当時駐日大使であったライシャワーは、あらためて外務大臣等に、密約の存在を確認させたのである。当然、非核三原則の第三原則「核の持ち込みは認めない」という原則は、こうした密約と抵触するものであった。

さらに沖縄返還の際に、沖縄核基地撤去に際しても同様の問題が発生した。そこでも、沖縄基地から撤去した核を有事に再配備する権利、核積載艦船の寄港を容認する権利が密約で認められたのである。これまた、非核三原則と真っ向から衝突するものであった。

日本政府が、このように、安保体制と矛盾することを知りながら非核三原則を定めた背景には、安保闘争に現れた平和運動と国民の力に対する恐れと配慮があった。しかし、かといって、アメリカの戦略的要請は断れない。その結果が密約であった。アメリカにとっては、実は密約は、きわめて不本意、不十分なものであった。これはひとえに日本政府が要請したものであった。こうした密約を日本政府が要請した背景には、今言ったような国民に対する恐れがあったことを見逃せない。

武器輸出禁止三原則

武器輸出禁止三原則も、日本の外交、経済にさらに大きな影響力を与えた。武器輸出が禁止されたため、日本では、重化学工業大企業の軍需産業への進出はきわめて限られた小規模なものとなった。もし、これだけの資本と技術力を持った日本企業が武器生産に進出していたら、ちょうど自動車と同様、今ごろは間違いなく日本製武器が世界の戦場を席巻していたであろう。日産をはじめとした重化学産業大企業は、戦前・戦時期には大なり小なり兵器生産にかかわっており敗戦後もGHQの眼をかいくぐって技術者の温存を図り武器生産の再開・解禁に備えていた。ところが、小国主義政治の下で、武器輸出の禁止が打ち出されたため、武器生産の市場は拡大を見込めなくなり、大企業は武器生産から手を引かざるをえなくなったのである。経団連（現在は日本経団連）は、以後毎年のように三原則の見直しを陳情しているが、今なお規制は続いている。

しかし、このことは二つの意味で日本経済の体質に大きな影響を与えた。一つは、ほかの小国主義政策と相まって、日本に対するアジア諸国の警戒感が薄らぎ、日本商品の輸出が大幅に認められたことである。これは日本の輸出主導の経済成長を支えた。もう一つは、日本企業が武器生産に手を染めなかったために経済の健全性が保たれたことである。武器生産は注文生産のため、価格競争力が働かないし、国家が買い手となるため、つねに汚職と腐敗の温床となることは、あのロッキード社からも明らかだ。日本企業は、軍需生産に手を出せないことで競争体質を強化し、受注に絡む汚職体質から免れたのである。

自衛隊の海外派兵禁止原則

防衛費に関しても、一九七六年、三木武夫内閣のときに閣議決定で、それをGNP比一パーセント内に抑える原則がつくられた。これは、小国主義政治の象徴のような原則となった。たしかに防衛費の絶対額は伸びたが、それは、つねにGNP成長率の枠内に抑えられ、また社会保障費の伸び率以下に抑えられた。これがなければ、日本の防衛費も「先進国」並みの三パーセントに達したであろう。中曽根内閣は多大な努力をして、この閣議決定を覆したが、以後も防衛費は事実上この制限内で推移し続けているのである。

そしてこの時代につくられた九条の制約の最大のものが、自衛隊の海外派兵禁止原則、集団的自衛権行使は認められないという原則であった。この原則こそ、九〇年代に入って日本が軍事大国化を志向したとき、それに大きく立ちはだかった壁となったのである。この壁を壊すために政府は、再び、明文改憲を志向せざるをえなくなるのである。

こうした小国主義的諸制約を受け入れるに際し、政府はこれら諸原則が、九条のゆえに強制されたということを認めたくないために、単なる政策にすぎないと繰り返した。しかし、もし九条とそれを梃子とした裁判や野党の追及がなければ、かかる諸政策が実現されるはずはなかった。明らかに小国主義的諸原則は九条にもとづく制度であり、これが日本の軍事大国化に大きく歯止めをかけたことは明らかであった。

アジアとの協調を目指した外交

こうした小国主義はアジア諸国に日本への安心感を持たせた。六〇年代に日本はアジア諸国との貿易を増加させ、これが、高度成長の一つの要因となったのである。

この時代の保守政治は、アジアとの関係強化のためにさらに一歩を踏み出した。それは福田赳夫政権時に日本外交の基本姿勢として定式化された「全方位外交」であり、またその具体化としての福田ドクトリンであった。(15) 全方位外交とは、日本が属している「自由主義陣営」にとどまらず社会主義諸国とも外交関係を発展させることを宣言したものであり、アジアの社会主義諸国と向き合う日本の外交政策としては画期的なものであった。それを東南アジアに適用したのが、以下に引用する福田ドクトリンであった。

第一に、我が国は、平和に徹し軍事大国にならないことを決意しており、そのような立場から、東南アジアひいては世界の平和と繁栄に貢献する。

第二に、我が国は、東南アジアの国々との間に、政治、経済のみならず社会、文化等、広範な分野において、真の友人として心と心のふれ合う相互信頼関係を築きあげる。

第三に、我が国は「対等な協力者」の立場にたって、ASEAN及びその加盟国の連帯と強靭性強化の自主的努力に対し志を同じくする他の域外諸国とともに積極的に協力し、また、インドシナ諸国との間には相互理解に基づく関係の醸成をはかり、もって東南アジア全域にわたる平和と繁栄の構築に寄与する。


この福田ドクトリンにも、明らかに九条の構想が反映されていた。それは、福田の師匠であった岸信介の帝国主義的東南アジア支配構想とは正反対のアジア構想であった。

小国主義政治の限界

もちろん、こうした小国主義政治には大きな限界があった。日本は、この時代に、アメリカの核戦略体制を容認し、アメリカの核の傘の下で自衛隊の拡張を追求した。アメリカによる基地の自由な使用にも規制をかけなかった。それどころか、同じ時期、佐藤内閣は、アメリカの遂行したベトナムに対する軍事侵攻と戦争を一貫して支持し続けたのである。小国主義政治の下、たしかに日本は、ベトナムには兵を送らなかったが、日本はベトナム戦争の拠点基地としてフル稼働した。日本と沖縄基地がなければアメリカはベトナム戦争を戦うことができなかったと言ってもいいくらいの加担であった。

また、九〇年代以降の時点との関係でいうと、日本帝国主義がおこなった戦前の植民地支配や戦争行為に対する反省も、この時代には希薄であった。

それにもかかわらず、日本は、この時代に東南アジア諸国をはじめとして、アジア諸国に輸出をし、再び経済的な進出を活発におこなった。それができたのは、繰り返しになるが、日本が自衛隊を戦前のように自国の帝国主義的利益の押しつけの道具として使わず、大国の抑圧的態度をとらなかったことに対するアジア諸国の信頼があったからであった。

3　経済グローバリゼーションと保守政治の再転換の時代

グローバル経済と軍事大国化の要請

この政治が大きく変わるのが、一九九〇年代以降の第三期である。冷戦が終焉し、社会主義圏が崩壊して、世界の自由市場は大拡大した。グローバル経済の時代がやってきた。(16) グローバル経済時代の下で、日本の巨大企業も、それまでの国内生産―輸出という体質を変更し、怒濤のような海外進出を開始した。

こうした経済のグローバル化は、二つの経路をとって、既存の保守政治、とくにその「小国主義」政治の改変を求めたのである。第一は、拡大した市場世界の名実ともに唯一の盟主となったアメリカの圧力である。アメリカは、世界の自由市場秩序の維持のための警察官の役を買って出たが、NATOや日本にもその分担を求めてきたのである。また、第二に、海外展開を本格化した日本企業も、自衛隊の海外派兵をおこなって、アメリカとともに、世界市場秩序の維持に当たれという要求を強めた。

こうして、この時代には、グローバル市場秩序の下で、アメリカと一緒になって海外展開した日本企業の安全と特権を維持するために、世界の警察官として活動すべきだという要請の下で、既存の小国主義政治の改変が志向される時代が始まったのである。

第一期の時代とは違うけれども、新たな軍事大国化を目指して、第二期の政治を否定しようとした時代が、第三期の時代である。この時代には、再び憲法九条がネックとなって、小国主義の制度の改変がおこなわれることになった。

政治改革――小国主義時代の政治構造の破壊

それには、小国主義を支えた政治構造自体を壊さなければならなかった。自民党と、憲法の平和主義を党是に掲げる社会党や共産党が対峙し、絶えず運動を背景に小国主義の政治を維持・推進する圧力を加える政治構造では、改憲はおろか、自衛隊の海外派兵すらおぼつかない。こうした構造を変え、社会党をつぶし自民党が小国主義を脱却できる政治構造づくり、これが目指されたのが、「政治改革」であり、それを主導したのが当時自民党の幹事長であった小沢一郎[17]であった。小沢は、一九九〇年に湾岸戦争が起こるといち早く、アメリカの要請に応えて自衛隊のイラク派兵を画策したが、平和運動と野党の反対でつぶれるや、政治改革に乗り出した。政治改革のポイントは、二つあった。一つは、現行中選挙区制を小選挙区制中心の選挙制度に変えることである。小選挙区にすれば、中選挙区時代、ほぼ一三〇近くの議席をコンスタントに得られていた社会党は激減する、それがいやなら公明党や民社党と合同しなければならないが、そのためには社会党の自衛隊違憲の立場は降ろさざるをえない。こうして軍事大国化、改憲策動に対する議会内での最大の抵抗基盤であり、小国主義の支持基盤であった社会党は消えるか変質する。もう一つは、政治腐敗をなくすという口実で、政党交付金を支給することであった。この資金配分は、党へおこなわれるため、小選挙区制での党の公認権を握る幹事長がカネも握り、党の中央集権化を図ることができる。これまた、地元に顧慮せず、軍事大国化を進めるうえで、決定的な改革であった。小沢は、改革に消極的であった自民党を割り、細川政権を誕生させて、「政治改革」を断行した。小沢のもくろみ通り、社会党は消えてなくなり、小国主義解体の土台ができたのである。

解釈改憲方式

しかし、そうはいっても、九〇年代の軍事大国化は、五〇年代の単純な復活とはなっていない。保守政治は、あの安保の悪夢を今なお忘れていないからである。安易に改憲を提起することによって、再び、反復古主義の国民の警戒心をかき立てることを恐れたのである。そこで、保守政治は、小国主義打破の新たな方式を採用した。

一つは、九〇年代以降の小国主義の改変の試みが、明文改憲という形では起こっていないことである。二〇〇六年に成立する安倍内閣に至るまでは、この第三期には、当初、明文改憲の試みは起こらなかった。憲法の解釈を改変することによって自衛隊の海外派兵を実現し、小国主義政治に穴を開けていこうという方向が非常に強くなったのである。

ここで保守政治の側から打ち出されたスローガンが、「国際貢献」であった。「憲法九条があるからといって、世界の平和を守るための貢献をしなくてよいのか」、という口実の下、国際貢献の名の下に自衛隊派兵が追求されたのである。

しかし、この自衛隊の海外派兵は、政府自身が宣明してきた自衛隊の海外派兵禁止の原則と矛盾、抵触することになった。そこで、この自衛隊は海外には行くけれども、武力行使はしない、という限界がつけられた。武力行使をしない自衛隊の出動は、「派遣であって派兵ではない」から憲法九条の禁止には当たらない、というのが政府の解釈であった。こういう解釈の下、政府は自衛隊の海外派兵を強行しようとしたのである。

戦時中の軍の行動に対する一定の反省

それからもう一つ、新たな軍事大国化政策の非常に大きな特徴は、こうした日本の軍事大国化の一番大きなネックとなっているアジアに対して、自衛隊の海外派兵を納得してもらうべく、戦時中のアジア諸国での日本軍の行為に対する一定の「謝罪」と「反省」が示されたことである。

従軍慰安婦の問題をはじめとした戦争責任の問題について、この時代に、アジア諸国に対し、日本政府は一定の反省的態度を示した。第二期にはかならずしも鮮明でなかった問題について、むしろ第三期に鮮明にするということが起こったのである。[18]九三年の従軍慰安婦問題で政府の一定の関与を認めた河野洋平官房長官談話、さらに戦後五〇年に際しての村山富市首相の談話などが、それに当たる。こうした反省の態度を示すことによって、アジアへの自衛隊の派兵を許容してもらう、政府は、こうした方針でアジア諸国の警戒を和らげようとしたのである。

ネオ・ナショナリズムの台頭

ところが、こうした政府の態度は、保守派内のタカ派の危機感を呼び覚ました。こうした政府の態度が、保守政治の主流に反対するタカ派の危機意識と運動が出てくる原因となったのである。九五年の藤岡信勝らの「自由主義史観研究会」の発足、「新しい歴史教科書をつくる会」の運動などは、直接には、こうした政府の態度に対する反発と危機意識から生まれたものであった。[19]

保守の主流派は、日本がアジアに自衛隊を派兵するためのどうしても乗り越えなければいけないハードルとして、戦争責任問題や従軍慰安婦の問題について、一定の決着をつけたいと思った。しかしそれが、櫻井よしこなど日本のタカ派にとって、日本がアジアに対して迎合し、その理不尽な要求に屈しているのでは、という危機感を亢進させる契機となったのである。

自衛隊海外派兵の実行——小国主義への風穴

以上のような特徴を帯びながら、九〇年代をかけて、小国主義政治の改変、軍事大国化が進められた。最初の一歩が新ガイドラインであり、それを国内法化した周辺事態法であった。これは、「我が国周辺」

において発生した「我が国の安全に重要な影響を与える事態」に際しては、米軍の活動を支援して自衛隊が後方支援に乗り出すというものだ。ところが、この法律は、九条の下で制定されたために、使い勝手の悪い〝欠陥商品〟であった。最大の欠陥は、これでは、「我が国周辺」の米軍の行動しか支援できず、イラクやアフガニスタンの米軍支援はできないことだった。

この限界を克服して、軍事大国化を大きく進めたのが、小泉純一郎政権[20]であった。9・11事件のあと米軍によるアフガニスタン攻撃の支援という難題が登場した際、小泉政権は周辺事態法をあきらめ、テロ対策特措法を制定し、強引にインド洋海域への派兵を敢行した。続くアメリカのイラク攻撃に対しても、小泉政権はイラク特措法をつくり、自衛隊をついに外国領土へ進駐させたのである。こうして、第二期につくられた小国主義の政治に大きな穴が開けられたのである。

九条の壁と明文改憲の動き

しかし、イラク派兵は、あらためて九条の壁の存在を自覚させることとなった。最大の壁は、九条の下では自衛隊の武力行使ができないという限界である。皮肉なことに自衛隊をイラクに派兵したあとに、あらためて日本の自衛隊が憲法九条の拘束の下にあることが、アメリカにも、また日本の自衛隊にも自覚されたのである。なぜなら、サマワに派兵された自衛隊はまったく武力行使ができなかったからである。

自衛隊が「自衛のための最小限の実力」であり九条の禁止する「戦力」ではないという最大の証拠は、自衛隊が海外で戦争しない、武力で国益を強要しない、という点にあったから、政府はこの解釈を勝手に変更することはできない。改憲・タカ派の中には明文改憲が大変なため、解釈で「武力行使」も認めてしまえという声はあるが、それは多数ではない。そんなことをすれば、国民がどんな行動に出るか予測がつかないからである。

こうしてあらためて、憲法九条を変えて、武力行使のできる軍の派兵をしなくてはいけないという動きが、アメリカからも、国内の支配層内からも出てき、明文改憲の動きが久方ぶりに登場したのである。それを担ったのが安倍晋三[21]であった。実にほぼ五〇年ぶりに、安倍内閣の下で、憲法改正が打ち出されたのである。奇しくも、安倍晋三は、岸信介の孫であった。保守政治が一回転したという観があった。

保守支配層にとっては、国民意識の変化も追い風となった。九〇年代に冷戦が終わって、日本は再び戦争に巻き込まれるという危機感が失われたあとから、国民意識の大きな変貌が起こっていた。[22]〝九条を変えて日本も国際貢献のために自衛隊を外に出して活動させる必要があるのではないか〟という意見が強まった。憲法改正についても、憲法改正反対が多数を占めていた世論が九〇年代には逆転した。この二〇〇四年四月に読売新聞社のおこなった改憲の世論調査では、賛成が六五パーセント、反対が二二・七パーセントになったのである。この世論調査でいけば、国民投票で改憲は通ることになる。九条改憲の危機が始まったのである。

新しい反対運動――九条の会

ところが、こうした新たな改憲の動きに対して、二〇〇四年六月、九人の呼びかけ人により、九条の会[23]が結成された。次ページに、九条の会と改憲世論の相関を書いた年表を掲げた。この年表を見ると、いろいろなことがわかる。

九条の会による運動は、燎原の火のごとく増えていった。資料を見ても明らかなように、二〇〇四年六月一〇日に九条の会が呼びかけて以来一年経った二〇〇五年六月には二〇〇〇の九条の会ができた。続いて、二〇〇五年から二〇〇六年までに三〇〇〇、二〇〇六年から二〇〇七年までに一〇〇〇、二〇〇七年から二〇〇八年までに一〇〇〇、現時点では七五〇〇近くの九条の会ができるという、異常なスピードで

九条の会の発展と世論の変化

年	結成数・活動状況	備考・内訳
2004. 4	改憲世論調査（読売）	賛成65%、反対22. 7%
2004. 6. 10.	九条の会呼びかけ	
2004. 7. 22.	呼びかけ賛同者600名	
2004. 7. 29.	発足記念講演会（ホテルオークラ）	1000名
2004. 9. 18.	九条の会大阪講演会	3700名
2004. 9. 25.	九条の会京都講演会	2000名
2004. 11. 21.	九条の会宮城集会	4500名
2004. 11. 25.	九条の会札幌講演会	3000名＋500名
2004. 12. 1	九条の会那覇集会	2000名
2005. 2. 25.	九条の会横浜講演会	5000名
2005. 3. 12.	九条の会広島講演会	
2005. 3. 19.	九条の会福岡講演会	3000名
2005. 2. 23.	女性九条の会発足	この日まで678名賛同
2005. 4.	改憲世論調査	賛成60. 6%、反対26.6%
2005. 5. 22.	九条の会1900	
2005. 5末	九条の会2007	北海道136、神奈川140、東京131、長野165、愛知109、大阪135、京都153 分野別：九条の会・医療人の会、映画人九条の会、九条科学者の会
2005. 7. 30.	有明講演会　九条の会3026	9500名
2006. 1. 5.	九条の会4079	
2006. 3.	高知県三崎九条の会過半数署名	九条の会65号
2006. 4. 24.	九条の会4770	九条の会68号
2006. 4. 8.	改憲世論調査（読売）	賛成55. 5%、反対32. 2%
2006. 6. 10.	第１回全国交流集会　九条の会5174	
2007. 2. 1.	九条の会6020	
2007. 4.	改憲世論調査（読売）	賛成46. 2%、反対39. 1%
2007. 10. 18.	九条の会6734	
2007. 11. 24.	第２回全国交流集会九条の会6801	
2008. 4. 25.	九条の会7035	
2008. 4. 6.	改憲世論調査（読売）	改憲賛成42. 5%、反対43. 1%
2008. 6. 21.	第５回九条の会憲法セミナー	岐阜650名
2008. 7. 12.	第６回憲法セミナー	宮崎1500名
2009. 4. 3.	改憲世論調査（読売）	賛成51. 6%、反対36. 1%

全国各地に九条の会が組織されていった。結集している市民も数百万にのぼると思われる。

こうした「九条の会」の活動はデモもないし、安保闘争のような大規模な集会もないにもかかわらず、改憲の世論をみるみる変えていった。二〇〇四年四月の読売の改憲世論調査では、六五パーセントが賛成だったのが、二〇〇五年四月になると六〇パーセントに減少し、五ポイント減った。二〇〇六年四月になると五五・五パーセントで、さらに五ポイント減った。安倍内閣の改憲が最高潮に達した二〇〇七年四月には、ついに賛成が四六・二パーセントに減った。そして二〇〇八年四月になると、なんと改憲賛成派が四二・五パーセントに対して、反対派が四三・一パーセントという形で逆転してしまったのである。改憲世論が再逆転したということは、非常に甚大な影響を与えた。こうした世論の変化が安倍内閣の改憲政策を葬り去ったのである。

この九条の会運動には、今までには見られなかった非常に大きな特徴がある。とくに、安保反対闘争と比べると、いくつかの新しい特徴がある。

第一は、六〇年安保の闘いが組織による闘いであったのに対し、九条の会は、個人のイニシアティブによる闘いだという特徴である。安保闘争は、五〇万の運動をつくり出したが、その原動力が、総評、社会党、共産党という組織された勢力によってつくられた安保条約改定阻止国民会議だったことは先に述べた。学生たちも全学連という組織された運動によって、多くの人々が立ち上がった。つまり組織の力による運動だった。国民会議は、二二次にわたる安保反対の統一行動をおこなったが、それは社会党、共産党、総評が統一指導部になって、全国に動員をかけて、国会に何月何日、何万人の動員をかけるという形で、ストライキとデモンストレーションを集中的に組み合わせながら、岸内閣を追いつめていった。

ところが九条の会の運動は、それとはまったく違った、個人のイニシアティブ中心のスタイルをとっている。七五〇〇の九条の会の多くが個人参加方式をとっている。安保条約改定阻止国民会議で全国で二〇〇〇の共闘会議ができたが、すべて団体加盟が中心であったのと対照的である。

第二は、九条の会が、安保闘争と違い、革新のみならず、一部の保守層をも結集している点である。その象徴的事例は、宮城県にできた「首長九条の会」である。これは現職、元職の市町村長からなっているが、保守系無所属の人々を含んでいる。彼らは自衛隊も合憲だと思っている。その彼らが、九条の会を組織するに至ったのは、自衛隊が九条の改正により、再び海外で人を殺す軍隊になることは許さないという気持ちからである。ここには明らかに、安保闘争以来の反復古主義の心情と、自民党の小国主義の政治のよき伝統が垣間見られるのである。小国主義政治の四〇年は、日本の保守にこうした「平和」の伝統をつくったのである。

第三は、九条の会運動の主力が、安保闘争とは対照的に、六〇代を中心とする中高年であるという点である。戦後社会運動の主力に中高年が座ったのは、初めての事態であるが、実はここにも、小国主義政治の四〇年にわたる継続の意味があると思われる。九条の会に立ち上がったかなりの部分は実は安保世代ではないかと推測されるからである。安保がつくった小国主義の危機に対して、多くの人々が長年の中断を乗りこえて立ち上がったのではなかろうか。

改憲策動の挫折と小国主義の根強さ

そういう運動によって、任期中に改憲するという、安倍内閣の強硬路線はもろくも挫折を余儀なくされ、その後の福田康夫も、改憲派の麻生太郎も、改憲ということを、口にすることができなくなった。その結果、憲法はついに六〇年を超える長きにわたって活動をするという事態になった。日本の保守政治が持っていた小国主義の岩盤は、かなり大きく掘り崩されたにもかかわらず、新しい力によって、なお依然として小国主義の政治的な枠組みを、保守政治自身が壊すことができない現状が続いている。

注

（1）この点、渡辺治『日本国憲法「改正」史』日本評論社、一九八七年、第二章。
（2）岸信介について、原彬久『岸信介——権勢の政治家』岩波新書、一九九五年、田尻育三『昭和の妖怪岸信介』学陽書房、一九七九年。
（3）さしあたり渡辺治『憲法9条と25条・その力と可能性』かもがわ出版、二〇〇九年。
（4）渡辺治『「豊かな社会」日本の構造』旬報社、一九九〇年。
（5）詳しくは渡辺、前掲『憲法9条と25条・その力と可能性』。
（6）この点、渡辺、前掲『日本国憲法「改正」史』八九ページ以下。
（7）水口宏三『安保闘争史——ひとつの運動論的総括』社会新報、一九六九年。
（8）この経過、渡辺治「総論・高度成長と企業社会」渡辺編『日本の時代史27　高度成長と企業社会』吉川弘文館、二〇〇三年所収。
（9）水口、前掲『安保闘争史』、一二四ページ以下。
（10）中曽根康弘『天地有情——五十年の戦後政治を語る』文藝春秋、一九九六年。
（11）渡辺治「保守支配の構造」『岩波講座　日本通史20　現代1』岩波書店、一九九六年。
（12）岸信介ほか『岸信介の回想』文藝春秋、一九八一年。
（13）以下、さしあたり、渡辺、前掲『憲法9条と25条・その力と可能性』を参照。
（14）密約については、豊田祐基子『「共犯」の同盟史——日米密約と自民党政権』岩波書店、二〇〇九年。
（15）この点、渡辺治『講座現代日本1　現代日本帝国主義化』大月書店、一九九六年を参照。
（16）詳しくは、渡辺、前掲『講座現代日本1　現代日本帝国主義化』。
（17）詳しくは、渡辺治『政治改革と憲法改正——中曽根康弘から小沢一郎へ』青木書店、一九九四年。
（18）詳しくは渡辺治『日本の大国化とネオ・ナショナリズムの形成——天皇制ナショナリズムの模索と隘路』桜井書店、二〇〇一年。
（19）同前、第四章。

(20) 渡辺治『構造改革政治の時代——小泉政権論』花伝社、二〇〇六年。
(21) 詳しくは渡辺治『安倍政権論——新自由主義から新保守主義へ』旬報社、二〇〇七年。
(22) 和田進『戦後日本の平和意識——暮らしの中の憲法』青木書店、一九九七年。
(23) 九条の会につき、さしあたり、渡辺、前掲『憲法9条と25条』。

■平和と和解の思想のために《文献案内》

豊田祐基子『「共犯」の同盟史——日米密約と自民党政権』岩波書店、二〇〇九年

本書は、戦後保守政治を、日米の密約の歴史として、本論文とちょうど真裏の立場で、描いた労作である。本論文が対象とした保守政治がどんなに、密約に固執し、国民に日米同盟の真実を隠そうとしてきたかがわかる。しかし、なぜ政府が、かくまで密約にこだわったか本書はその問いに答えられていない。その秘密を解くには、本書がまったく無視している国民の運動という要素を加えて考えないといけない。

中曽根康弘『天地有情——五十年の戦後政治を語る』文藝春秋、一九九六年

本書は、本論文が扱った戦後政治のほぼすべての時代を政治家として過ごした中曽根康弘の回顧録である。彼は、政治家人生を反米ナショナリストとして出発するが、六〇年安保闘争に衝撃を受けて、保守政治の転換を主張し、九〇年代には日本の軍事大国化を主張する。そういう点で、中曽根康弘は、本論文が扱った戦後保守政治の展開をみずから歩んだ政治家でもある。中曽根は過去に、何冊も自伝を書いているが、本書が一番、中曽根の人生を、よく語っている。

和田進『戦後日本の平和意識』青木書店、一九九七年

本書は、戦後日本を貫いている平和主義の独特のありようを、日本国憲法と平和運動という二つの視点から解明した労作である。本書は、その点で、豊田祐基子の先の著書の視点とも本論文の視点とも対照的な視点から、戦後日本の「平和」のありようを照射している。

II

第6章
戦争プロパガンダとナショナリズムの限界
一八世紀フランスにおけるイギリス像

森村敏己

はじめに

一九世紀のヨーロッパで本格的に推進された近代ナショナリズム形成の起源はしばしばフランス革命に求められてきた。政治的、社会的な変革だけでなく、文化的な革新をも目指したフランス革命が、革命祭典やパンテオン、教育制度、徴兵制、言語的統一などの手段を通じて、意識的に「国民の創造」とナショナリズムの高揚を図ろうとしたことは事実である(1)。その一方、近年では革命以前にまでナショナリズム形成の起源をさかのぼろうとする研究が見られる(2)。しかし、ナショナリズムの起源をこれまでより数十年早く設定したことにのみこうした研究の意義を求めるのは誤りであろう。あるイデオロギーの系譜を時代をさかのぼってたどること自体は難しいことではない。それよりも、同じイデオロギーであっても、異なる歴史的条件の下ではその影響力の範囲や実効性などに差異があることに注目すべきだと思われる。そうすることで私たちは一見強固に見えるイデオロギーが持つ歴史的性格に敏感になり、また、そうしたイデオロギーの限界を論じることも可能となるのである。

こうした観点から、ここでは一八世紀フランスにおけるイギリス像と、イギリスへの対抗意識を梃子とした「フランス国民意識」の問題を取り上げることで、国民国家以前の時代における戦争とナショナリズムの関係を考えてみたい。

1　戦争の条件

本題に入る前に、一般的な議論として以下の点を確認しておこう。国家が戦争を遂行するためにはさまざまな経済的・政治的な条件はもちろんだが、いわば道徳的な条件も必要となる。この章ではそうした条件として二つの問題を取り上げることにする。

自己と他者との区別

一つは「殺すことの正当化」である。戦場で戦う相手も自分と同じ人間であり、そして同じ人間である限り自分と同様にかけがえのない存在であるなどと思っていては人は殺せない。相手の家族が陥る不幸や悲しみを想像することもやはり戦闘行為の妨げになるだろう。当然、こうした思いに妨害されることなく殺人を実行するには、「殺す」という行為を正当化する必要が生じる。そのために用いられるもっともありふれた方法は、「われわれ」と「われわれでないもの」の間に線を引いて区別することだろう。こうして自己と他者、自分たちと他人たちを区別する動きが、とりわけ戦争プロパガンダにおいては明確に現れることになる。このような区別を表すための言葉は、「外国人」、「異民族」、「異教徒」、「異人種」など多様ではあるが、要するにわれわれとは異なる人間であることを意味している。さらにそこにはわれわれよりも「劣る」他者、または「悪しき」他者といった含意がある。

このような他者表象はカリカチュアなどを用いて視覚的に表現されることも多い。日本について言えば、第二次世界大戦時、アメリカ、イギリスを鬼畜米英と呼んで嫌悪するプロパガンダがおこなわれた。鬼畜という呼称は言うまでもなく人間より劣り、かつ、邪悪な存在であることを意味している。一方のアメリカ側も、日本人をアメリカ兵よりもずっと小柄で、猿に近い顔つきで描いたが、ここにも人間以下の連中という含みがある。また一九世紀から二〇世紀にかけてドイツの新聞に登場するユダヤ人は、わし鼻で、ずる賢そうな顔つきをし、金に汚い、という決まり切ったパターンで描かれることが多い。そうしたカリカチュアライズが繰り返される中で、ユダヤ人イメージは視覚的にも固定されていく。こうして意図的に高められていく反ユダヤ感情がナチスによる迫害と深くかかわっていることは明らかだろう。もう一つだけ例を挙げれば、一九世紀にアイルランドがイギリスからの独立、もしくは自治の獲得を求めて運動していたとき、イギリスの保守系新聞は、アイルランド人を毛むくじゃらで、何をしでかすかわからない、暴力的で物騒な連中として描きだした。ひとことで言えば、アイルランド人はわれわれアングロサクソンとは違う野蛮なケルトだ、というのである。(3)

ここで重要なのは、彼らはわれわれとは違う者たちだと強調することが「われわれ」の一体性を高める効果を持つということだ。言いかえれば、敵をつくることが自分たちのアイデンティティを強化するための手段として機能する。われわれは仲間だということと、あいつらは仲間ではない、排除してもいい、場合によっては殺してもいいということはしばしば結びついているのである。

「祖国のために死ぬこと」

もう一つは「祖国のために死ぬこと」という概念である。これについてはまさに「祖国のために死ぬこと」というタイトルの有名な研究がある。以下ではこの研究によりながら、この概念の変遷を整理しておこう。著者であるエルンスト・カントロヴィッチによれば、この概念は非常に古い歴史を持っているが、要は、祖国のために戦場で命を捨てることが最高の道徳的価値を持つ行為であるとする倫理的な命令を表していると理解すればよい。こうした命令が行きわたり、一定の効力を発揮しない限り、戦争に人々を動員するのは難しい。もちろん、勇気や雄々しさといった軍事的な性質を称えたり、軍人の社会的な地位を高める動きもこれに関係すると言っていいだろう。

もちろん「祖国」とはいってもその意味は時代とともに変化する。古代ギリシャ、ローマの時代であれば、祖国はほぼ国家と同義で用いられていたと考えてよいが、ただし、それは現在のような領域国家ではなく、ポリスと呼ばれる都市国家である。ローマものちに大帝国になったとはいえ最初は都市国家として出発している。

国家という言葉が近代国家をイメージさせるために誤解を招きやすいとすれば、政治共同体と言いかえてもいいだろう。古代のポリスにおいては、同一の統治に服し、ともに生きる同朋を祖国と呼び、そのために命を捨てることは崇高な行為とされていたという。現在の民主主義とはまったく異なり、市民として政治的権利を認められたのは奴隷ではない成年男子に限定されていたが、そうした古代民主制であっても、市民みずからが統治の主体である限り、市民の道徳的資質が政治のレベルを左右する。つまり、公徳心に欠け、私的利害のみを追求する市民ばかりで構成される政治共同体は健全に機能するはずがないと考えられた。そのため、公共精神の涵養が重視されることになるのだが、ポリス同士の戦争が絶えないという状況の中で、その表れの一つとして重視された概念が祖国愛、つまり祖国のために命を捨てるという行為の美化であった。

その後、西ローマ帝国が消滅して中世になると祖国の意味も変化する。中世ヨーロッパの精神生活において強い影響力を持ったキリスト教の考え方にしたがえば、現実の世俗的な国家が持つ意義など二次的なものにすぎず、本当に重要なのは「イエスの王国」、つまり死後の世界だとされる。言いかえれば、信仰を通じて天国に入ることにこそ価値があるので、世俗の国家のために尽くすことは本質的な問題ではなくなる。したがって、キリスト教においては、天国に入るために命を捧げる殉教が崇高な行為である一方、世俗的な政治共同体のために死ぬことには高い道徳的な価値が認められなかった。それに対応するかのように、日常的に用いられる場合の「祖国」という言葉も自分が住んでいる地域を意味する程度のものに縮小する。また、戦争は絶え間なくおこなわれていたが、その動機は個人的な名誉、あるいは実益であり、国家のために命を捨てることの意義は中世の前半期にはきわめて小さなものとなっていった。

ところが一二～一三世紀になると、国家の重要性が復活する。当時、国家を一つの有機体に見立て、国家は神秘的な生命体だとする言説が力を持つようになったのである。そして、この神秘的生命体は個々の構成員より上位の存在であり、また、国家と、その国家を体現する国王のために死ぬ人間は、神のために戦う十字軍兵士と同じく殉教者であると主張された。いわば、本来は世俗的な装置にすぎない国家が宗教的な意味合いを帯びることで、国家のために命を捨てることは殉教と同じレベルにまで引き上げられたのである。十字軍への参加を呼びかける司教たちは、聖地奪回に努めることで罪は消滅し、天国が約束されるという宣伝を盛んにおこなったが、王が騎士たちを戦争に動員するときにも同様のロジックが用いられるようになった。

百年戦争の時代、この動きはさらに加速する。当時、イギリス軍に攻め込まれ、国の北部を支配されていたフランスでは、敵であるイギリス人を排除することが祖国フランスに仕える道だとされたのである。神の命を受けて王太子シャルルを助け、イギリス軍と戦った救国の少女ジャンヌ・ダルクは、こうした祖国愛と宗教的神秘主義を体現した人物として登場する。さらに一五～一六世紀には、祖国、神、王はますます一体化し、命を捧げるべき対象であるとする見解が強化されたという。

その後は、再び宗教と国家は分離する傾向にあるが、分離したからといって、「祖国のために死ぬ」ことを美化する考えがなくなったわけではない。一九世紀になると国民国家が命を捧げるべき祖国として登場する。もちろん、祖国はかならずしも国民国家である必要はない。エスニックグループやなんらかの信仰集団も祖国たりえるだろう。問うべきは、何が祖国であるかではなく、みずからを「祖国」または祖国に類するものと位置づけ、そのために命を捨てることが崇高な行為であるというイデオロギーを流布する集団や組織が存在すること自体である。

2　フランス・ナショナリズムと国民国家

先述したように、近代ナショナリズムの起源がフランス革命に求められてきたこともあって、フランスはナショナリズム形成の典型的な事例として持ち出されることが多い。そこで、一八世紀の例を取り上げる前に、典型的とされる一九世紀フランスにおけるナショナリズムと国民国家形成を確認しておきたい。

第三共和政

フランスにおいて近代的な国民国家形成を推進する上でもっとも重要な役割を果たしたのは一八七一年に始まる第三共和政である。この体制は、対外的には普仏戦争における敗北、国内的にはパリ・コミューン弾圧という二つの大きな傷を背負ってスタートした。言うなれば、敗戦による国際的威信の失墜と国内における分裂と流血の記憶からこの政体は始まったのである。大国意識の強い当時のフランスにとってプロイセンに敗れたことは大きな衝撃であった。実際には一八世紀からすでに強国であったとはいえ、フランスから見ればヨーロッパの東の端に位置する辺境の国プロイセンに打ち負かされ、そのうえドイツ皇帝となったプロイセン国王の戴冠式がヴェルサイユ宮殿で挙行されたのである。この屈辱的な経験はフランスのナショナリズム形成のうえで重要な要因となった。

一方、フランス国内は激しい党派対立に揺さぶられており、共和派がつくった政権は当初、脆弱なものであった。こうした事態を乗り切るために、政府はナショナリズムをかき立てることで、国内の統一を成し遂げようと図る。そのために利用されたのが対独復讐を叫ぶプロパガンダである。憎きドイツに復讐をし、奪われた領土を回復するというスローガンは、当時の国民の心を捕らえ、フランスのナショナル・アイデンティティを強化するうえで有効だとされたのである。

アルザス

その際、ドイツから取り戻せ、とされたのはドイツとフランスの国境付近に位置するアルザス地方である。文化的・言語的にはもともとドイツの一部といってよい地域だが、一七世紀にフランスが併合して以来、フランス化が進められていた。普仏戦争で敗北することで、この地は二〇〇年ぶりにドイツに奪い返されることになった。一八七三年に発表されたアルフォンス・ドーデの小説『最後の授業』の舞台はこのアルザスである。(5) ドイツ領となったアルザスではすべての授業はドイツ語でおこなわれる、フランス語で授業をしてはならないという通達がドイツ政府から届く。それを受けてフランス人の教師は泣く泣く教壇を去るのだが、その際、いかにフランス語が美しい言語であり、いかにフランスがすばらしい国であるかを生徒たちに伝え、祖国の一部をもぎ取られて、母国語を使えなくなる悲しみを切々と訴えるのである。もともとがドイツ語地域であり、二〇〇年前に武力で征服したアルザスのドイツへの併合を悲劇と見ることの是非は問わないとしても、この小説が当時のフランスのナショナリズムをよく表現していることは確かである。アルザスの奪回という悲願は第一次世界大戦により実現し、その後、この地は第二次世界大戦時にまたもナチス・ドイツに奪われ、ドイツの敗北で再びフランスに戻るという歴史をたどる。現在では、こうした対立の地であったことを逆に利用して、アルザスの首府であるストラスブールには欧州議会など欧州連合にかかわる機関が置かれ、ヨーロッパの和解と統合の象徴として機能しているが、一九世紀においてはこの地は完全に対独復讐のシンボルだったのである。(6)

歴史教育

教育制度の整備やメディアの意図的な活用もこの時代に本格的に始まった。その目的はフランス国民に相応しい集合的な記憶をつくり上げ、それを浸透させることでナショナル・アイデンティティを形成することであった。つまり、われわれフランス人は同じ過去を持つ仲間であり、そして未来を共有する運命共同体だというイデオロギーの強化が目指されたのである。(7)

フランスという国名の起源にもなっているフランク王国が成立するのは五世紀末だが、その領土はかならずしも現在のフランスと地理的に重なっているわけではないし、その地に居住する民族が多様であったことは言うまでもない。また、民族という概念はそもそも流動的であり、それを構成する人間はつねに変化する。このため、たとえば同じフランク人を名乗っていても、異なる時代の二人のフランク人の間に血縁的なつながりがあるとは限らない。つまり自然科学的に見た場合、同じ民族に属するということの意味はあいまいであり、むしろ、特定の民族名を名乗ることは自分たちの集団的アイデンティティの強化のための手段であると考えるべきだろう。フランク王国という起源に発し、民族的にも文化的にも統一された共同体が、五世紀末から現代に至るまで途切れることなく続いてきたという言説はフィクションにすぎないのだが、このフィクションがナショナル・アイデンティティのためには必要とされたのである。

時代をさかのぼれば、ドイツとフランスとの間の国境など存在しないことは自明である。そもそもドイツやフランスという概念自体が歴史上の特定の時期になってようやく成立するのだが、教科書では、あたかもフランスはフランスとして当初から存在していたかのような歴史が教えられた。言うまでもなく、その目的はフランス・アイデンティティの強化を通じて、ナショナリズムを高めることであった。小学校、中学校から大学に至るまで、歴史学が教育に組み込まれたのはこの時代である。大学では歴史学講座が設置され、現在も続いている歴史学の専門誌『史学雑誌』が発行された。ある意味で、近代歴史学はナショナル・アイデンティティの強化という使命を背負って登場してきたのである。

3　一八世紀フランス社会とイギリス像

以上のようにナショナル・アイデンティティの強化とナショナリズムの形成は第三共和政のもとで政府の継続的な政策目標となったが、では、一八世紀にすでに存在するとされる萌芽的なナショナリズムとはどのようなものであったのだろうか。言うまでもないが、一九世紀に生じたのと同じ現象が一八世紀に小規模に起きていたというわけではない。むしろ、一九世紀国民国家とアンシャン・レジームと呼ばれる革命前の一八世紀の社会との差異に着目することで、歴史的条件の違いがナショナリズム運動のあり方を規定することに注目しよう。

アンシャン・レジームの軍隊と戦争

アンシャン・レジーム社会を一九世紀と隔てる要因の一つは身分制と軍事制度の問題である。アンシャン・レジームでは聖職者が第一身分、貴族が第二身分、その他はすべて第三身分に分類される。そして、各身分がそれぞれ割り当てられた本来の役割に専念し、おのおのに固有の方法で国に仕えることが秩序の安定につながるというのが公的なイデオロギーであった。聖職者は信仰と国民の教化によって国に仕え、貴族は武器を手に敵から国を守ることによって国に奉仕し、そして平民は経済活動によって国を支えるのである。

しかし、こうした公式なイデオロギーと現実との乖離は大きく、三身分による社会的分業は実は機能していなかった。現実にはすべての貴族が軍人になるわけではなかったし、逆に、平民出身の士官もめずらしくはなかった。

貴族と軍事との間に距離が生まれた背景には戦争の性質の変化がある。主君の命に応えんと騎士が槍を抱えて馬に乗り、戦場に赴く時代などとうに終わっている。ドン・キホーテは一七世紀初頭ですらすでに笑いものだったのである。戦争の主体は歩兵と火器に移行していた。いくら頑丈で重い鎧を身につけていても、砲弾が一発命中すればおしまいである。

その意味では、個々の貴族の武勇など、勝敗の帰趨を決するうえでたいした問題ではなくなっていても不思議はないが、相変わらず軍を指揮する士官は貴族であるべきとする見解は根強かった。一方、兵士は間違いなく平民である。貴族が兵士になることはありえなかった。すでに述べたように士官の中には平民が入り込んでいるが、これに対する貴族たちの反発は絶えることがなかった。いずれにせよ、戦争を指揮し、前線に立ってサーベルを振るい兵士たちを鼓舞し、突撃命令を下し、自分が先頭になって敵陣に突入するのは士官たる貴族であり、その意味で、貴族の武勇が戦争において重要な要素だという考え方は強固であった。このことを逆から見れば、死を恐れない勇猛さ、戦場での名誉のためにすべてをなげうつ気構えがぜひとも必要なのは士官たる貴族だけだったとも言える。しかも、こうしたメンタリティは君主制国家において貴族が占める特別な地位や国王個人への忠誠心、また家門の誉れといった概念と結びついたものであり、ナショナリズムとは別である。

では軍隊の圧倒的多数を占める兵士はどのような存在であったのか。当時は徴兵制ではなく、志願制をとっていたが、安定した収入を得られる職業を持ち、人並みの生活を送っている人間は兵士になどならないとされていた。当時の文献には、少しでも金のあるブルジョアであれば、息子が兵隊になると聞けば泣いて止めるだろうといった記述も見受けられる。つまり、兵士になるのは社会的底辺にいる人間だとされていたのである。実際、徴募官が志願兵を募り、規定の人数をどうにかかき集めたとしても、兵士の中には点呼が終わるとどこかに消えてしまう連中が少なくなかったという(8)。一八世紀までの軍隊とはそうしたもので、徴兵制度により全国民を兵士とし、国家への忠誠と奉仕を全員の義務とした一九世紀以降の国民国家における軍隊とは異質なものなのである。一八世紀の政府には全国民を戦場に動員できるような組織力も財政力も精神的な支配力も存在しなかった。一九世紀とは歴史的な条件が違うのである(9)。いわば、一八世紀にはすべての国民が「祖国のために死ぬ」ことを要求されることなどなかったのである。

戦争の性質自体も異なる。簡単に言えば、一八世紀半ばまでの戦争は国民の戦争ではなくて国王の戦争である。われらが国王が不当に扱われた、王への忠誠を示すときは今だ、王のために戦えというのがそれまでの戦争プロパガンダだった。たとえば戦争はブルボン家対ハプスブルク家の戦いであって、フランス人対オーストリア人の戦いではなかったのである。

アングロマニア

さらにこの時代、ナショナル・アイデンティティを強化するうえで不都合な要因がもう一つ存在した。それはアングロマニア、つまりイギリスの制度や文化を賞賛し、好む傾向である。当初、アングロマニアという言葉は、「イギリスかぶれ」という意味で、いたずらにイギリスにあこがれる風潮を揶揄するために使われたようだが、やがてはニュートラル、もしくはプラスの意味に転じていったとされる。こうしたアングロマニアはさまざまな分野に見られる現象だが、最初に顕著となったのは思想、哲学や科学といった領域においてだった[10]。

この分野でもっとも代表的な例はニュートンへの高い評価であろう。万有引力の法則は当時、自然科学における最高の成果だとされた。フランスはニュートンの理論を取り入れるのが遅かったとされる国の一つだが、一八世紀の半ば以降には、フランスでもニュートンは完全に自然科学のチャンピオンの地位を獲得する。さらにジョン・ロックの経験論哲学や政治学もフランス思想に大きな影響を与えた。ニュートンが自然科学のチャンピオンであれば、ロックは人文社会科学のチャンピオンだと言ってよいかもしれない[11]。

政治制度においてもイギリスは注目を集めていた。周知のようにイギリスには議会が存在していた。絶対王政下で議会などあるはずもないフランスからすれば[12]、国民の意思を国政に反映させるための装置があるということである。また、権力が国王と議会とに分配されていることで特定の個人や集団への権力集中が阻まれ、それが結果的にイギリスの政治的自由を保証しているとしたモンテスキューの議論は有名であろう。もちろん、イギリスの一八世紀は議院内閣制への移行期ではあるが、現代に比べて国王の影響力は大きく、近代的な意味での民主主義国家というわけではない。しかし、いわゆる名誉革命体制、つまり一六八八年以降のイギリスの政治体制が美化された形で一部のフランス人に理解されたことは確かであろう。

宗教的風土の違いも強調される。イギリスは宗教的寛容が実現している国だとされたのである。一六八五年、フランス政府はプロテスタントに対して信仰の自由と一定の政治的権利を認めたナントの勅令を廃止し、すべてのフランス人をカトリックとすることを目指し、プロテスタントに対する過酷な弾圧をおこなった。その結果、多くの人間が亡命を余儀なくされたが、主要な亡命先の一つはイギリスであった。イギリスにもイギリス国教会があり、非国教徒への差別は存在したのだが、一八世紀には、フランスに比べればはるかに宗教的に寛容な国だとの評判が確立する。

また、イギリスでは言論の自由が保証されているとされた。それによって国民は政治の動向を知ることができるし、国政に対して批判的な意見を述べる自由も存在する。こうしたイギリス像は言うまでもなく、厳しい出版統制によって政府と教会を公に批判することが禁じられていたフランスとコントラストをなすものとして提示されている。[13]

最後に、経済的にも当時のイギリスは最先進国だと認識されている。オランダはすでに最盛期を過ぎ一七世紀後半から衰退を始めており、フランスはイギリスにとって唯一のライバルだったのだが、フランスではイギリス経済に遅れをとっているという自覚が強く、とくに経済問題への関心が高まった世紀半ばにはイギリスの経済思想や経済政策を学ぼうとする動きも顕著になる。

このようにアングロマニアという現象は多岐にわたるのだが、指摘しておくべきはイギリスへの賞賛は、しばしばフランスへの批判として機能しているという事実である。宗教的寛容や政治制度、言論の自由をめぐるイギリス賞賛にはとくにこの傾向が強い。イギリスでの亡命生活を終えたヴォルテールがイギリスの国情を伝える作品『哲学書簡』を匿名でひそかに出版せざるをえなかったこと、それにもかかわらず彼が迫害を受けたことはアングロマニアの政治意味を雄弁に語っていると言えるだろう。[14]

4　七年戦争と反英キャンペーン

このように、さまざまな面でイギリスは見習うべきモデルだとする風潮が広まっており、しかもそれが裏返しのフランス批判となっている状況では、ライバルであるイギリスを敵視することでフランス・ナショナリズムを高めるという動きが生じるとは考えにくい。しかし、こうした状況を変えたのが七年戦争であった。

七年戦争とナショナリズム

この戦争はヨーロッパ内部で見ると、イギリスの支援を受けたプロイセンがフランス、オーストリア、ロシアを相手におこなった戦争であったが、世界史的な観点から考えた場合、より重要なのはインドと北米大陸を舞台とした英仏の植民地争いという側面である。

この戦争に勝利することによってイギリスはインド支配と北米支配を決定的にした。一方のフランスはどうにか西インド諸島を死守したものの、そのほかの地域からは撤退を余儀なくされ、いわば植民地戦略の立て直しを迫られた。

もちろん、しばらくあとにアメリカが独立することで一時的にイギリスの植民地政策は挫折を経験するのだが、長期的に見た場合、このときの勝利が一九世紀の大英帝国の基礎になったと言える。戦いはヨーロッパだけではなく、インド、北米、西インド諸島でもおこなわれ、その意味では世界的な規模の戦争だった。また、このときから、それまでの国王の戦争という言い方に代わって、国民の戦争という言説が登場する。そういった意味で、七年戦争は最初の世界大戦だと見ることも可能だとされる[15]。

これだけ大規模な戦争を繰り広げるためには、莫大な財政的、軍事的な負担が必要になる。そのため、イギリス史研究においては、戦争を続けるための予算を確保する必要上、イギリス政府は租税制度の整備や国債の大量発行などを通じて財政制度の改革を遂行せざるをえなくなり、それが結果的に近代的な財政制度の成立につながったとする解釈が見られる。財政軍事国家論と呼ばれるこうした見解によれば、ある意味で近代国家とは戦争という必要に迫られて、この時代に編み出されたシステムだったということになる[16]。

フランスにおいても事情は変わらない。戦争は莫大な財政負担を必要とし、国民にそれを負担させなければならない。戦場で戦う兵士が大きな犠牲を払うのは当然だが、兵士ではなく、戦場から離れた土地で暮らす一般の市民にとっても戦争は財政の圧迫を通じてさまざまな影響を及ぼす。戦争を遂行するにはこうした犠牲を受け入れさせる必要があるのだが、そのために、敵国に対する憎悪を駆り立てて、ナショナリズムを高めるキャンペーンが、このときから本格的に開始されることになるのである。

イギリスの例

こうした議論を展開している研究の中でもっとも有名なものは、おそらくリンダ・コリーの『イギリス国民の誕生』であろう[17]。オリジナルタイトルは *Britons*。イングランド人、ウェールズ人、スコットランド人ではなく、ブリテン人だという意識はフランスとの戦争を通じて形成・強化されたというのである。

彼女によれば、イギリスの政府やジャーナリズムは、フランスをカトリックが支配する専制国家として描く一方、自国を自由なプロテスタントの国だとすることで、両国のコントラストを強調した。そのうえで、フランス軍がドーヴァー海峡を越えて上陸してきたら、イギリスは壊滅するという恐怖心をかき立てたのである。実際にはフランス軍がブリテン島に上陸することなどなかったのであるが、当時のイギリス人にとってこうした危惧は杞憂とは思えなかった。というのも、イギリスの軍事力の中心は海軍にあり、海軍に関しては世界最強ではあっても、陸軍は規模も小さく整備もされていなかった。逆にフランスは当時、ヨーロッパ最大の陸軍国家であり、もしドーヴァーの制海権をフランスが握り、陸軍を送り込むことに成功したらイギリスに勝ち目はないと考えられたのである。また、この戦争を勝ち抜いたのが結果的にイギリスであったことは、後世の私たちは知っていても、当時の人々にわかるはずはない。このため、フランス軍がイギリスの海岸に大挙して上陸してくるかもしれないという恐怖は十分に現実味を帯びたものだったし、実際に政府はわずかな陸軍兵力を海岸沿いに集中させたりもしたのである。

このようにフランス軍の襲撃に対する恐怖を煽り立て、そのうえでフランスは自由なイギリスと違って、専制的で不寛容なカトリック国だというキャンペーンを盛んにおこなうことで、政府とマスコミは、このブリテン島に住む人間はイングランド人、スコットランド人、ウェールズ人である前に誰もが同じブリティッシュ、つまりブリテン人なのだという意識を植えつけようとした。言いかえれば、フランスという恐ろしい敵国の存在は、国内の統一とナショナリズムの高揚を実現するために最大限利用されたのである。

フランスにおける反英キャンペーン

フランス側も同様のキャンペーンを展開する。フランスでは、宗教の違いを理由にイギリスを非難するロジックは用いられていない。頻繁に用いられたのはイギリス人は野蛮であるという言説であった。それによれば、イギリス人はそもそも暴力的で血を見るのが好きな国民であり、イギリス史とはすなわち内乱の歴史だというのである。また、ピューリタン革命においてチャールズ一世が処刑されたことを取り上げ、イギリス人は国王弑逆をも辞さない凶暴な国民であるとも言われる。このような非難はもちろん、フランスでは国民がこぞって国王を敬愛し、国王もまた国民の幸福のために尽力するという理想的な関係が実現しているというアピールと一体のものであった(18)。こうしたキャンペーンをおこなっていた当時、わずか三〇年あまりのちにフランス人がみずからの国王を処刑することになると想像した者はいなかったにちがいない。

ここで「野蛮」としたのはbarbarieという言葉である。これによく似た意味で「未開」(sauvage)という言葉があるが、野蛮と未開、あるいは野蛮人と未開人は異なる。未開人には、現在は未開であっても、これから文明化する可能性がある。一方、イギリスを非難する文脈で用いられる野蛮人とは、文明を拒否する人間を指している。つまり、イギリス人はヨーロッパ文明を拒否した国民なのである。未開人は一〇〇年後、二〇〇年後はヨーロッパ人のように文明化するかもしれないが、イギリス人はいつまでも暴力的で残虐で、ヨーロッパ文明の中心に位置するフランス人とは異質な人間なのだということが強調される。さらに反英キャンペーンは国内のアングロマニアにも批判を矛先を向ける。イギリス贔屓あるいはコスモポリタニズムを奉じる人々は非愛国的であり、イギリス好きは愛国者ではないという主張が台頭するのである。言うまでもなくこうした言説は、ヨーロッパ文明は普遍的価値を持ち、フランスはその中心にいるとしてフランス・ナショナリズムを高揚させると同時に、それに背を向けた野蛮人こそがイギリス人だという図式をつくり上げていく。

最近の研究によれば、こうしたキャンペーンは当時のフランス外務省がお雇いパンフレット作者に命じて意図的におこなわせていたことがわかっている[19]。事実、戦争が終わるとこの種のキャンペーンはやんだ。ただし、こうしたキャンペーンが、それまでの好意的なイギリス像に対して強力なオルタナティヴを提示したことは確かであろう。それまで肯定的に評価されていた政治的自由は秩序破壊と混乱の原因だとされた。また、出版の自由も民衆を傲慢で反抗的にしている元凶だとされる。すぐれた商業国家であるとの評価に代わって、金がすべてという拝金主義の国だとの見方が台頭する。現代のカルタゴという言い方も登場するが、カルタゴは言うまでもなく古代ローマに滅ぼされた商業国家である。いわば、学ぶべき手本だったはずのイギリスは反面教師となり、それは必然的にフランスの政治・社会体制の正しさを強調することに結びつく。このような否定的なイギリス像は七年戦争後も一定の影響力を持つことになるだろう。

アメリカ独立戦争と反英感情

七年戦争は一七六三年に終結するが、一七七〇年代になるとアメリカ独立が重要な政治問題として浮上し、これが再びアングロマニアに対する逆風となる。自由の国であったはずのイギリスが、植民地の独立を武力で押さえ込もうとする帝国主義的な抑圧者に姿を変えてしまったのである。フランスは深刻な財政危機に苦しんでおり、また介入によって見込まれる利益を考えれば、独立戦争に首を突っ込むのは得策とは思えなかった。しかし、最終的には莫大な戦費を国債発行で賄ってまでフランスは参戦を決める。その背景には、アメリカ独立を支援するために介入を求める世論の盛り上がりがあったが、人々の感情をかき立てたのはアメリカに対するシンパシーであるよりも、むしろイギリスに対する敵意だったと考えられる。

　こうして再びイギリスとの戦争に突入したことによって、イギリスを非難するさまざまな論調が再び吹き出してくることになる。保守的なナショナリストたちは相変わらず、フランスの改革を求める連中は皆イギリス贔屓であり、イギリス贔屓は全員が非愛国的だとのキャンペーンをおこなう。しかし、重要なのは、それまでイギリスに対して好意的だった改革論者、リベラルな人たちでさえイギリス批判を始め、イギリスはかつて考えられていたほどすぐれた国ではないと主張するようになったことである。

　槍玉に挙がったのは、たとえば当時の選挙制度である。実際、議会があり、国民が議員を選ぶとはいえ、選挙区が私物化され当選者が有力者によってあらかじめ決められている腐敗選挙区はめずらしくなかったのだが、こうした選挙区事情が取り上げられ、批判にさらされた。さらに、イギリスは党派争いの激しい国であり、議員たちは国益のためよりも党利党略で行動していると主張された。

　いずれにせよ、イギリスはもはや模範たりえない国だと認識されるようになっていく。その結果、イギリスの自由主義は健全に機能しておらず、あのような国になるために改革をするのでは意味がないとまで言われるようになる。いわば、アングロマニアは、愛国主義と結びついた自由主義によって見捨てられていくのである。

このように、政治的・思想的な面ではアングロマニアは終焉を迎え、その役割を終えた。しかし、実際にはアメリカ独立戦争が終結してもアングロマニアは根強く存続していた。それどころか文化的な側面では一七八〇年代にむしろピークを迎えることになる。具体的には、まずは衣服である。それまでフランスでは非常に様式化され、人為的にシルエットをつくり上げているという印象を与える服装が流行っていたが、一七八〇年代以降には、イギリスの影響を受け、より自然で自由な体の動きを意識した服装に変化していくのである。イギリス風の衣類でもっともブームになったのは乗馬服であろう。細いズボンとブーツ、細身の上着という、馬に乗る際に邪魔にならない格好である。この、本来馬に乗るための乗馬服を着て社交界に現れる洒落者まで登場する。また、お辞儀の仕方などの所作についてもフランスの宮廷社会ではきわめて細かな規則が定められていたが、こうした面でもより簡素で気取りのない振る舞いが人気を呼ぶことになる。これもイギリスの影響である。

さらに、競馬の流行もアングロマニアの一例である。当時はイギリスから馬を輸入するだけでなく、馬の調教師としてイギリス人を雇うのが上層階層の人々にとってステータスとなった。そしてイギリス式庭園の流行。周知のように、フランス式庭園とイギリス式庭園は対照的である。ヴェルサイユに象徴されるように左右対称の幾何学模様を好むフランス式庭に対して、一方のイギリス式庭園は、自然を模し、実際には手をかけて人為的につくり上げながらも、自然そのもののように見えることを重視する。さらにイギリス風の社交クラブもでき、英語を勉強する人間も増える。

七年戦争とアメリカ独立戦争という二度の戦争、さらに言えば第二次百年戦争と呼ばれることになる一七世紀以来のイギリスとの長期的な敵対関係。こうした状況下、一八世紀のアングロマニアは徐々に追いつめられ、ナショナリズムに席を譲ったようにも見えたが、実際にはこうした文化的な面で息を吹き返し、力を取り戻すことに成功していたのである。

おわりに

一七八〇年代に流行したアングロマニアはある意味では取るに足らないことばかりにも見える。少なくとも、科学、哲学、宗教的寛容、政治機構や言論の自由など、かつてイギリスをもてはやした理由とは性質が異なるのは確かであろう。

しかし、こうした現象を取るに足らないとして切り捨てるべきではないだろう。それはむしろ、長い間続いたイギリスとの対立関係という状況にもかかわらず、一八世紀の政府には国民をナショナリズムに向けて徹底して動員する能力が欠けていたことを示しているのである。最初は外務省の主導のもとに、敵国イギリスをおとしめてフランス・ナショナリズムを覚醒させるためのキャンペーンが展開され、それが国民の間に浸透した。次に、アメリカ独立戦争がその動きを促進するにつれて、イギリスはもはや学ぶべき模範ではなくなり、リベラルな人々までもがイギリス批判に転じた。それは確かである。にもかかわらず、上流階層の人々はイギリス人を雇い、イギリス風の庭をつくり、イギリス風の服装をし、イギリス風の振る舞いを好んでいたのである。

いわば、官製ナショナリズムとそれに影響された知識人のナショナリズムは、文化面では国民の意識を支配することに失敗したのである。より体系的で徹底したイデオロギー操作を実施した一九世紀以降の国民国家とは違って、当時の国家によるナショナリズム形成は未熟だったとも言えよう。それでも、敵国をつくり上げて憎悪をかき立てようとするイデオロギー戦略に対して、意図的ではないにせよ、ある種の抵抗、抗議、不服従はたしかに存在したのである。

残念ながらフランス革命期にまたもイギリスとの戦争が始まると、さらに徹底した排外主義的キャンペーンがおこなわれる。冒頭で述べたように、フランス革命は文化をも改革しようとした革命であった。しかし、少なくともフランス革命の直前には、政府やマスコミがコントロールできない「文化」が、反英プロパガンダやナショナリズム高揚キャンペーンに対して静かな抵抗をおこなう一つの領域を形成していたと言えるのではないだろうか。

一見取るに足りない分野に後退したかに見えるアングロマニアは、文化という領域でイデオロギー操作をかいくぐり、生き延びたのであった。

注

（1）フランス革命期に推進された諸制度についてはさしあたり、フランソワ・フュレ、モナ・オズーフ編『フランス革命事典（Ⅰ・Ⅱ）』河野健二・阪上孝・富永茂樹監訳、みすず書房、一九九五年。

（2）フランスに関する代表的な研究としては、David A. Bell, *The Cult of the Nation in France: Inventing Nationalism, 1680-1800*, Harvard University Press, 2001. もちろん、「ナショナリズム」という言葉をどのように定義するかによって、このような起源探しは際限のないものとなる可能性があるが、ここでは、国民とは同じ利害・感情・集合的記憶を共有し、祖国愛や愛国心と呼ばれる情緒的な絆で結びついた集団であり、そうしたものとして自覚された国民が国家を形成する基盤であるとするイデオロギーを政治的に生み出し、強化しようとする運動だと理解しておくことにしたい。なお、ナショナリズムを論じた研究は多いが、論点を明確に整理した最近の研究としては、オリヴァー・ジマー『ナショナリズム　1890―1940』福井憲彦訳、岩波書店、二〇〇九年。

（3）小関隆『プリムローズ・リーグの時代――世紀転換期イギリスの保守主義』岩波書店、二〇〇六年。

（4）エルンスト・カントロヴィッチ『祖国のために死ぬこと』甚野尚志訳、みすず書房、一九九三年。

（5）この作品は『月曜物語』桜田佐訳、岩波文庫、一九五九年に収録されている。

（6）アルザスをめぐる問題については、ジャン＝マリ・マユール「アルザス」ピエール・ノラ編『記憶の場1』谷川稔監訳、岩波書店、四三五―四六六ページ。および内田日出海『物語ストラスブールの歴史――国家の辺境、ヨーロッパの中核』中央公論社、二〇〇九年。

（7）こうした集合的記憶がアイデンティティ形成に果たす役割については拙稿「歴史研究における視覚表象と集合的記憶」森村敏己編『視覚表象と集合的記憶――歴史・現在・戦争』旬報社、二〇〇六年、一九―四八ページ。

（8）二宮宏之「フランス絶対王政の統治構造」『全体を見る眼と歴史家たち』木鐸社、一九八六年、一一二―一七一ページ。（『フランス　アンシアン・レジーム論――社会的結合・権力秩序・叛乱』〈岩波書店、二〇〇七年〉にも再録）

（9）身分制社会における軍隊と近代国家における軍隊については、阪口修平・丸畠宏太編『シリーズ・近代ヨーロッパの探求12　軍隊』ミネルヴァ書房、二〇〇九年。

（10）アングロマニアについては、Josephine Grieder, *Anglomania in France 1740-1789: Fact, Fiction, and Political Discourse*, Droz, 1985を参照。

（11）啓蒙時代のフランスにおけるニュートンの影響については、ピーター・ゲイ『自由の科学――ヨーロッパ啓蒙思想の社会史2』中川久定・鷲見洋一ほか訳、ミネルヴァ書房、一九八六年、第三章、および川島慶子『エミリー・デュ・シャトレとマリー・ラヴワジエ――18世紀フランスのジェンダーと科学』東京大学出版会、二〇〇五年。

（12）Parlement というまぎらわしい名称の機関は存在したが、これは国王の立法権に対して一定の制約を課す権限を持っていたとはいえ、基本的には裁判所であった。

（13）現実には出版統制には抜け穴があり、さまざまな非合法な手段を用いて政府や教会への批判はおこなわれていた。当時のフランスにおける出版統制や禁書については、ロバート・ダーントン『革命前夜の地下出版』関根素子・二宮宏之訳、岩波書店、二〇〇〇年、および『禁じられたベストセラー――革命前のフランス人は何を読んでいたのか』近藤朱蔵訳、新曜社、二〇〇五年。

（14）ヴォルテール『哲学書簡・哲学辞典』中川信・高橋安光訳、中央公論社、二〇〇五年。またヴォルテールとイギリスの関係については、小林善彦『「知」の革命家ヴォルテール――卑劣なやつを叩きつぶせ』つげ書房新社、二〇〇八年、第三章。

(15) 七年戦争および一八世紀における英仏の対立全般については、Jeremy Black, *Natural and Necessary Enemies: Anglo-French Relations in the Eighteenth Century*, Duckworth, 1985.

(16) 財政軍事国家論については、ジョン・ブリュア『財政＝軍事国家の衝撃――戦争・カネ・イギリス国家1688–1783』大久保桂子訳、名古屋大学出版会、二〇〇三年。

(17) リンダ・コリー『イギリス国民の誕生』川北稔訳、名古屋大学出版会、二〇〇〇年。

(18) 一八世紀フランスにおけるイギリス批判については、Frances Acomb, *Anglophobia in France 1763–1789: An Essay in the History of Constitutionalism and Nationalism*, Duke University Press, 1950.

(19) この点、および七年戦争時の反英キャンペーン全体については、David A. Bell, "Jumonville's Death: War Propaganda and National Identity in Eighteenth-Century France", in Colin Jones and Dror Wahrman ed., *The Age of Cultural Revolutions*, University of California Press, 2002, pp. 33–61.

■平和と和解の思想のために《文献案内》

エルネスト・ルナンほか『国民とは何か』鵜飼哲ほか訳、インスクリプト、一九九七年

ルナンとフィヒテという、それぞれフランスとドイツの国民概念を代表する二人の思想家の議論を提示したうえで、それが含む問題点を分析した論集。とくに、しばしば誤解されてきた「国民とは日々の人民投票である」というルナンの言葉を再検討することで、国民国家の構築性が明らかにされている。

ジョージ・L・モッセ『英霊——創られた世界大戦の記憶』宮武実知子訳、柏書房、二〇〇二年

戦争と国民国家の関係を戦没者崇拝という観点から検討した作品。それまでの戦争とは比較にならない死者を記録した第一次世界大戦ののち、戦没者を英霊として崇拝することで国家が国民を戦争に動員し、総力戦を可能としたプロセスを解明する。

パトリック・J・ギアリ『ネイションという神話——ヨーロッパ諸国家の中世的起源』鈴木道也ほか訳、白水社、二〇〇八年

現代の民族対立の起源を中世に求め、特定の日付・年代を特権化することでみずからの要求を正当化し、対立する民族の権利を否定しようとする言説が、いかに歴史的に根拠を欠いたものであるかを論証した中世史家の作品。民族という概念が歴史的にはほとんど意味を持たないことがわかる。

第7章
自然のシンボルと戦争
ルーズベルト政権におけるCCCを事例に

寺崎陽子

はじめに

一九四五年八月六日、当時のアメリカ大統領ハリー・トルーマンは、広島に投下した爆弾について、次のような声明を出した。

これは原子爆弾である。宇宙の基本的な力を生かしたものである。太陽がその力の源とするエネルギーは、極東に戦争をもたらした者たちのところに放たれた(1)。

太陽の力と原子爆弾を結びつけて語ること。こうした「自然の利用」は、平和と和解の思想を考えるうえで、どのような問題を提起するだろうか。本稿では、自然へのまなざしから、いかに戦争と平和が語られるのかを考えてみたい。そのために、一つの事例として、一九三〇年代から四〇年代のアメリカ合衆国を取り上げる。二つの大戦の間にあった緊迫した世界情勢の中で、アメリカでは「自然」が政治の場に登場するようになり、社会システムの中に組み込まれるようになっていった。「自然」は国民に労働を与えるものとして、大規模な森林整備事業が進められたのである。しかし、それは「自然」が国家のプロパガンダの中に取り込まれ、国家の威信や、国家のために戦う大義として持ち出されるきっかけともなった。

二〇世紀が「戦争の世紀」であったとすれば、二一世紀は「環境の世紀」であると言われる。自然環境とどう向き合うかが問われている今、「戦争の世紀」において人間がどのように自然を扱ってきたのかを振り返りたい。

1　自然にあこがれて

アメリカの自然思想の源流には、一九世紀の思想家ヘンリー・ディヴィット・ソロー（一八一七―六二）がいる。アメリカの知識人は、自然について何かを言及しなければならないとき、ソローの言葉を引用してきたし、おそらく、これからもそうするだろう。文明社会を問うソローは、自然に対する深い洞察から、自己を見つめ、自由や国家のあり方について語り、そして奴隷制を擁護する政府に強く抵抗した。そうしたソローの著述は、今日の環境運動にとどまらず、アメリカ市民社会の精神の礎となっている。しかし、ここで問題としたいのは、ソローの自然思想そのものではない。重要なことは、何かを語るとき、自然が「参照先」となったことである。のちに自然は、「思慮深く生き(2)」ようとしたソローの手からは離れ、愛国心を煽動する象徴として現れたり、武力による破壊を容認する根拠として引き合いに出されたりするようになった。どのような伝統の継承が、こうした事態を招いたのか。まずここでは、ロマン主義的な自然思想をアメリカにおいて「具体化(3)」したソローについて概括しておきたい。

ソローはアメリカが独立を果たし、大きく変わろうとしていた一九世紀に生まれた。イギリスによる支配から解放されたアメリカが、自由や個人の尊厳を求めて、政治や社会の改革を図るだけではなく、民主主義の精神を支える新しい文学や芸術、独自の思想や哲学を探求していたときであった[4]。そうした時代の中で、ソローは自然に対する思索から、自己の精神の確立を試みたのである。

おそらくソローの著作の中でもっとも読まれているのは、森での独居生活を綴った『森の生活』（一八五四年）だろう。ソローは森での体験についてこんな言葉を残している。

森で道に迷うということはそれがどんな時であっても、びっくりするような、そして印象的な、また貴重な体験となる。……完全に道に迷ってしまって初めて……私たちは自然の広大さや異質さを悟るのだ。……道に迷ってしまって初めて、言い替えればこの世界を見失ってしまって初めて、私たちは自分自身を見つけるようになり、自分たちは一体どこにいるのかということや、自分たちの関係が無限に広がっていることがようやくわかり始めるのである[5]。

ソローにとって自然の中にいることとは、固定観念にとらわれたり、誰かに支配されたりすることなく、自己の内的で観念的な世界を生きられることであった。商業の精神を嫌い、文明社会を問うソローは、自然にあこがれ、自然に自由で野生的であることを重ねることで、自分自身と向き合おうとしたのである。こうしたソローの自然回帰の思想は、ルソーに代表される反啓蒙の思想を、アメリカの地にもたらすものであった[6]。近代がつくり上げた「社会的なもの」が人間を苦しめていると考え、その対極にあるものとして、無垢な自然にあこがれ、自然こそが聖なるものと考えるのである。つまり、文明社会と比較したときの、自然の神聖さをアメリカに持ち込んだのであった。

そしてさらに、ソローの自然思想は、彼が奴隷制に反対するために人頭税の支払いを拒否し、投獄されるという事件によって、アメリカが求める民主的な市民社会の精神とも深く結びついた。彼は、このときの経験をもとに執筆した『市民の反抗』(一八四九年)の中で、個人を「国家よりも高い、独立した力」として認めることを求めた。(7) 政府とは「ひとつの方便」にすぎず、ましてや多数者が支配する政府に正義があるわけではないとする。(8) そして、「多数者が、事実上、正、不正を決定するのではなく、良心がそれを決定する」ことを求め、必要であれば、国民は良心を持って政府に抵抗する義務があることを説いた。(9) このエッセーは、のちに市民的不服従を実践したガンジーやキング牧師にも影響を与えた著述として語り継がれることとなる。しかし、ここで強調したいのは、こうしたソローの自然思想が、いかに今日におけるアメリカ市民社会の精神に影響を与えているか、ということだけではない。むしろ、その一方で、彼の言葉が浸透度を深めるほどに、彼によって抽象化され、神聖化された自然が政府のプロパガンダに利用されていったことを問題としたいのである。ソローは、こんな言葉も残している。

私は信じている、私たちがもっと想像的になることを。それはつまり、思想がこの国の空のように澄みわたり、より新しく、より霊妙になり、知力はこの国の平原のようにもっと包括的で広範なものとなり、知性はこの国の雷鳴や稲妻、川や山や森のように、総じて雄大なスケールとなり、そして心は、その大きさと深さと壮大さにおいて、この国の内海の深遠に匹敵すると。……そうでなければ、世界は何のために存続しているのか、そして、なぜアメリカは発見されたのだろうか。(10)

ソローは、自然に対する思索から文明社会を批判しただけではない。自然に対する畏敬の念と、そこから導き出された自由や野生の精神をよりどころとしながら、アメリカの民主主義の精神も雄弁に語り、野性的な自然をアメリカの誇りとして高めたのである。そのことがソローの自然思想を特徴づけており、彼が今日においても広く語りつがれるゆえんだろう。しかし、こうした自然の抽象化は、ともすれば戦争の大義として、象徴的に自然を語ること、そして、あたかもそこに真理があるような語りを可能にさせるのではないだろうか。冒頭のトルーマンの言葉を思い出してほしい。彼は原子爆弾を太陽の力と表現し、その力によって「極東に戦争をもたらした者」が攻撃されたと述べている。それではまるで、あのとき広島が自然の摂理によって破壊されたようではないか。本稿が問題としたいのは、まさにこうした自然を用いたレトリックによって、戦争と平和が語られるということである。これから見ていく一九三〇年代から四〇年代にかけてのアメリカでは、大自然が国家の象徴として国威発揚の中に取り込まれていった。そして、それは市民の「軍事化」とも考えられる政策と連動しながら起きたのである。

2　自由主義の危機

一九三〇年代、深刻な不況を経験していたアメリカでは、自然資源の保全事業によって雇用の創出を図ろうとする政策がとられた。ニューディール政策の中でも国民から絶大な人気があり、また、ルーズベルトのペットプロジェクト（みずから立案し、得意とする事業）としても有名な市民保全部隊（Civilian Conservation Corps、CCC）である。CCCは、不況で職に就けない青年たちを、森林保全の公共事業（土砂崩れや森林火災など自然災害の対策、国立公園や州立公園の開発、林業など）に雇い、雇用問題を改善させようとするものであった。CCCはルーズベルト政権が発足した一九三三年から、第二次世界大戦が激化する一九四二年まで続き、およそ三〇〇万人が参加したと言われている。[11]

本稿がCCCに注目するのは、この政策がアメリカにおける自然保護政策の転換点として評価されている一方で、CCCが明らかに「予備軍」の様相を見せていたからである。[12] 次節で詳述するように、CCCが軍事的性格を帯びていることに、懸念を示す国民は存在していた。しかし同時に、防衛といった観点からCCCが役に立つことに関して、政府も国民も理解を示していたと考えられる。どのようにして自然保護と銘打った事業が軍事政策に取り込まれたのか。このことを理解するためには、重要な歴史の転換点として、一九三〇年代にアメリカの自由主義が崩れ、異なる道が選択されたことに触れておく必要があろう。

一九二九年に起きた世界大恐慌によって、アメリカ国内は深刻な不況に陥った。三パーセント程度だった失業率は、一九三三年には二五パーセントにまで達し、国中が苦悩と失望感の中にあった。しかし、大恐慌の直前に大統領に就任したハーバート・フーバーは、深まる不況の原因を国内の経済システムにあるとは考えず、「海外からの附随的偶発的な影響によって一時的な痛手をうけた」ものだと結論づけてしまった。[13] 歴史学者のホーフスタッターによれば、フーバーの経済に対する信条は「真の自由主義《リベラリズム》」であって、「かれは自分が育ってきた比較的に無統制の利潤追求の仕組みを信じきっていた」[14]。彼はアメリカが繁栄を享受した時代しか知らなかったのである。そのために、国民の窮状を前にして、連邦政府の介入は必要ないと判断してしまった。[15] しかしそれとは対照的に、一九三二年の大統領選でフーバーの対抗馬となった民主党のフランクリン・ルーズベルトは、連邦政府による国内の改革を最優先事項として主張し、国家主導で国民の窮状を救うことを約束した。このときルーズベルトの勝利は目に見えていた。フーバーが「固定化した原理で思考」しているとすれば、ルーズベルトは「直観的」に国民の声に応えるようなところがあった。[16] 彼は「つじつまが合わない」ものでも、「政治的には首尾一貫した一つのプログラム」にする「政治的天才」でもあり、そうした「偉大な感受性」が、彼を「国民の不満と救済要求の反響板」としていったのである。[17]

ルーズベルトが選挙に圧勝し、フーバーからルーズベルトへと政権が移行したこと、すなわちアメリカ国民が「真の自由主義」ではなく、政府が直接的に国民を救済し経済に関与することを選択したことは、「アメリカ・ファシズムのさきがけ」[18]であったと議論される時代を生み出すこととなる。ここではこの議論を深めることはしないが、少なくともルーズベルト政権には経済統制によって国家権力を拡大させる中で、国家防衛の名の下に軍需生産を拡充させ、国家権力と独占資本を結合させた時期があったことは明らかである。[19]彼が実際に国家防衛をどう捉え、第二次世界大戦への参戦に積極的であったのかどうかは、ここでは大きな問題ではない。なぜなら矛盾をものともせず、国民の期待に応えていくルーズベルトの政治姿勢は、つねに両義的な側面を持ち、その言動はたびたび変動していたからである。重要なことは、緊迫した世界情勢の中で、国家の統制と軍事力の強化が図られたことである。「自然」は、このルーズベルトの時代を下支えする資源として、そして、その風景は郷愁的な国家の象徴として、政府のプロパガンダの中に取り込まれていくのである。

3　自然と愛国の精神

一九三三年三月二一日、ルーズベルトは大統領に就任すると、すぐにＣＣＣの承認を求め議会に文書を送った。その内容は翌日の『ニューヨーク・タイムズ』にも掲載された。

私は市民保全部隊をつくり、単純労働に使うことを提案する。一般の雇用を邪魔することなく、森林管理、土壌浸食の防止、洪水の制御、またそれらと類似する事業に限定する。……私は、われわれの貴重な自然資源を保全する。現在と未来の世代に、利益をもたらすことになるだろう。

しかしながら、物質的な利益よりも重要なことは、そうした労働の道徳的かつ精神的価値である。いま街を彷徨い、私的ないし公的救済を受けている失業中のアメリカ国民の圧倒的多数は、大いに働きたいと思ってることだろう。私たちは、こうした失業者の大軍（vast army）を健全な環境に連れて行くことができるのである。[20]

CCCはルーズベルト大統領肝いりの政策であった。どのようにして、CCCの発想が彼の中で出てきたのかは議論の余地[21]があるが、ルーズベルトは妻の叔父であるセオドア・ルーズベルト大統領と同様に自然愛好家であったし、ニューヨーク州知事時代に、すでに似たような政策を実践していた。[22]また、彼が「大軍」という言葉を用いたことは偶然ではない。もともと、自然資源の保全や開発のための事業は、陸軍工兵隊の役割であった。さらに、ルーズベルトはボーイスカウト運動の支援にも積極的に参画していた。[23]それゆえ、自然環境の中で規律正しい集団生活をすることを、軍隊と結びつけて考える、という彼の発想は驚くに値しないだろう。また、欧州のいくつかの国でもこの時期にCCCと類似する政策がとられていた。[24]

CCCは原則として一八歳から二五歳までの失業中の独身男性に参加資格があり、一つのキャンプ施設には二〇〇名ずつ配属され六カ月間任務についた。支給額は月三〇ドルで、五ドルを手元に残し、あとは家族に送金することが義務づけられていた。また、CCCを管轄するのは、労働省、内務省国立公園局、農務省林野局、そして陸軍省の四つの機関であった。労働省は参加者の登録を管理し、国立公園局や林野局は仕事内容を監督し、そして陸軍省は生活全般の管理を担当した。[25]

発足当時のCCCは、陸軍工兵隊のキャンプ地をそのまま使用し、しかも朝六時に起床ラッパが響くという具合だったので、どこから見ても軍隊そのものであった（写真1）。こうした国民の「軍事化」を思わ

写真1　CCC キャンプ第1号（写真提供：American Forest/Erle Kauffman）

せる事態に、疑問が投げかけられなかったわけではない。アメリカ労働総同盟（American Federation of Labor、AFL）のウィリアム・グリーンは、CCCをアメリカの若者を「軍事化」させる制度であるばかりか、賃金水準の引き下げを図るもので、「ファシズム、ヒットラー主義、一種のソヴィエト主義を思わせる」とまで厳しく批判した。[26] また、陸軍省の次官補ハリー・ウードリングが雑誌『リバティ』の中で、CCCをあたかも軍事組織であるように表現した「経済危機軍(economic storm troops)」という言葉が世論の反発を招き、彼は謝罪を求められている。[27] 一方、ルーズベルト政権はかたくなにCCCの軍事的側面を認めようとはしなかった。[28] しかし、そうした政府の態度は建前でしかなかったと考えるべきだろう。同年三月には、ジョンソン・ハーグット少佐が雑誌『アメリカン・フォレスト』において、CCCをありとあらゆる方法で非軍事組織として保っているとしながらも、「盾の兵士(Soldiers of Shield)」と表現し、ウェストポイントの伝[29]統、歴史、精神を同じように持つと主張している。[30] 彼によると、ウェストポイントで使われる盾に刻まれた三つの言葉「義務、名誉、祖国」の精神は、CCCの若者の中にもあり、彼らは「平和の仕事によって訓練され、戦争の仕事に備えて」いたのである。[31] そしてさらに、強調しておきたいのは、国民がCCCの「軍事化」を積極的に支持していたと言えることである。一九三六年四月の世論調査では、七七パーセントの国民がCCCで軍事訓練を義務化するべきだと回答している。[32]

こうしたCCCの軍事組織としての側面は、CCCで実践されていた教育によっても強化されたと考えられる。教育は、仕事である自然保全に関する知識を養うために始められたものであった。しかし、多くの若者が貧困のために中学や高校に満足に通えていなかったことから、すぐに基礎学力を含めた幅広い教育が実践されることとなる。[33] 政府が迅速に「教育」を支援した理由は、CCCの指揮官ロバート・フェヒナーが『ニューヨーク・タイムズ』に寄せたように、「市民としての必要条件を教え」、若者たちに「ナショナリズムに不可欠な要素」を植えつけるためであったろう。[34] CCCの若者たちは自然の中で働くだけではなく、教育を受け、国民としての義務と愛国の精神について学び、そして、やせ細った身体から筋肉質な身体へと鍛え上げられた。これは軍隊にとっては、「平和」や「自然保全」の名のもとに、予備兵の訓練をするのに都合のよい組織である。

CCCがアメリカにおける自然保護政策・運動に大きな影響を与えた理由として、国立公園や州立公園の開発を数多く進めたことがある。CCCは、全米に八〇〇にも及ぶ州立公園をつくり、四万六〇〇〇のキャンプグラウンドを建設した。[35] それまでアクセスもままならなかった国立公園の来園者も急増し、アメリカの大自然は急速に国民にとって身近なものとなっていった。[36]

そうしたCCCによる急激な変化と連動させるように、内務省国立公園局は、国立公園のキャンペーン活動を積極的に展開している。[37] それは、レクリエーションの場として国民に国立公園を解放し、利用を促そうとするものであったが、同時に、国民にアメリカの原生自然を国家の遺産として認知させ、その自然風景から郷愁を刺激してナショナリズムを煽動する役割を果たしていたと言える。たとえば、CCCを激励するためグレーシャー国立公園を訪れたルーズベルト大統領は、そこでラジオ演説（一九三四年八月五日）をおこない、次のように国民に語りかけている。

私たちの国立公園ほどアメリカらしいものはありません。その風景と野生生物は、固有のものです。国立公園の背後にある基本的な考えも固有です。手短にいうと、それはこの国土が国民に属し、私たちすべての国民の生活を豊かにしていくためにあるということです。国立公園は、この重大な人類の法則の、見えるシンボルとして存在しているのです。[38]

また、シェネドア国立公園の落成式は、独立記念日を意識したかのように、その前日（一九三六年七月三日）に執りおこなわれた。ルーズベルトは、この式典でみずからの政策を自画自賛し、強いアメリカが自然とともにあることを語っている。

これらすべて［の公園］によって、私たちは、丘や山や草原や森林や小川の美しさと豊かさを保存しています。これらすべてによって、私たちは若い青年たちの有益な労働を保持しているのです。これらすべてによって、私たちは国民の個性と幸福の質を高めています。
私たちは、子供たちにより豊かな土地――すなわちより強い国家――を残そうとしているのです。[39]

この年の四月の世論調査では、八二パーセントの国民がCCCを支持すると回答している。[40] つまり、ルーズベルトはCCCに対する強い国民の支持を背景に、自然を国民の故郷として語り、そして、そうした彼の言葉や式典の様子は、独立記念日である翌日の新聞に大きく掲載されたのであった。こうした自然に対する郷愁を喚起させる語りは、CCCがたとえ「予備兵」であったとしても、彼らは自然と戦い[42]、アメリカの象徴である大自然を国民が楽しむ機会を与えてくれる「平和的軍隊」として認識させるものでもあっただろう。CCCは国民から親しみを込めて「森の兵隊（Tree Army）[43]」と呼ばれていたのである。そしてまた、第二次世界大戦が激化すれば、当然のように、CCCでも軍事に向けた訓練がおこなわれるのである[44]。

4　レッドウッドが語るもの

一九四一年一二月七日（日本時間八日）の真珠湾攻撃を受けてアメリカが第二次世界大戦に参戦すると、自然の象徴を語り、国家の結束を図ろうとする声は、役目が終わったかのように静まった。かわりに森の木は、「平和」を勝ち取るため、戦争に使う材木として大量に伐採されるようになる[45]。また、戦争と直接的に関係のないCCCキャンプ地は閉鎖され、一九四二年七月には予算上の理由からCCCの廃止が決まった。ルーズベルトはCCCの常設を強く望んでいたが、その思いが実現されることはなかった。

第二次世界大戦が終盤を迎えようとしていた一九四五年四月一二日、ルーズベルト大統領は急逝した。国際連合発足に向けたサンフランシスコ会議が四月二六日から始まろうとする中での出来事であった。この突然の訃報によって、副大統領から第三三代大統領へと就任したトルーマンは、サンフランシスコ会議を予定通り開催するとすぐに発表した。そして、国際連合発足に向けて中心的な役割を果たしていたルーズベルトに対しては、ブラジルからの代表者ペドロ・ヴェロゾが、追悼式を執りおこなうことを提案した[46]。その場所に選ばれたのは、サンフランシスコの中心から車で一時間ほどのところにある「ミューアの森国定公園」であった。そこには「森の大聖堂（Cathedral Grove）」と呼ばれる、レッドウッド（セコイアア）の

写真2　森の大聖堂で執りおこなわれたルーズベルトの追悼式（写真提供：UN PHOTO）

巨木林に囲まれた、厳かで広い空間があった（写真2）。現在でも、そこには記念碑が置かれており、次のような文が刻まれている。

> 後世のために残されてきた、この不朽のレッドウッドの林のもと、一九四五年五月一九日、国際連合国際機構会議の議員たちが集まった、国際連合の立役者であり、人類の永続的平和の使徒であった第三一代〔第三二代〕合衆国大統領フランクリン・デラノ・ルーズベルトを追悼するために。

実はルーズベルトの生前から、この場所でサンフランシスコ会議のセッションをおこなう話が出ていた。カリフォルニアの自然保護団体「セーブ・ザ・レッドウッズ・リーグ」が提案し、政府に働きかけていたのである。[47] この団体の前事務局長が、当時の国立公園局長ニュートン・ドゥルーリーであったから、話はすぐにルーズベルト大統領へと伝えられ、前向きに進められていたようである。もしも、彼が生きていれば実際にミューアの森国定公園でセッションがおこなわれたのかもしれない。

なぜ、「セーブ・ザ・レッドウッズ・リーグ」は、ミューアの森国定公園でサンフランシスコ会議のセッションがおこなわれることを望んだのだろうか。彼らはその理由を「時間」だと述べている。レッドウッドの森の中では「時間と向き合い、少なからず時間の真価を理解することができる」と。[48] しかし、もしもレッドウッドのもとで「時間」と向き合い、少しでも生命を慈しむことが彼らの狙いであったとしたら、ルーズベルト大統領が亡くなったことでセッションが追悼式にかわってしまったことは、皮肉な結末であったかもしれない。なぜなら、図らずも追悼式となったことで、参列者はルーズベルト大統領が陣頭指揮を取っていた第二次世界大戦について触れ、彼の功績として戦争をたたえることとなったからである。もちろん、それを「皮肉」だと考えるのは、いま歴史を振り返ってのことである。このとき、レッドウッドが生命の尊さを象徴していたことは、大戦の勝利を一層正当化させるものであっただろう。戦争に勝つことが「平和」の実現のためには必要不可欠である、というロジックの中にあったのである。あるいは、このロジックは、今なお存続するのかもしれない。どちらにしても、追悼式でヴェロゾがルーズベルト大統領の功績をたたえる中で、対戦国の破滅を誓っていたことは特筆に値するであろう。

彼〔ルーズベルト〕の明敏な精神には、神聖な輝きが宿っていた。われわれは、彼の人生を教訓としてみずからを鼓舞しなければならない。そうすることで、極東に残る敵を壊滅し、われわれに課せられた人類の幸福のために貢献することができるだろう。[49]

この三カ月後、彼らの言うところの「極東に残る敵」であった広島と長崎は、実際に原爆によって壊滅する。美しい自然の中で宣言されたように。

おわりに

一九五五年六月、サンフランシスコでは国際連合創立一〇周年の記念式典が執りおこなわれた。このとき、各国の代表団が再びミューアの森国定公園に集まることはなかったが、多くの代表者たちが時間をつくってこの公園を訪れたようである。その中には、当時の国連総長ダグ・ハマーショルドもいた。彼はそのときこんな言葉を残した。

自然を愛する人は、他国の人を理解する共通の基盤を持っている。なぜなら、自然への愛情とは、すべての国の人々にとって普遍的なものだからである。

この言葉は、「森の大聖堂」の前に置かれたルーズベルト大統領の追悼式の写真とともに、今も人々の目に触れられるようになっている。それはおそらく、ルーズベルトを「平和の使徒」として、また国際連合を「普遍的愛情」を持った平和の担い手として、まことしやかに語りつづけるものだと言えるだろう。

これまで見てきたように、二つの大戦の間にあった緊迫した世界情勢の中で、アメリカでは、自然の美しさや豊かさが、愛国心を掻き立てるものとして国威発揚に取り込まれていった。それは、市民の「軍事化」をも正当化し、また、ひとたび戦争が起きれば、武力による破壊を正当化する理由ともなった。自然は都合よく語られる。[50] そこに問題があるのは、自然に象徴される美や荘厳さ、あるいは自然の摂理や自然に対する郷愁といった感情が、およそ「不可侵なレトリック」をつくり出してしまうからである。現代社会がソローの言葉に学ぶことは多い。しかし同時に、私たちは自然に対する畏敬の念を、逆手にとる語りをときとしてつくり出すのである。おそらく今日の私たちが抱える問題は、自然を引き合いに出して語ること、そこに見え隠れする「欺瞞」とどう向き合うかであろう。

注

(1) ホワイトハウスの報道発表として出された、広島への原爆投下に関する大統領声明。原文は、トルーマンの資料館のサイトから見ることができる。http://www.trumanlibrary.org/index.php

(2) H・D・ソロー『森の生活―ウォールデン(上)』飯田実訳、岩波文庫、一九九五年、一六二ページ。

(3) アラン・ブルーム『アメリカン・マインドの終焉――文化と教育の危機』菅野盾樹訳、みすず書房、一九八八年、一八二ページ。

(4) 斎藤光「エマソンと超越主義」『アメリカ古典文庫17 超越主義』研究社出版、一九七五年、一一―一二ページ。

(5) ソロー、前掲書。ソローの『森の生活』は、日本でも広く読まれ、翻訳もいくつか出版されている。本稿では、岩波文庫の飯田実訳を主に参考にしたが、ここの引用文の翻訳に関しては、藤岡伸子「ヘンリー・ディヴィッド・ソローの野生のメッセージ――反西洋思想の展開」『比較文学研究』第六三号、東大比較文学会、一九九三年六月、五九―六〇ページを参照した。

(6) ブルーム、前掲書、一七八―一八四ページ。

(7) このエッセーは、一八四八年一月のコンコード・ライシーアムで講演したものを、翌年五月に、"Resistance to Civil Government"という題名で雑誌*Aesthetic Papers*(一号で廃刊)に発表したもの。それがソローの死後、一八六六年に、"Civil Disobedience"と改題され*A Yankee in Canada*という本に収録された。いまでは一般的に改題されたほうが使われている。引用文は、『市民の反抗』飯田実訳、岩波文庫、一九九七年、五四ページを参照。

(8) H・D・ソロー『市民の反抗』飯田実訳、岩波文庫、一九九七年、八―一一ページ。

(9) 同前、一一―一二ページ。亀井俊介「ソローの道」『アメリカ古典文庫4 H・D・ソロー』研究社出版、一九七七年、五—二五ページ。

（10） Henry David Thoreau, "Walking", *The Atlantic Monthly*, vol. 9 No. 56, June 1862, pp. 657-674. ただし現在は、雑誌のホームページから読むことができる。http://www.theatlantic.com/

（11） James R. Lyons, "FDR and Environmental Leadership, in Henry L. Henderson and David B. Woolner eds., *FDR and the Environment*, New York: Palgrave Macmillan, 2005, p. 205.

（12） E.g., Henry L. Henderson and David B. Woolner eds., *FDR and the Environment*, New York: Palgrave Macmillan, 2005.

（13） リチャード・ホーフスタッター『アメリカの政治的伝統——その形成者たちⅡ』田口富久治・泉昌一訳、岩波書店、二〇〇八年、一八三ページ。

（14） 同前、一七六—一七七ページ。

（15） 同前、一九三—一九四ページ。

（16） 同前、二〇五ページ。

（17） 同前、二二〇ページ。具体的な例として、「関税問題に関する選挙演説の準備中に、二つの全く対立する考え方」があることを知ったルーズベルトが、「気軽に『両方をつき混ぜ』たらよかろう」と提案したことを挙げている。

（18） 同前、二〇〇ページ。

（19） 新川健三郎「ニューディールとファシズム論」『季刊社会思想』第二巻第三号、社会思想社、一九七二年、一五七—一五九ページ。

（20） "The President's Message", *The New York Times*, March 22, 1933, p. 2.

（21） CCCの起源を、ウィリアム・ジェームズの論文（William James, "The Moral Equivalent of War", *McClures*, Vol. 35, 1910, pp. 463-468）に求める見解があるが、ルーズベルトがこの文献にどれほど精通していたかは不明である。この点に関しては、Neil M. Maher, "A Conflux of Desire and Need", in Henry L. Henderson and David B. Woolner eds., *FDR and the Environment*, New York: Palgrave Macmillan, 2005, pp. 50-51 を参照。またMaherが挙げている文献以外に、ウィリアム・ジェームズの論文を起源と考えるものには、Arthur C. Ringland, "The Patriotism of

Peace", *American Forests*, Vol. 40 No. 1, 1934, pp. 3-4がある。

（22） John T. Gibbs, "Tree Planting Aids Unemployed", *American Forests*, Vol.39 No.4, 1933, pp. 159-161, 173.

（23） Neil M. Maher, *Ibid.*, pp. 65-71.

（24） ブルガリアやスイス、ドイツなどが挙げられる。詳しくは、Neil M. Maher, *Ibid.*, p. 50.; F.A. Silcox, "Our Adventure in Conservation", *The Atlantic*, Vol. 227 No. 6, June 1971, pp. 714-715. とくに、ドイツのＲＡＤはその規模の大きさからもＣＣＣの比較対象として研究が進められている。詳しくは、Kiran Klaus Patel, translated by Thomas Dunlap, *Soldiers of Labor*, New York：Cambridge University Press, 2005.

（25） John C. Paige, *The Civilian Conservation Corps and the National Park Service*, Washington, DC: National Park Service, 1985, pp. 10-12.; Neil M. Maher, *Ibid.*, p. 51.

（26） 新川健三郎『世界史研究双書14　ニューディール』近藤出版社、一九七三年、七三ページ。Kiran Klaus Patel, *Ibid.*, p. 152.

（27） Kiran Klaus Patel, *Ibid.*, p. 153.

（28） "Army's Contracts Halted by Inquiry", *The New York Times*, February 8, 1934, p. 10.; Kiran Klaus Patel, *Ibid.*, pp. 152-153.; John C. Paige, *Ibid.*, p. 9.

（29） ニューヨーク州ウェストポイントにある陸軍士官学校。もっとも歴史が古い士官学校であり、地名がその通称となっている。

（30） Johnson Hagood, "Soldiers of the Shield", *American Forests*, Vol. 40 No. 3, 1934, pp. 103-105.

（31） *Idid.*, pp. 103, 105.

（32） Hadley Cantril and Mildred Strunk eds., *Public opinion: 1935-1946*, Princeton: Princeton University Press, 1951, p. 111.

（33） P.S. Gage, "Three R's and the C.C.C", *American Forests*, Vol. 40 No. 3, 1934, pp. 112-114, 142-143. ほかに、ＣＣＣの教育プログラムを指揮していたHoward W. Oxleyが作成したパンフレット*Education in Civilian Conservation Corps Camps*, 1936からもわかる。詳しくは、http://digilab.browardlibrary.org/cdm4/document.php?CISOROOT

=/ccc&CISOPTR=2611&REC=7

(34) Robert Fechner, "Study Hour in the CCC", *The New York Times*, October 1, 1933, IX, p. 11.

(35) James R. Lyons, *Ibid.*, p. 205.

(36) Richard W. Sellars, *Preserving Nature in the National Parks: A History*, New Haven: Yale University Press, 1997, pp. 132-136.

(37) Joan M. Zenzen, *Promoting National Parks*, Ph.D. diss., University of Maryland, 1997, pp. 283-337.; Donald C. Swain, "The National Park Service and the New Deal, 1933-1940", *Pacific Historical Review*, Vol. 41 No. 3, 1972, pp. 317-318.

(38) Franklin D. Roosevelt, *The Public Papers and Address of Franklin D. Roosevelt*, vol. 2, New York: Russell & Russell, 1969, p. 359.

(39) "Roosevelt Speech at Park", *The New York Times*, July 4, 1936, p. 3.

(40) Hadley Cantril and Mildred Strunk, *Ibid.*, p. 111.

(41) 前掲の『ニューヨーク・タイムズ』の記事以外に、"Roosevelt Urges New Park Areas To Correct, 'Tragedy of Waste'", *The New York Times*, July 4, 1936, p. 1, 3.; "Word Well Done", *The New York Times*, July 4, 1936, p. 12.

(42) 自然の中で働くことと、兵役に就くことを、愛国心を持つ健全な若者を育成するものとして、同じように捉えている記事に、Arthur C. Ringland, "The Patriotism of Peace", *American Forests*, Vol. 40 No. 1, 1934, pp. 3-6, 47がある。ここでは、自然がアメリカの故郷として描かれているわけではないが、CCCが自然に対する労働であることが強調され、国家防衛と平和のために役立つ軍隊として奨励されている。

(43) Jonathan Mitchell, "Roosevelt's Tree Army: I", *The New Republic*, May 29, 1935, p. 64-66. この記事によって、「森の兵隊」というニックネームがついたようである。詳しくは、James R. Lyons, *Ibid.*, p. 205.

(44) 「当然のように」と表現したのは、一九四〇年頃から、CCCで軍事関連の訓練(軍事技師などの養成も含む)をおこなうことを、積極的に宣伝する政府の姿勢があったと考えられるからである。E.g., James J. McEntee, "The CCC and National Defense", *American Forests*, Vol. 46 No. 7, 1941, p. 309.; Howard W. Oxley, "Training for National

"Defense", *School Life*, Vol. 26 No. 10, July 1941, pp. 315-316. ただし、戦闘を意識した軍事訓練に関しては、慎重に発表する政府の態度が見受けられた。E.g., "Basic Army Drill Ordered for CCC", *The New York Times*, August 17, 1841, p. 36. また興味深いことに、一九四〇年から四二年にかけてCCCに参加した七三万五〇〇〇人のうち、六〇万人以上が国軍に入るか、国軍の仕事に就いていた。これはCCCの指揮官が『ニューヨーク・タイムズ』("85% Shift to War is Reported by CCC", *The New York Times*, May 24, 1942, p. 30) に、明らかにした数字だが、CCCでおこなわれた軍事訓練の一つの「成果」として伝えられたと考えられるだろう。

(45) E.g., Ellery Foster, "Forestry in Total War", *Journal of Forestry*, Vol. 40 No. 6, 1942, pp. 441-443.; Stewart Holbrook, "The Forest Goes to War", *American Forests*, vol. 48 No. 2, 1942, pp. 55-62.

(46) Redwoods Gain Company of Another 'Giant'; "Plague to Roosevelt Is Placed in Grove", *The New York Times*, May 20, 1945, p. 24.

(47) Joseph H. Engbeck, Jr., *Redwoods, the United Matopms amd World Peace*, Save-the-Redwoods League, 2005, pp. 11-13.

(48) "The Peace Conference and the Redwoods", *American Forests*, Vol. 51 No. 5, 1945, p. 207.

(49) *Ibid*., p. 15.

(50) いかに矛盾をはらみながら、都合よく語られてしまうかについては、ブルーム、前掲書、一八四ページを参照。

■平和と和解の思想のために《文献案内》

H・D・ソロー『森の生活――ウォールデン』飯田実訳、岩波文庫、一九九五年

ウォールデン湖畔のほとりに小屋を建て、森の中で過ごした日々を綴ったもの。それが、「経済」という章から始まることが印象的である。良心を持ち、思慮深く生きるとはどういったことか。「正しい道」が問われるとき、つねに指南書となりつづける書物であろう。

リン・ホワイト『機械と神――生態学的危機の歴史的根源』青木靖三訳、みすず書房、一九九九年

今日の深刻な環境破壊は、なぜ起きたのか。人間が自然を支配し、利用しようとするのはキリスト教の世界観に由来すると、ホワイトは説く。そして、その人間中心の世界観を超えるため、アッシジの聖フランチェスコの思想に寄り添う。しかし、それが解決策なのか。くりかえし議論される本書は、平和に向けた世界観を考えるうえでも必読だろう。

アンナ・ブラムウェル『エコロジー――起源とその展開』金子務監訳、河出書房新社、一九九二年

たいへん難解な文章であるが、西欧におけるエコロジーのルーツを捉えようとした意欲作。いかに多様なイデオロギーが政治的・経済的要因と絡まりながらエコロジーの思想を形成しているかがわかる。そこには、平和主義もファシズムもあり、西欧の諸思想を批判的に検証するものでもある。

第8章 オリンピックをめぐる平和と和解

内海和雄

はじめに――北京オリンピックで考える

現代のメガイベントは国内的、国際的な諸政策が絡んでいる。オリンピックの場合も純粋なスポーツ大会に終始することはもはやできない。オリンピックは一八九六年の第一回アテネ大会以来、ナショナリズム高揚と密接に結合されてきた。二〇〇八年夏の北京オリンピックもそれを考える格好の素材であった。国際的に見れば、天安門事件で象徴化された自由抑圧への批判をかわす一大国家イベントであり、経済発展を遂げつつある社会主義国中国のオリンピックに絡めた「平和アピール」であった。一方、注目度を高めつつあったチベットの独立運動や新疆《しんきょう》ウイグル自治区の少数民族被抑圧への抗議運動が、マスコミを利用して、世界へのアピールとしてオリンピックを利用した。聖火リレーは世界各地で妨害に遭い、運動側から見れば一定の成果を上げた。また、北京市をはじめとする周辺部分も含めて四兆円に及ぶ都市再開発は、北京市内の貧困地区の一掃を含め多くの地区で強制執行をともなった。主催は北京市だったが、明らかに中国の大会であった。さらに住民虐殺を続けるスーダン政府への中国の支援は、石油確保にかかわる中国のなりふり構わぬ外交政策である。米国下院では、「その行為はオリンピック精神に反する。もし支援を続ければ、アメリカは北京大会をボイコットする」と決議した。こうして、政治的・経済的な解決が不可能になると、ナショナリズムを絡ませながら、オリンピックを利用する。

中国の国内外でのナショナリズムの対立、あるいは世界への政治的アピールに対して、「政治的に中立なオリンピックを」「オリンピックにナショナリズムはいらない」などの意見が世界中のマスコミ、インターネットで飛び交い、オリンピックが「平和と和解」にむしろ逆行しているかの雰囲気を醸し出した。こうした国内的、国際的な動向は、オリンピックが単なるスポーツ大会であることはできず、世界最大のイベントが持つ影響力ゆえに、その政治的・経済的利用が不可分であることを再度示した。

しかしひとたび競技が始まると、感動に次ぐ感動が世界を覆い、すべての人が「即席のナショナリスト」と化して、自国選手の活躍に熱狂した。そしてオリンピックの開催自体と全世界からの若者の参集に世界の「平和と和解」の可能性を直観したのであった。

こうして、北京大会はオリンピックに対する賛否両論を顕著にした。それと同時に、社会主義国での開催ゆえに、それにナショナリズムが強く絡んでいたことも特徴的であった。

1 オリンピックの理念と歴史

オリンピズム

オリンピックは、オリンピズムという理念に導かれる。肉体、意志、知性の調和のとれた総体としての人間の発達を目指し、その教育的な価値を実現し、フェアプレイ精神を涵養する。そして相互の尊敬と国際的友好の雰囲気の中で選手たちが集い競うことによってよりよい世界平和に貢献する。オリンピズムとはこれらの理念のハーモニーである。つまりオリンピックの理念とはスポーツを通した世界の平和と和解の促進である。現在、その理念はオリンピック憲章に規定されている。

こうした理念とその理念の普及のための多くの行動は、ほかのスポーツのワールドカップや国際大会とも大きく異なることであり、オリンピックの持つ特異性と優位性を示している。

オリンピックの歴史と平和

平和を志向したオリンピックの歴史についても概観しておきたい。古代オリンピックは紀元前七七六年から三九四年の約一二〇〇年間にわたり開催された。四年に一度の開催は古代ギリシャの諸都市国家（ポリス）を代表して多くの選手がオリンピアに結集した。開催期間中と前後はあらゆる戦闘行為を中止した。これがオリンピック休戦（Olympic Truce）であり、選手の安全な通行を保障するためであった。ギリシャの諸都市国家からペロポネソス半島の西端にあるオリンピアまで、山あり谷ありの道を延々歩いて参加することは大変なことだった。現在首都アテネから自動車で整備された山道（近道）を飛ばしても五時間はかかる。当時、交通の不便な中で、何日間も歩いて往復したが、道中の安全保障は何もなかった。ましてや途中の都市国家同士が戦闘状態であれば選手が巻き込まれないという保障は何もなかった。だから、オリンピアの神々の威光を借りて、Truce が実施されたのである。

ギリシャの多神教にもとづくオリンピックはローマ帝国内（一神教＝キリスト教の世界）で異教文化として三九四年に排斥されたが、その後中世世界では精神優位＝肉体劣位の宗教的イデオロギーの下に、スポーツ大会はことごとく消失した。

しかし近世に入ると、ヨーロッパ各地で「オリンピック」と名づけられた土着のゲーム大会（近代スポーツがいまだ普及していなかったので、スポーツ大会とは呼ばない）が多く開催された。資本主義化への前哨として近代的身体を要請したからである。当時の主催は篤志な封建領主などによるものが主であった。彼らインテリはみなラテン語による古典教育を受けていたから、古代オリンピックの知識を有し、ゲーム大会は即「オリンピック」であった。

一九世紀に入るとその数は増加した。国民国家形成のプロセスで、近代的な労働力や近代軍隊の兵士そして「国民」を養成するうえで、言語を統一して「国語」化し、同時に国家への忠誠を誓うナショナリズムも道徳教育としておこなわれた。この中で近代的な身体文化の必要性が増し、ドイツでは体操が発明され、イギリスでは近代スポーツが誕生した。日本でも、それらを学校教育に導入したが、嘉納治五郎による柔術の柔道化もその一環であり、教育化がねらいであった。

一九世紀後半はヨーロッパを中心に、列強が産業革命を経て世界市場を席巻し、原料・資源を略奪するために発展途上国を植民地化した。世界地図でいえば、すでに列強に色分けされていた。一八七〇年代から一八九〇年代は、帝国主義の激突の中で、いつ世界戦争が勃発するかわからない一触即発の状態であった。その時代にヨーロッパでは多様な平和運動が起こっている。フランスのクーベルタン（貴族でありかつ教育学者）は、スポーツを通して世界の若者が交流し、そこから世界平和に貢献したいとオリンピック復興を提唱し、一八九六年に近代オリンピック第一回アテネ大会が実現した。(1) しかし帝国主義の時代であり、オリンピックでもナショナリズムの衝突は避けられなかった。現在に至るもナショナリズムの対立は存在する。ともあれ、現実の資本主義体制優位の国際社会にあって、ナショナリズムの軋轢を含まない組織など、空想にすぎない。文化組織であってもである。国連も United Nations（国家連合）であり、ナショナリズムの存在を前提としながらインターナショナルな平和と和解を目指している。

オリンピックは平和でなければ開催できない。これは自明である。一八九六年の復興以降、近代オリンピックは過去三回、戦争によって中止された。一九一六年のベルリン大会は第一次世界大戦によって、一九四〇年の東京大会と一九四四年のロンドン大会は第二次世界大戦によって。また、一九八〇年のモスクワ大会と一九八四年のロサンゼルス大会は冷戦下におけるそれぞれの陣営のボイコット戦略によって危機に陥った。平和な社会でこそオリンピックは開催できるのであり、オリンピックが開催できるということはいちおうは平穏な社会（世界）であると言うことができる。

それではオリンピズムの目指すように、オリンピックによって本当に平和な社会が実現できるのか。スポーツの大会がそこまでの実力を有しているのか。この点でのスポーツ研究は残念ながら寡聞にして知らない。それは研究方法論的にも難しさがともなうからであろう。近代オリンピックの復興以来ナショナリズムの対立はつねに内包されていた。それは冷戦下で極限に達した。そしてグローバリゼーションが叫ばれる今日、ローカリゼーションとしてのナショナリズムはむしろいっそう顕著である。こうした中でオリンピックはナショナリズムを刺激するからと反対する人もいる。オリンピックは「武器のない戦争」だ、「代理戦争」だという人もいる。しかし「代理戦争」であったとしても、直接的武力対立の代理としての「ガス抜き効果」であればそれは平和運動の意図するところであろう。

しかしこの点をどう捉えるかで意見は分かれる。ナショナリズムの不必要な煽りと捉えれば、オリンピックは平和と和解への障害となる。こうした意見の相違はオリンピック史全体の平和と和解の評価にも直結する。

ところで、「平和と和解」とは具体的に何を意味するのか。それはたしかに戦争のない状態だが、そしてそれらの状況にオリンピックないしスポーツがいかにかかわるのかが問題である。近年の「平和学」研究によれば、(2) 平和とは単に戦争のない状態（消極的平和）のみならず、国際的かつ国内的な経済格差の是正、人権・民主主義抑圧の是正、福祉向上等（積極的平和）をも含んでいる。

これらへのオリンピック（スポーツ）のかかわり方を丁寧に検討する必要がある。高邁な理念を持っていても、現実には一定の乖離や葛藤があるのは常である。オリンピックの場合、国際政治、国際経済あるいはイデオロギーの対立をナショナリズム（あるいはスポーツ的ナショナリズム）の対立として内在化してきた。それらとの距離をとり、「政治からは中立」とはいっても、現実の社会にあって、政治と無関係であることは許されない。現在でもオリンピックのときには、国連と連名で「オリンピック休戦」の声明を発表し、せめてオリンピック期間中は戦争をやめようと呼びかけている。どれくらい効果があるかは疑問としても、そうした故事の継承、活動も重要である。

国際オリンピック委員会（ＩＯＣ）は、オリンピックへの東西ドイツの統一参加、南北朝鮮の統一入場も実現した。アパルトヘイトをやめさせるために、ＩＯＣも南アフリカ共和国に参加不許可の圧力をかけた。世界の国々で人種差別が克服されたとは言えないが、人種差別を制度的に撤廃するうえでオリンピック、ＩＯＣは率先してきた。

女性はオリンピックに当初は参加できなかったが、少しずつその参加を拡大させてきた。二〇〇四年のアテネ大会で、日本チームは女子の団体種目が多く出場権を獲得し、参加選手数で女性が五二パーセントを占め、初めて男子数を上回った。表層的だが、男女平等のうえでは一歩前進と見てよい。オリンピックは社会一般の女性差別克服よりも先行してきた。

オリンピックはその理念である「スポーツを通しての平和と和解」に努力してきたがゆえに、発展してきた。それにもかかわらずそれに逆行する問題を抱えてきたことも現実である。

ところで、従来の「スポーツと社会」の関係の研究では、「社会がいかにスポーツに影響してきたか」という視点が大半であり、「スポーツがいかに社会に影響してきたか」という視点は僅少であった。それは研究方法論の難しさの反映と同時に、その結果、スポーツが社会に対してより積極的な存在としての位置づけが弱さとなっていた。本研究はその後者への挑戦でもある。

2　スポーツとナショナリズム

オリンピックとナショナリズム

ナショナリズムとは近現代の国民国家成立にともなう一つの民族的・言語的・宗教的・領土的一体化の意識と運動である。それへの帰属意識自体はナショナル・アイデンティティと呼ばれ、ナショナリズムとはそれの感情的な一体化・意識化を内包するものと私は解釈しているが、いずれにしても近似である。

近年のグローバリゼーションにともなって、その一方で、必然的にローカリゼーションも強まっている。両者の統一された表現が「グローカリゼーション」であるが、それはスポーツにも現象している。スポーツのグローバル化にともない国家対抗あるいはワールドカップのような国際大会も増加しているが、そこではナショナリズムはますます高揚している。また、それがなければ競技会が盛り上がらないというのも現実である。ナショナリズムは国際試合の盛り上がりの中心を形成していると言っても過言ではない。

従来「スポーツと平和」が叫ばれ、「スポーツ」と「平和」が願望的に直結されてきた。それはオリンピックにおいても同様である。先述したようにオリンピックやスポーツ大会の開催は平和を意味するが、それらの開催が平和へどのようにかかわるのかをもっと緻密に検討しなければならない。国内の民族的・言語的・宗教的な「分裂した社会」や対立した国家間でのスポーツの対抗戦が、むしろその対立を激化させることもまた現実である。

しかし「オリンピックと平和」や「スポーツと平和」は願望としては強いが、研究としてはほとんど未着手である。その主要な原因は、オリンピック自体の広大さゆえに、オリンピックの社会に果たしている現実的役割の大きさに比して、その研究が少ないことが考えられるが、他方で「オリンピックと平和」を関連づける研究方法論が未解明であるためだと述べたが、今、スポーツとナショナリズムとの関連がその研究方法論の発展を示唆しているように思える。

とくにオリンピックの政治事件ないしその歴史を例にして、オリンピックはナショナリズムを煽ると批判し、ときには否定する意見が多い。これらに共通することは、オリンピックによる「停戦」「戦争回避」「友好促進」などの平和促進の側面はまったく検討せずに、一方的に断罪していることである。この点でも「オリンピックと平和」研究は喫緊の課題なのである。

スポーツ的ナショナリズムと政治的ナショナリズム

これまで、「スポーツとナショナリズム」として括ってきたが、最近のスポーツ領域でのナショナリズム研究により、それは一般的な「政治的ナショナリズム」とは区別されて「スポーツ的ナショナリズム」と呼ばれている。(3) そしてその両者の関連が問題化されている。スポーツ的ナショナリズムとはスポーツの場面に絡むナショナリズムのことであるが、それが即政治的ナショナリズムと直結する場合もあるし、そうでない場合もある。それらは今後事例研究を蓄積する中で深められる必要がある。

サッカーのワールドカップなどで、サポーターの国旗のフェイスペインティングをどう評価したらよのか。ゆるい形でのナショナリズムへの組織化とする意見と単なる一つのファッションであるとする意見がある。どちらか一方で全体を括ることはできないが、たぶん両者ともに部分的には該当するであろう。いずれにせよ、国際大会、国家対抗が増加するであろう今後の社会で、このスポーツ的ナショナリズムとその研究はいっそう重要性を増してゆくであろう。「グローバル化が進めば世界は単一化し、ナショナリズムも消滅する」というコスモポリタン的世界観に真っ向から対抗する形で、ローカル化は進行している。

それゆえ、今後スポーツ的ナショナリズムの重要性も増大するであろう。その場合、政治的ナショナリズムとの関連が問題となる。ここで両者の接点について若干の事例を見てみたい。

第一に、国内の「分裂した社会」間や対立する国家間での対抗戦である。これはほぼ一〇〇パーセントその対立を激化させる。スポーツ的ナショナリズムが政治的ナショナリズムに直結し、平和をもたらすどころか、武力対立を誘発する。まさに「火に油を注ぐ」ことになる。サッカーの試合でよくあることだが、対戦国のホーム&アウェーの試合でのサポーターの過熱による暴力的対立が予想されるとき、第三国で対戦したり、観客を入れずに試合をすることはよくある。これは一九六九年のFIFAワールドカップ中米予選におけるエルサルバドルとホンジュラスの対抗戦後の戦闘への突入を教訓としていると思われる。スポーツ的ナショナリズムが政治的ナショナリズムに直結した事例である。とはいえ、スポーツ的ナショナリズムが戦争を誘発したと規定するのは過剰すぎる。対抗戦の前段に、すでに両国は一触即発の状態にあり、対抗戦はそれに点火する役割を負わされたのである。

第二は韓国と日本の対戦である。かつて植民地化され、現在は独立している韓国の人々にとって、旧支配国（日本）との対戦では異常なほどナショナリズムが高揚する。それは復讐感、対等感、優位感などの民族感情が込められるからである（一方、旧支配国はそれほどの対抗意識は持たない）。ここでもスポーツ的ナショナリズムと政治的ナショナリズムは直結し、韓国内での対日ナショナリズムの統一が強化される。

第三は、スコットランドとイングランドの対抗戦である。スコットランドの場合、イギリスからの独立（イングランドからの自立）が長い間の懸案事項である。したがって、サッカーやラグビーなどでの対イングランド戦では異常なスポーツ的ナショナリズムの高揚をともない、イングランドへの対抗意識は過熱する。「やつらのスポーツでやつらを倒す」ことが、旧植民地、旧被支配国のナショナリズムの最大の発散の場であったし、今もそうである。それでは政治的、経済的に独立するかどうかを問われる総選挙で独立を主張するスコットランド国民党が多数を獲得するかというと、かならずしも多くない。こうしたスコットランドの民衆を「九〇分のナショナリスト」と呼んだ政治家がいたが、この場合には文化レベルであるスポーツ的ナショナリズムと政治的ナショナリズムとは非連続であることを示している。

第四がオリンピックなどの、非特定国相手の競技会でのナショナリズムである。世界に対するみずからの「存在感」を示したり、国内的には優秀な成績による民族の「優位性」の顕示によってナショナリズムを統一し、強化することである。もちろん、オリンピックにおいて種目や場面によっては前三者としての対抗もありうるが、一般的にはこの第四のパターンである。冷戦下の東西対決（社会主義対資本主義）においても直接的な武力対立への衝動は避けられた。その場合、オリンピックは「ガス抜き効果」として機能した。しかしこれを「ナショナリズムを刺激する」と批判する人もいるが、オリンピックでのスポーツ的ナショナリズムは「緩やか」であり、ときには「ガス抜き効果」を持つゆえに、平和との結合も大いに期待されるのである。

「オリンピック（スポーツ）―ナショナリズム（スポーツ的、政治的）―平和と和解」という方法論はわれわれの日常における人間関係や国際関係における国家間の相互理解の弁証法からヒントを得ている。つまり対人関係において、相手を理解する場合、自己の成長過程や思想、感情を潜らせてそれぞれの相手を感じ、分析したうえで相手を評価するからである。これは国家間の理解、誤解においても共通する。自国の国家観（歴史、政治、文化など）を潜らせて、相手国のそれら（もちろん情報量は圧倒的に少ないが）を分析したうえで、評価する。これが国家間の平和や和解の社会心理的な構造であろう。

このように、オリンピックでの平和や和解とは、社会心理としてはこのスポーツ的ナショナリズムを潜らせて経験されるであろう。相手国を理解するとは、単純に直観的な好き嫌いから入ったとしても、自国のナショナル・アイデンティティやナショナリズムを潜らせて相手を捉え、分析し、評価している。もちろんこれは無意識である場合も多いであろう。もしこうした仮説が成り立つとすれば、オリンピックの平和と和解のためには、国家間のスポーツ対抗戦におけるスポーツ的ナショナリズムと政治的ナショナリズムの関連、自国のスポーツ的ナショナリズムと政治的ナショナリズムの関連の究明がいっそう不可避である。

オリンピックは制度上、選手はすべて個人参加であり国家の代表ではない。しかし出場選手の選考は国レベルでおこなう。これはオリンピックの矛盾の一つである。そして選手はナショナリズムを背負って出場している。開発途上国ほど国家への責任は重く、先進国はこの点では軽減され個人化している。日本選手もかつては「日の丸を背負って」参加し、現在もそれが全面解消したとは言えないが、そうしたプレッシャーを回避する意識も働いて、「オリンピックを楽しみたい」と個人主義的に表現する選手も多くなっている。これは先進国に共通している。オリンピックも戦後、国旗・国歌はやめようという提案がＩＯＣに二度提案されたが、否決された。主要には当時のソ連が反対したが、社会主義国がオリンピックをいかにナショナリズムと結合させていたかがわかる。

オリンピックを見るとき、誰でも「即席のナショナリスト」になる。つまり、ごく自然に自国の選手を応援する。自国の選手を差し置いて、他国の選手を応援することは稀である。このスポーツ的ナショナリズムは、しかし即自国の政治的ナショナリズムに直結するかどうかは別である。

ナショナリズム自体がすべて否定の対象になるわけでもない。国境のない世界の建設が現状では空想にすぎない中で、民族（nation）、国家（nation or state）としての一定の結束は必須であろう。それが、排外主義的愛国心（chauvinism）をとるか、他民族との友好的な愛国心（patriotism）をとるかどうかが問題である。前者はファシズムに連結する。オリンピックが目指すのは後者を通した平和と和解である。オリンピックからナショナリズムを抜けるか抜けないかは、一方で国連が発展的に解消する歴史段階でない限り、それは無理である。オリンピックだけのナショナリズム排除は不可能である。冒頭でふれた「オリンピックにナショナリズムはいらない」という意見は、素朴な感情としては理解できる。しかし、オリンピックが完全に国家のバイアスを外し、完全な個人参加の方式をとったとしたら、はたしてオリンピックは成立するだろうか。オリンピックの魅力は激減し、世界から注目もされず、それゆえに、国際的な平和運動としての機能さえ消失してしまうだろう。ナショナリズムが現存する世界において、そのナショナリズムの武力的対立を回避する方法として、スポーツ的ナショナリズムがいかに貢献できるか、こう考え行動することのほうがより現実的である。

3　国内の平和と和解——前提としての国内福祉

テレビによる「see-sport」の普及と国民の「do-sport」の普及とは相互に規定し合っている。福祉国家での高度経済成長は国民生活の省力化、高栄養化、生活習慣病の増加をともない、国家の医療費を圧迫しはじめた。一方、福祉の高揚と並行して労働基本権、生命権等の従来からの人権に加えて、教育権、文化権、「スポーツ権」、環境権等のような「新しい人権」も高揚した。スポーツ権で言えば、すべての人がスポーツを享受する権利を持ち、国にスポーツをするための条件整備を要求する権利である(4)。

これまでも資本主義社会の下で自由権はあった。スポーツをやるかやらないかは個人の自由で、国家といえども、それに対して介入することはできない。国家の不作為への権利であり、これがブルジョアの自由権である。アマチュアリズムはその一環である。資本主義社会で資本を持つことは自由であり、理由もなく国家によって身分を拘束されることはない。こうしてブルジョアジーはみずからの財産権と生命権を獲得したが、それは自由権である。ところが「新しい人権」の多くは社会的・国家的な保障がなければその自由権も行使できない。その点で社会権と呼ばれる。とくにスポーツは、国民一般がスポーツをしようと思っても、前提として必要な体育館や競技場を自分で賄うことができない。体育館をつくるのには何億円という費用が必要で、サッカー場をつくろうといっても広大な土地の確保は難題である。スポーツは金がかかる。そのために公共が援助しなければスポーツは成立しない。全部私費でおこなうというのがかつてのアマチュアリズムで、その結果労働者階級をスポーツ界から排除し、スポーツの大衆化の障害となった[5]。これでは文化の発展にはならず、むしろ衰退になる。しかし一九五〇年代後半からの高度経済成長あたりから急速に始まる福祉国家の充実は、公共がかなりの部分を支えて、これによってスポーツをはじめとした文化が、国民の中によく浸透していった。これは西欧では「スポーツ・フォー・オール政策」という。つまり、オリンピックなりワールドカップなりのスポーツ競技大会を見る「see-sport」はテレビの普及と相乗したが、国民自身がそれらのスポーツに「do-sport」として参加していることが前提となる。そして「do-sport」とは「スポーツ・フォー・オール政策」の結果であり福祉政策の一環であるから、福祉の充実は、平和の一つの内部的な必要条件である。最近は「持続可能なオリンピック」が提唱されるが、それは国内的に見れば、開催都市の環境保全、福祉向上にどれだけ貢献できるかということがその内実になる。

4　オリンピックの問題点――平和と和解の障害

オリンピックはスポーツの発展とそれを通しての平和と和解の進展を目指しているが、一九七〇年代以降は先進国の「スポーツ・フォー・オール政策」の進展とテレビの普及で、世界最大のイベントに発展した。現在ではむしろ肥大化とその障害が指摘されている。こぢんまりやっていたときには社会の注目度もあまり高くなかったが、肥大化して影響力が大きくなると、そのプラス、マイナスの影響も大きくなり、当然、招致・開催反対運動も多くなってきた。これは国内的な平和と和解の障害である。ここでオリンピックの問題点、批判の歴史を概観しておこう。

内的問題

一八六六年にアマチュアリズムがルール化された。アマチュアリズムは「白人の、金持ちの、男性」がおこなうイデオロギーとして労働者階級、女性、白人以外を排除した。しかし労働者階級の排除は、圧倒的多数の排除だから、市場化を排除することになる。こうして「資本主義社会において、資本家階級がスポーツから資本(市場化)を排除」するという根本的矛盾を抱えたのがアマチュアリズムである。クーベルタン個人はアマチュアリズムに消極的だったが、ブルジョアジーの協力なくして近代オリンピックの復興は不可能であったから、妥協せざるをえなかった。そしてオリンピックのその後の歴史は、アマチュアリズムの矛盾の露呈と矛盾の糊塗策の歴史でもあった。もちろん労働者階級からの反対運動もあり、また資本主義社会の進展による根本的矛盾の崩壊過程でもあった。女性差別や人種差別撤廃運動において先頭を切ってきた。そういう意味でも広義の平和運動の先端を走った。

競技大会だから勝利至上主義にどうしても結びつきやすい。勝利至上主義は個人の名誉のためであるが、これに国家が絡むとナショナリズムに結びつく。旧東ドイツにおける国家主導のドーピングがこの典型である。貧しい国ではあったがトップスポーツへの国家的援助を豊富におこない、対外的には社会主義の優位性をアピールし、対内的には国家イデオロギーに国民を統一する機能を持たされた。

オリンピックで優勝しても直接的には賞金をもらえないが、メダリストになればその後のテレビやイベントへの出演料が大きく上昇する。これは商業主義と勝利至上主義が結合したパターンである。さらにスポーツ選手はかならず現役を引退しなければならない。現在のトッププレーヤーはほとんどプロ選手であるから、引退後に第二の職業（セカンド・キャリアー）を確保しなければならない。しかしこれまでの経験を生かせる就業の保障がない現在の状態の下では、現役時代にできるだけ多く稼ぎたいという思いは当然だろう。そうした不安定さが勝利至上主義への衝動を加速させている。高度な技術と知識の経験者を生かせないということは社会的な損失である。

ドーピングは、今後のオリンピックを脅かす最大の要因となっている。ドーピングとドラッグとサプリメントの境目が現状では混沌としている。ドーピングは本来医学上のリハビリ行為であったが、それを逆手にとって、身体補強に活用した。しかし多用すると多くの危険な副作用をともなう。それゆえに禁止されている。そこで、ドーピングの範囲に含まれない、あるいは麻薬ではない薬品がサプリメントとなる。近年では朝食をサプリメントで済ませている人もいる。体育大学の学生でも毎月数万円をサプリメントにかけている実態もある。食費と同等かそれ以上である。ドーピングなどは、フェアに戦うことを是とするオリンピックに不正を持ち込むことであるから、オリンピックの平和理念と矛盾することになる。

外的問題

オリンピックの影響力の拡大にともない、当然それを利用する者も多くなってきた。オリンピックは規模が拡大すればするほど、スポーツ団体だけでは開催できない。開催招致都市としての決定もスポーツ団体よりは政治的・経済的団体の方が決定権を持っている。また、大会の運営においてもスポーツ団体だけでは間に合わず、警察による警備、軍隊の支援を必須とする。一九六四年の東京オリンピックも、警察や自衛隊が相当のバックアップをした。また、一九七二年の札幌大会そして一九九八年の長野大会では、市内警備は警察が、自衛隊は車両による雪の運搬やゲレンデ整備をおこなった。開催は都市だが、国の総力戦というのが実状である。

現在外的に一番大きな側面は商業的・経済的利用である。とくに都市整備への利用が問題になる。近代オリンピック開催都市はその準備のために、若干の都市整備をおこなってきた。一八九六年の第一回大会のアテネ市でも同様である。ほこりっぽい道路を舗装したり、暗い道路に街灯を設置したり、道路脇に花を植えたりした。しかし、現在のような都市再開発のための手段としてオリンピックを招致するというのは一九六〇年のローマ大会以降であり、一九六四年の東京大会で一気に加速した。これは高度経済成長の直っ只中で、経済活性化の一環でもあった。当時の予算で一兆円、その約九七パーセントが都市インフラ整備用で、新幹線や地下鉄や高速道路建設に投入された。たったの三パーセントがオリンピック用で、完全にオリンピックに名を借りた都市再生のインフラ整備であった。

一九八〇年代以降のグローバル化の時代に入り、各先進国の産業はより安い労働力を求めて中国や東欧に移動し、先進国内の産業は空洞化した。それゆえに、大都市は観光資源化、国際都市としての名声を獲得するために大規模な都市再生政策をとりはじめた。そのためにメガイベントが手段として招致され、それに隠れて都市再生のインフラ整備が大規模におこなわれるという構造である。これをもって「経済効果」と宣伝するが、これは事前の資金投入であり、単に大手の建設業界を中心とする財界が栄えるだけである。実際、イベントによる収入は各開催都市が投入した資金に比べれば、はるかに小さなものであることは多くのイベントが物語っている。多くの自治体は、イベントが終われば、約束した「経済効果」の評価もおこなわず、ゼネコンに儲けさせるだけというのが、とくに日本の実態である。

5 オリンピックの批判・否定――平和と和解に引きつけて

次いでオリンピック理念である平和と和解の可能性に対する批判、否定を見てみたい。[6] 第一は、一九世紀末、オリンピックの復興と並行して普及しつつあった体操関係者からの批判である。これには二つの意味合いがあった。一つは、帝国主義の時代、ナショナリズム運動（自民族優越、他民族排除）に結合する形で普及していた体操がインターナショナリズムのオリンピックに反対した。そして二つめは、人気が急上昇するスポーツへの危機意識からである。体操は競争を内包していなかったが、スポーツは競争を楽しむ運動文化であり、体操よりも圧倒的な人気を博した。それゆえ、体操側はスポーツが競争至上の、ときには野蛮な乱闘も含んだ文化として批判した。しかしやがて、体操クラブもスポーツを取り入れざるをえなくなった。そして体操もまたオリンピックに参加し、競争的体操競技としての道を探った。

第二はファシズムによる批判である。自民族優越、他民族排除・抑圧（chauvinism）をとるファシズムはオリンピックのインターナショナリズム、多民族の融和に反対した。ヒトラーも当初は一九三六年のベルリン大会に反対であったが、国家宣伝の最大の機会であると説得され、その後は政治利用の最大の機会とした。

オリンピック批判の第三のグループはオールタナティブと呼ばれる労働者スポーツ運動、女性スポーツ運動である。第一次世界大戦は各国の思惑とは逆に長期戦、総力戦となった。そこでブルジョア政府は普段は目の敵にしていた労働者政党や労働組合や社会主義勢力に対しても少しの恩恵を与えて協力を訴えた。女性にも権利を与えて動員した。一九二〇年代、一九三〇年代初頭の戦間期、女性の参政権を含む諸権利運動が大きく進展した。国民の福祉も一定程度普及した。アマチュアリズムを否定しながらスポーツが普及し、労働者スポーツ運動や労働者オリンピックも生まれてきた。オリンピックのインターナショナリズムは本当のそれではなくナショナリズム、ファシズムを促進していると批判した。そうしてむしろコスモポリタニスト的なバルセロナ・労働者オリンピックを一九三六年七月一九日から予定した。同年八月一日からのベルリン「ブルジョアオリンピック」への対抗である。参加数は、バルセロナのほうは一〇万人を超える競技者と観客が来てベルリン大会よりも大規模に企画された。ところがフランコ率いるファシズム軍が反乱を起こし、国内は内戦状態化した。開会日の朝、バルセロナ競技場も戦場となった。そして労働者オリンピックは中止になり、「幻のオリンピック」となった。そこに来ていた各国からの参加者の多くが反ファシズム内戦に加わった。最終的にはドイツやイタリアのファシスト政権の支援を受けたフランコ軍がスペインを席巻した。ドイツではすでに一九三三年の一月にナチスが政権をとり、民主主義や左翼を暴力的に弾圧していた。イタリアもムッソリーニが政権をとっていたから、そこでドイツ、イタリア、スペインがファシズムで同盟し、ベルリンオリンピックが終わると、その後ヨーロッパのファシズム化が一気に進んだ(7)。

国際女性スポーツ運動の主体はブルジョア女性だが、オリンピックの女性差別に対抗して、国際女性オリンピックを一九二二年に初めて開いた。IOC内では対立を抱えながらも、徐々に女性の参加を認めた。これらもやがてファシズムに抑圧されていったが、その際に目指した理念は戦後のオリンピックに確実に生かされていった。

一九八一年頃、一九八八年の大会招致へ向けて名古屋はソウルと競っていた。そこでは、「トロプス論」というオリンピック否定論が出てきた。これが第四のグループ。「トロプス（trops）」とは後ろから読めばスポーツ。スポーツというのは競争を本質として含み、楽しむ文化である。しかしトロプス論の三段論法は以下のようなものである。「競争は資本主義の論理である、オリンピックは競争を本質とするスポーツの祭典である、したがってオリンピックを否定する」。そして非競争的なゲームを推奨する。単純明快な論理である。わかりやすいが論理としてはきわめて荒く、理論と呼ぶにはほど遠い。実は競争概念には人類が生まれて以降、二つの側面がある。ライバルとしての「励まし合う競争」と、資本主義的な「蹴落とし競争」である。[8] スポーツは本来前者のジャンルで、競争を楽しむ文化であり、その過程で相互に成長する。だから相手は実際の敵ではなく、文化の共同者である。相手がいなければ、その文化を享受できない。だから勝っても負けても相互を敬う、それがフェアプレイである。もちろん負けたときは悔しいが、それ以上のものにしてはいけない。それを逆恨みしていろいろとやっていくと、これは蹴落とし競争になる。こうしてスポーツは本質的に平和へとつながる論理を内包しているが、一方、蹴落とし競争に持っていく社会的諸力が働く。国家的レベルでは、ナショナリズムの対立にもなる。「蹴落とし競争」の側面だけに注目すれば、囲碁、将棋、チェス、トランプなどのゲームもすべて否定の対象となる。

オリンピック批判・否定の第五のグループは、「オリンピック・インダストリー」論である。IOCは一九六四年段階までは貧乏団体だったが、今は莫大な放映権料や五輪のロゴマーク販売などに支えられてかなり裕福である。しかし、IOCは営業企業ではなく、収益金の多くは国際的なスポーツ振興に大きな援助をおこなっている。たとえば、発展途上国のスポーツ発展への支援であるオリンピック・ソリダリティがある。これは平和学の積極的平和（国家間）の一環である。

第六は肥大化にともなう批判である。これは環境破壊や都市再生へのインフラ投資にともなう都市福祉の抑圧への批判が主である。結局オリンピックに名を借りた都市再開発が現在では最大の問題だが、その一方で「持続可能なオリンピック」が提唱されている。そしてこれは主に開催都市での問題である。

以上のオリンピック批判にはそのインターナショナリズムに対する国家主義的ナショナリズムからのもの、オリンピック＝アマチュアリズムとして後者が内包した諸差別への批判があったが、それらは基本的には克服されている。しかし現在ではオリンピックの商業主義や政治・経済的な利用への批判が主要となっている。こうして、オリンピックも歴史的・社会的変遷の中で、主に資本主義社会の問題点を反映した。と同時にそれらへの批判も変遷した。いずれにせよ、それらの批判はオリンピックの目指す平和と和解の可能性への批判でもある。そして今後のオリンピックはこうした批判に対して丁寧な対応が求められている。

6　オリンピックと遺産《レガシー》

オリンピック・レガシー

大会後の活用計画のない大規模なスタジアム建設など、マイナス・レガシーも、環境破壊、都市福祉の後退などとともに問題化してきた。これらがオリンピック招致、開催の反対運動へ直結し、招致立候補都市での反対運動も増え、それゆえに途中で立候補を辞退する都市も多くなっている。これはオリンピック後に何を遺産として残すかという思想がなく、また市民的合意を得ないまま、都市再開発のみで進んできた結果である。現在のジャック・ロゲIOC会長になり、その影響下での初のオリンピック決定となった二〇一二年のロンドン大会では、レガシー思想を先行させ、そこから将来に残す施設と、大会後は撤去して他の目的に活用する計画案が重視されている。(9) オリンピック施設を中心とするオリンピック・パークの考え方であるが、これなどは福祉的視点の一つのあり方であろう。また私は、招致立候補都市（国）の最低過去一〇年の市民、国民へのスポーツ普及政策もまた開催都市決定の評価内容として含めるべきだと主張している。それはスポーツを中心とする都市福祉の一つの指標となるからである。IOCは招致立候補都市（国）の政治に介入することなく、福祉水準を一定程度高める作用を持つのである。

こうしてＩＯＣもまた、オリンピックによる大規模施設や環境破壊などのマイナス・レガシーへの高まる批判に対処し、都市福祉の向上をともに実現できる「持続可能なオリンピック」のあり方を模索しはじめている。

二〇一六年大会招致

二〇一六年開催は二〇〇九年一〇月二日にコペンハーゲン（デンマーク）のＩＯＣ総会でブラジルのリオデジャネイロに決定した。南米初の開催である。その経過はいろいろと論評されているが、その決定前の段階での招致立候補の四都市の実状を見てみよう（次ページの表を参照）。東京は直接にかかわる施設建設費用は表のように二四六三億円である。今ある国立競技場を使わず新たに一〇万人規模の競技場をつくるから、それだけで一〇〇〇億を要する。オリンピックにそんな大規模な競技場は必要ないし、大会後、それを活用できる競技団体はない。この点では明らかにマイナス・レガシー化の可能性を持っている。ほかの施設も修理・補強して活用すれば、経費の半分ぐらいは削減できる。そうするとマドリードぐらいになる。シカゴ八三四億円、リオデジャネイロは三五一億円。インフラ整備は、オリンピックとは直接関係ない。東京の場合には一兆五八〇〇億円で、マドリードは約一兆円。マドリードは一九九二年のバルセロナの二番煎じをやりたがっている。バルセロナは観光資源としての都市インフラを徹底的に整備して、その後の観光資源化で大成功したオリンピック史の中でも典型事例である。それまでスペインの観光地はマドリードで、闘牛とフラメンコがセールスポイントだったが、その後は文化都市・バルセロナが優位を占めている。シカゴは三一二七億円。リオデジャネイロ三〇二六億円。

さて、一九七〇年代以降のオリンピック開催時における公的予算と民間資本との関連を別の研究で見ると[10]、一九七六年のモントリオールが一番公共予算が多く、ミュンヘンが続くが、バルセロナやソウルは

2016年オリンピック招致立候補都市の競技会場・インフラ整備費比較

（単位：億円）

項目	東京	マドリード	シカゴ	リオデジャネイロ
既存の競技会場・恒久施設で工事が必要なもの	474	1,002	0	117
建設予定の競技会場（恒久施設）	1,866	616	666	200
建設予定の競技会場（仮設施設）	123	20	168	33
競技会場合計	2,463	1,638	834	351

既存インフラ・改良工事あり	1,001	581	0	263
計画中のインフラ整備費	9,580	9,377	3,127	2,205
追加のインフラ整備費	0	28	0	558
インフラ整備費合計	10,580	9,985	3,127	3,026

（1＄＝115円，東京都の資料から）

東京の場合，申請ファイルで除いた外環道路などに2兆6000億円が必要．オリンピックスタジアムやメディアセンターの用地取得費，同センター建設のための築地市場の移転予定地である豊洲の土壌汚染除去費などを含めると施設の整備に2兆円近くかかる．

半々である。国家ないしは都市財政で半分支えられている。また一方での極端な例が、アトランタとロサンゼルスで、これはほとんど民間資本に依存した。資本主義のチャンピオンであるアメリカでは民間資本が集まる。一九八四年のロス大会は市議会が資金援助を否決しオリンピック返上論まで出たが、最終的に民間資本のみでおこなった。オリンピック史上初のことである。前二大会がボイコットで危機に瀕していたオリンピックが、そして今回もソ連をはじめとする社会主義諸国のボイコットがあったが、結局は「大成功」しオリンピックは生き返った。その後、招致都市、開催都市の多くがアメリカのように民間資本での運営を望んだが、アメリカほどの民間資本の結集ができず、またアトランタ大会での民間資本依存による財政危機の経験から、IOCは完全な民営化を望まず、公共支援の開催を条件にした。

そのぶん開催都市ないし国が支出した。アメリカは公共投資が少ないのと同時に、このロスとアトランタと今度申し込んだシカゴは、インフラの投資も非常に少ない。アメリカは民間資本ですべて賄うが、またアメリカゆえにそれが可能だが、都市側から見ると、オリンピックに名を借りた都市インフラを一気にやろうという考えはない。そういう面から見るとアメリカの都市は、一つのお手本だ。

おわりに——市民とのかかわり

これまで、オリンピックをめぐる平和と和解について述べてきた。とくに招致・開催都市とその国内では福祉の削減をともなうと考えられる。それゆえに市民の理解や支持、市民との和解の下にオリンピックが招致、開催される必要がある。IOCもそうした方向を模索するだろう。

そして、国際的には、政治的・経済的・宗教的な「代理戦争」という消極的な平和と和解の運動から、より積極的な平和と和解への新たな展開が求められている。もちろん、その過程で、オリンピックをめぐる多くの弊害を取り除く努力と並行しなければ、こうした平和と和解の意図も実現されない。

近年、マスコミの影響力が増すにしたがって、こうしたオリンピックの平和と和解の運動としての側面がやや後方に退けられている。とくにテレビ視聴率をどれだけ獲得できるかという商業主義的発想からの報道が大勢を占めている。しかし、それは結局「贔屓の引き回し」でオリンピックで恩恵を受けるマスコミ自体がオリンピックの価値をみずから掘り崩しつつある。長期的な視点で、オリンピックの普及と永続のために、つまりオリンピックによる世界と国内の平和と和解のために、いかなる報道が必要なのか考えるべきである。

また、国家・自治体レベルでも、オリンピックを人類の文化遺産として、そして現実の平和と和解の一つの運動として、学校教育や社会教育を通して、広く教育することが求められる。オリンピック関連団体ではこうした活動をおこなっているところもあるが、その影響力はいまだ僅少である。

そして市民レベルでは、オリンピックのあり方をめぐる市民討論をもっと恒常的に議論する場が欲しいものである。もちろん、賛成意見も反対意見も含めた、フォーラムの場でよいと思う。オリンピック招致都市が出ると、すぐに賛成と反対に分かれるのは、どちらもオリンピックの深い理解にもとづいているとは言えない。往々にして、どちらも教条的なドグマをぶつけ合っている状態であるし、とくに賛成派は多数であることに寄りかかり反対派を無視する傾向にある。もっと、反対派の意見には真摯に耳を傾け、真っ正面から議論するだけの度量がないと、オリンピックの未来も暗いものになるだろう。これは世界的な傾向である。

それは研究学会としても言えることである。オリンピックほどの対象は、その研究組織が、国・公・私立を問わず、一つくらい必須である。現に世界の六カ国にオリンピック研究センターが設置され、情報収集・研究・広報活動をおこなっている。また、オリンピック関連の学会が存在してもよいだろう。スポーツ研究だけでなく、あらゆる側面からオリンピックは研究の対象となる。「オリンピックの平和と和解」「オリンピック・レガシー」「オリンピックとナショナリズム」などもそれらの一環になるだろう。研究の集約の場、総合の場としての学会の設立はスポーツ研究自体の発展にとっても重要な課題である。オリンピックはあらゆるスポーツ研究の凝縮された対象なのである。しかし、オリンピック研究は世界的に見ればオリンピックのスケールの大きさゆえに、そして日本ではそのうえに伝統的にヨーロッパ中心に対して地理的、言語的な不利を抱えて、その社会的な意義の大きさに比べて研究は少なかった。「オリンピックの平和と和解」についての随想はあっても、その研究は国際的にも国内的にも皆無に近い。こうしたことも、オリンピックの意義の討論の不足の背景の一つとなっている。再度強調したい、オリンピックはスポーツ研究の凝集点であると同時に宝庫でもあり、文化研究としても、平和研究としても重要な対象である。(11)

注

（1）内海和雄「オリンピックと資本主義社会② オリンピックはなぜ、いかに復興されたか」『人文・自然研究』第一号、一橋大学大学教育研究開発センター、二〇〇七年三月。
（2）臼井久和・星野昭吉編『平和学』三嶺書房、一九九九年。
（3）Alan Bairner, *Sport, Nationalism, and Globalization: European and North American Perspective*, SANY, 2001.
（4）内海和雄『イギリスのスポーツ・フォー・オール――福祉国家のスポーツ政策』不昧堂出版、二〇〇三年。
（5）内海和雄『アマチュアリズム論――差別なきスポーツ理念の探究へ』創文企画、二〇〇七年、参照。この本は社会科学としてアマチュアリズムを分析した、内外含めて初めてのもの。
（6）内海和雄「オリンピックと資本主義社会④ オリンピック批判・否定論の検討」『人文・自然研究』第二号、一橋大学大学教育研究開発センター、二〇〇九年三月。
（7）内海和雄「オリンピックと資本主義社会③ オリンピック招致と日本資本主義」『人文・自然研究』第三号、一橋大学大学教育研究開発センター、二〇〇八年三月。
（8）芝田進午『人間性と人格の理論』青木書店、一九六一年、一九四ページ。芝田はここでマルクスとレーニンを引用し、競争の「人間的な形態」と「野蛮な形態」を区別している。
（9）白井宏昌「オリンピックと市の野望と苦悩――『シドニー』『北京』『ロンドン』が語るもの」『新建築』二〇〇八年一二月号。
（10）Holger Preuss, *Economics of the Olympic Games: hosting the Games 1972-2000*, Petersham, NSW, 2000
（11）内海和雄「オリンピックと資本主義社会① 課題設定」『一橋論叢』第七七八号、二〇〇五年八月。

■平和と和解の思想のために《文献案内》

日本オリンピック・アカデミー『ポケット版　オリンピック事典』楽、二〇〇八年

本書はオリンピックをコンパクトに、そしてトータルに捉えることができる。オリンピックの導入的テキストである。

ジョン・J・マカルーン『オリンピックと近代——評伝クーベルタン』柴田元幸・菅原克也訳、平凡社、一九八八年

オリンピック研究の少なさの原因を指摘しつつ、クーベルタンが近代オリンピック復興をした意図などが単なる伝記ではなく、研究的に追求した稀有の書である。クーベルタン研究の古典になりつつある。

アラン・トムリンソン／ギャリー・ファネル編『ファイブリングサーカス——オリンピックの脱構築』阿里浩平訳、柘植書房、一九八四年

オリンピックの「絶対的」賛美が多い中、オリンピックを多角的に、しかも批判的に検討した初めての書である。これ以降、否定ではなく、批判的にオリンピックを捉える契機を与えた。

その他、最近の研究的出版物は以下の通り。

ジム・パリー／ヴァシル・ギルギノフ『オリンピックのすべて——古代の理想から現代の諸問題まで』舛本直文訳著、大修館書店、二〇〇八年

マイケル・ペイン『オリンピックはなぜ、世界最大のイベントに成長したのか』保科京子・本間恵子訳、サンクチュアリ・パブリッシング、二〇〇八年

老川慶喜編『東京オリンピックの社会経済史』日本経済評論社、二〇〇九年

第9章
争闘と平和のヴィジョン
フェルキッシュ宗教運動における「非平和」の思想

深澤英隆

はじめに

《聖なるとき》と題する絵画は、第二次世界大戦前のドイツにおいて、非常によく知られた作品であった（図1）。この作品は、見る者にある種の相反感情をひき起こす。「神聖なるとき」という画題の意図は、たしかに伝わってくる。画面全体に漂っているのは、左上方から射すにぶい陽光を受けとめ、その光に向かってたたずむ人々の、恭順と瞑目の姿勢が、あるいはまたあふれる緑の輝きが醸し出す、「聖性」の雰囲気である。男二人は裸形で、ほかの者たちは時代のさだかならぬ衣装で、この光を静かに享受している。一見すると平安と静穏の風景が、そこに現出している。

それとともに、予備知識がない鑑賞者も、この絵に一抹の違和感を覚えるかもしれない。宗教的主題を描いた多くの絵画と同様に、この作品も聖性とキッチュとの境界線上に位置している。さらにこの絵画の時代背景を知る者は、光に向かって立つ男の筋骨たくましい裸体とそのポーズが、単なる平安と解放の記

図１　《聖なるとき》1918（出典：Kurt Engelbrecht, *Ludwig Fahrenkrog, Seine Schöpfung und ihre Bedeutung für unser Volkstum*, Dresden: Verlag der Schönheit., O.J. ca. 1921）

号であるにとどまらないことを知っている。陽に向かい両手を高く上げるこの男の姿は、一九世紀末前後の生改革運動における身体文化の代表的所作を示している。数多くの画像や裸体運動等の身体実践において反復されたこのポーズには、ある欲望が隠されている。すなわち「自然的」なるものの中で、しかも闘争を辞することなく再獲得されるべき、「種的」同一性への希求である。この作品は、二〇世紀前半を通じて、ドイツの民族主義的な生改革思想や青年運動の、代表的アイコンの一つでもあった。

この《聖なるとき》の作者、ルートヴィッヒ・ファーレンクローク（Ludwig Fahrenkrog、一八六七—一九五二）は、画家であるとともに思想家であり、後述する民族主義宗教運動の指導者の一人でもあった。以下では、このファーレンクロークの思想の検討を通して、平和を深部でゆさぶる、「非平和」の思想とでも言うべきものの一端を探ってみたい。

1　ドイツ近代とフェルキッシュ宗教運動

「非平和」の思想

変転に満ちた二〇世紀の政治風景の中で、平和を脅かした出来事は数多い。しかし、おそらくそれ自身が独立した純粋な「悪」として、平和を侵害した事象は存在しない。「反平和」の意志と見えるものも、往々にして、平和や安寧の希求と裏腹な形で結びついている。しかしそれと同時に、ある種の思想の質があり、それがより強く平和の実現を阻害する方向に働いたということもたしかに言えるだろう。たとえば、二〇世紀におけるそうした反平和の意志の典型とも見えるナチズムという現象はどう考えられるだろうか。

ヒトラー政権が平和を希求していた、という言い方はおよそ適切ではないだろう。しかし、それがある種の「秩序」と、歪みをともなったユートピア的構想を持っていたことは確かである。とはいえこの構想は、徹底的に反平和的手段を通じて追求されることとなった。ところで、こうした構想は、ナチズムにおいて突然浮上したわけではない。ナチズムを近代ドイツ史の帰結として捉える目的論的な史観は慎まれねばならないが、ナチ政権の成立が、ドイツ近代の一つの帰趨であることも否定できない。以下では、二〇世紀の歴史に深い傷跡を残したこのナチズムに先行する、「プレファシズム」とも呼ぶべき一現象を検討し、そこに展開されている「非平和」の思想を確認することとしたい。

ここで「非平和」の思想と仮に呼ぶものは、明確に「反平和」を目標として掲げているわけではないが、平和を大きく阻害する要因を内に持った思想を意味している。平和と和解の思想的追求にとっては、そうした「非平和」の思想を検証することからもまた、逆に得るところがあるだろう。

2　フェルキッシュ宗教運動と「ゲルマン信仰共同体」

「民族」（Volk）の概念とフェルキッシュ派

いち早く国民国家建設と近代化を成し遂げた英仏に対し、「遅れてきた国民」[1]としてのドイツは、西欧的啓蒙思想（理性、人権、民主主義等）を原理とするネーション形成になじまず、それに代えて「民族」（Volk）概念を国家建設の正当化の根拠とした。ドイツ民族主義が決定的に高まるきっかけとなったのは、周知のように、一九世紀初頭のナポレオン軍の侵略への抵抗と、「ドイツ民族」という同一性意識の新たな芽生えであった。この意味では、民族の概念は防衛的な性格をも持っていたが、まずは武力による抵抗と、それに続く民族的同一性の追求は、暴力的拡大や異分子の排除による排他的なユートピア建設の構想とも結びつきがちであった。その際の民族理解の性格、いわばその「非合理性」の度合いは、さまざまであった。

一九世紀終盤以来の政治・文化状況の中で、この民族概念を一種の究極概念・極限概念にまで高めて信奉した陣営がいた。この陣営は、Volk の形容詞形 völkisch をキーワードとしたことから、通常「フェルキッシュ派[2]」と呼ばれている。のちにナチスが「フェルキッシュ」の語を多用したことからもわかるように、この陣営とナチズムとは、非常に密接な関係を持っている。

政治学者のA・モーラーは、のちのナチスを準備する「保守革命（die konservative Revolution）論者」を五つの類型に分け、その一つとして、このフェルキッシュ派を挙げている。モーラーによれば、フェルキッシュ思想は、共通項として、なんらかの「根源」（Ursprung）の観念を持つ。[3]「民族」（Volk）「人種」（Rasse）「北方人種」（nordische Rasse）等の観念がこの根源を表すものとして語られる。さらには、「精神」

（Geist）や「血」（Blut）や「生」（Leben）なども、同種のキーワードとなる。

フェルキッシュ派の特徴は、こうした非合理的な「根源」の力の表象に依拠し、それを活力としてドイツ民族とその国家の革命的な刷新や真の民族共同体の実現を目指す点にある。その際の終極的な志向性は、近代国家としての完成というよりは、想像の「根源」のある種の啓示的現実化に向けられている。非ナショナリズム陣営はもとより、青年保守派や国民革命派にとっても、このフェルキッシュな要素をその中核として成立し、しばしば奇矯さの極みと見えた。しかしナチズムはまさにこのフェルキッシュ派の思想はしばしその上に立った国家形成を実現したのである。[4]

フェルキッシュ宗教運動とGGG

「ドイツ民族主義宗教運動」、「ゲルマン主義宗教運動」、「フェルキッシュ宗教運動」、「新異教主義宗教運動」など、種々の名で呼ばれる、一群の宗教運動がある。[5] これらは、一九世紀末前後より数多くの運動体として生成し、離合集散を繰り返したのち、ナチス期に禁止ないし抑止され、戦後小規模に復活してのち現在にまで系譜をつなげている反キリスト教的宗教運動である。その生成の直接の母体は、言うまでもなく前述のフェルキッシュ思想・運動であり、その教義内容の中核をなすのは、民族概念の明白に宗教的な超越化・非合理化・絶対化である。宗教運動としてはマイノリティではあったが、政治運動やアカデミズムとの連動により、また数多のフェルキッシュ宗教関連の書物を通じて享受される「読書宗教」として、この運動は小さからぬ影響力を持った。

このフェルキッシュ宗教運動の代表的なグループの一つが、本稿で事例として取り上げる、「ゲルマン信仰共同体」（Germanische Glaubensgemeischaft、以下通例に従いGGGと略記）[6] である。この運動体は、冒頭に挙げた画家・思想家であるL・ファーレンクロークによって創始された。

図２　《イエス像》1907（出典：Kurt Engelbrecht, *Ludwig Fahrenkrog, Seine Schöpfung und ihre Bedeutung für unser Volkstum*, Dresden: Verlag der Schönheit., O.J. ca.1921）

ファーレンクロークは、若年期にアーリア人的風貌のイエスを描いた「ナザレのイエス」ほか、一連のイエス像でスキャンダルを巻き起こした（図２）。以降美術学校教授を務めるかたわら、種々の民族主義宗教関連の著述をなすほか、一九一二年にはＧＧＧを結成し、実践的活動に乗り出した。一九一四年には共同体の規範となる文典『ドイツ書』（*Das Deutsche Buch*）を刊行する。[7] フェルキッシュ宗教運動のヴィジョンには、自然と調和した古代ゲルマンの平穏な宗教的生活へのノスタルジーと、現に支配的なユダヤ・キリスト教への攻撃的対抗のエトスが、表裏一体の形で共存していた。ＧＧＧの正規会員となるためには、キリスト教会からの離脱と、「ゲルマン的な血統の証明」が必要とされた。活動の担い手は男性であり、ほかのフェルキッシュ集団のほとんどと同様に、ＧＧＧも「男性結社」的な性格を色濃く持っていた（図３）。またＧＧＧは、フェルキッシュ宗教集団としては、相当に堅固な組織態勢および儀礼体系を有していた。

3　GGGの思想

フェルキッシュ思想の担い手は、「民衆」の意味もあるVolkの概念に依拠するにもかかわらず、中間および上層の知識層の人間たちであった。フェルキッシュ宗教運動においてもこれは同様であり、それは民衆宗教とはおよそ反対の、「知識人宗教」という性格を持っていた。(8) ここからすると、GGGを含むフェルキッシュ宗教運動において、思想というものがきわめて重要な位置を占めていたことが予想できよう。

図3　「男性結社」としてのGGG──『ドイツ書』抜粋版表紙（出典：Ludwig Fahrenkrog, *Die Germanische Glaubensgemeinschaft*, Roland Faksimile [1920] 2002）

以下にGGGの思想を探るに当たって、ここではファーレンクロークの執筆になる、GGGの信仰箇条である、「ゲルマン信仰共同体信仰告白」(9) に着目してみたい。当時のフェルキッシュ宗教運動は、おのおのこうした信仰箇条を掲げて、活動することが多かった。GGGのそれも典型的な箇条書きのスタイルをとっており、全体は一〇箇条にまとめられている。形式としては、まずテーゼのごときものがあり、その下にドイツ精神史上のテクストの断片がいくつか引用されている。このテクストの断片の引用は、たとえばキリスト教思想家の言句にゲルマン的信仰を読み込むというような、非常に強引な解釈を通じて、おのおのテーゼを正当化する役割を担っている。以下ではこのGGGの信仰告白の一〇箇条を個々に検討しながら、そこに「非平和」の思想と呼ばざるをえない種々の特徴があることを確認してゆくことにしたい。

1　われわれは万象とわれわれを貫く精神および生の力を信奉する。

この信仰告白を通じて、あるいはまたフェルキッシュ宗教思想全体に通じる特徴として、究極概念の拭いがたいあいまいさということが言える。キリスト教的な超越的人格神の概念は否定される。そうした一方で、「宗教」運動とされるからには、なんらかの究極概念が要請され、またそうした「超越的レファランス」を媒介にして、フェルキッシュな目標を達成することこそが、フェルキッシュ宗教思想の目指すところとなる。この第一項で呈示される「信仰」対象にして、GGGの究極概念であるとまずは予想されるのが「力」(Kraft) であり、これはまた「精神 (Geist) の力」にして「生 (Leben) の力」であると言われる。この力は「万象」および「われわれ」と区別され、それらの上位に置かれているように見える。精神と生が、万象とわれわれに内在するものなのか否かは、なおさだかではない。

ここで注意すべきは、この信仰告白には、終始「神」の言葉が出てこない、という点である。もっとも「神」の語が、ファーレンクロークの語彙にないというわけではなく、たとえば主著とも言える全七巻(最終巻は未完)の著作は『時の変遷の中の神』[10]と題されている。この書物は、人類における神観念の発展史を描くとされるものだが、事実上は、有神論的神観念の失効に至る展開を精神史の「発展」として叙述したものである。ファーレンクロークは、キリスト教のそれであれ、あるいはインド・ゲルマン神話のそれであれ、人格神というものを否定する。これに代えてファーレンクロークは、神秘思想や否定神学で用いられる「神性」（Gottheit）の語を頻用するが、この場合ファーレンクロークおよびその周辺では、「汎神論」（Pantheismus）のシステムが積極的に評価され、その枠内で神性が語られることとなる（「私たちは、私たちの宇宙《コスモス》を統一体として把握する。この統一体のためには、ただ一つの神のみが想定しうる。なぜか。なぜなら私たちは意識のもっとも深いところではみな汎神論者だからである。一つの神性、すべてにおけるすべてなるその神性は、他の神性の余地を残さない……」）。(11)

またその際の神性＝万象のもう一つの名が、第一項に言われる「力」である。「力」の概念は、不定形で非物体的でありながら現実的な作用を持つ何かを表象可能にすること、また力の観念そのものに empower する働きがあることにおいて、フェルキッシュ宗教思想において多用された。フェルキッシュ宗教思想が、民族や人種の概念の暴力的行使に結びつくとすれば、「力」の概念はそれを支える思想要素の一つであった。

なおこの第一項には、以下のゲーテの言葉をはじめとして、四つの引用が付されている。――「万象の輪を外から指で突いて廻す神など、何ものであろう！／世界を内部から動かすこと、自然をみずからの内に、自然の内にみずからを抱く、これこそ神にふさわしい／それであってこそ神の内に行き、生み出され、存在するものは、神の力と神の精神《ガイスト》を見失うことはないだろう」。ゲーテの世界像が汎神論に近い傾きを持っていることはしばしば指摘されるが、ここでの神論がフェルキッシュ思想の神論と同一であるとはおよそ言えない。

このように、ファーレンクロークのみにとどまらず、フェルキッシュ運動全般において、語法とも修辞的形式とも「論理」とも言いうる、一つの手だてが見られる。これを仮に「解釈的同化」と呼ぶならば、この解釈的同化とはすなわち、ドイツの思想史・精神史に属する過去のテクストを、文脈から切り離して、引用し、列挙し、現在の宗教的・政治的イデオロギーに即した形で解釈することにより、超歴史的なゲルマン的心性の特徴を証言する言葉に仕立て上げる、つまり過去のテクスト＝証言を、現在の関心に応じた「解釈」を通じて、強引に「同化」してゆく作業を意味する。[12] このフェルキッシュ思想の解釈的同化が、極端に牽強付会な形でなされたのは事実であるが、同時にこうした解釈をわずかでも許す思想要素が近代ドイツ思想史の中に存在してきたか否かも、検証されねばならない。[13]

2　われわれは、現象の世界に、ある生の形成力を認識する。この形成力は——果実が「種子において先行形成される」との法則のとおり——あらゆる現象とその固有のあり方を条件づけたものである。かくしてわれわれは、あらゆる現象を、その自然的必然性における、生の力の顕現と認めるものである。

この第二項では、「現象」と「生の（形成）力」との二分法がまず導入される。ここでの語り方からすれば、現象と生の形成力は存在次元を異にし、後者がより根源的なものとされている。それとともに、両者を媒介する次元として、「種子」と「自然（法則）」が語られている。そしてこの次元こそが、神性の概念以上に、GGGをはじめとするフェルキッシュ宗教思想において核心的な役割を果たすものである。ここで比喩的に「種子」と言われているものは、フェルキッシュ思想からナチズムにまで至る共通語で言えば、「種」（Art）であり、より限定的には「人種」（Rasse）ということである。

GGG設立の初期に活字となったファーレンクロークのマニフェスト的論考は、いずれも中間項としての人種概念にふれている。一九一二年の「ゲルマン的・ドイツ的宗教」[14]によれば、宗教の成立には「宗教的共同意志」が必要であり、その基盤を提供する唯一無二なるものとして、人種的共同性が挙げられている。多様な人種の成立という「現象」は、神性の「外化」（Äußerung）であり「特殊化」（Besonderung）であって、またその人種的自然＝本性に、宗教的認識のあり方も「自然必然的に」決定されているというのがその主旨である。

この人種による宗教の先行決定性を単刀直入に言明しているのは、『ドイツ書』に収められたH・メルツァーの「宗教と人種」と題された論考である。[15] メルツァーによれば、そもそも普遍人間的な宗教なるものは存在せず、世界観は「人種的種別化」(Artung)が避けがたい。また「人種的に一義的」な人間集団の宗教が「生肯定的」なのに対して、世界宗教のような「混成民族」の宗教は生に対し否定的である。「ゲルマン的宗教」の根底をなす「神的啓示」とは、「神はわれわれの内にある」との「ゲルマン的人種感情」にほかならない。――ここではなお神性と現象の二元性は概念的には保たれているものの、すでに「啓示」そのものが避けがたい必然性として人種的色彩を帯びることが主張されているのである。

3　しかも、現象が現にあることの真理と意味もまた自然必然的に当の現象自身の中に存するのであるから、自己自身を実現することがまた、諸現象の意味であり課題である。

超越神論や二世界論というものの特徴があるとするならば、それはまさに現象を超えた次元に真理と意味を見いだすことであろう。そうであるならば、この第三項は、現象の背後世界を拒否することによって、明確に超越神論を拒絶している。ただ第二項がなお複数の存在次元を想定していたとすれば、現象の根拠(意味と真理)が現象そのものの中にあるというこの第三項の自己基礎づけ論とも言うべき主張は、決定的な飛躍を含んでいる。

ファーレンクロークの未完の草稿「世界の謎――現存在」[16](Das WELTRÄTSEL: DASEIN)は、この「現にあること」(=現存在 Dasein)の問題を扱っている。「存在するのは、ただ一つの原現象――すなわち世界の謎、現存在――あるいは、そもそも何ものかがあるという事実である。――同時にただ一つの問いがある。すなわち『そもそもなぜ何ものかがあるのか』」。形而上学のもっとも基本的な問いをめぐるファーレンクロークのこの記述に続く箇所は、多少現象学的なニュアンスを帯びているが、テクストの末尾は、以下のように締めくくられている「そしてついに、人間は全一なるものの内でみずからを再認識したのであるから、彼はみずからをかの原現象として——すなわちかの知られざるものと一なるものとして認識するに至る」。それではこの第三項に掲げられた「自己実現」（sich erfüllen）とは、この普遍的全一者と自己との同一性の認識を指しているのだろうか。

4 われわれはまた、われわれ自身の存在の意味と課題をそのように認識する——われわれとともに生成し、実現を待ちこがれながら、種子の形で、われわれの内にあるものとして。

ファーレンクロークが引用して、先に述べた意味において「解釈的同一化」をはかるテクストのうちでも、いわゆるドイツ神秘主義に属するテクストの引用頻度は非常に高い。たとえば次の第五項では、エックハルトの以下の言葉が引用される——「神を外から持ち込む人間は、不当である。われわれは神をわれわれの外に求めたり、外にあるものと思い込んではならない。そうではなく神はわれわれ自身のものであり、われわれの内にあると受け取らねばならない」。

キリスト教神秘主義の思想家としてのエックハルトの議論を仮にある種の自己実現論と受け取るならば、二つの特徴を挙げねばならない。すなわち第一にそこで実現されるものは、いかなる個別性や特殊性からも離脱した、普遍的神性そのものであること、またそれを実現する個の個人としての特質は、徹底的に否定され、滅却されなければならないことである。これはしかし徹底的な脱自己化であるとともに、もっとも本質的な神的自己の「生誕」としても描かれることになる。(17)

ここで、ファーレンクロークの一九一三年の論考「ゲルマン的・ドイツ的宗教とは何か」(18)（Was ist Germanisch-Deutsche Religion）の記述の含む両義性に注目する必要がある。そこでもまずは、常住不変の神性（「名づけえぬもの」）とそのさまざまな特殊的外化との二分法が示される。そのうえで、特殊的外化としての人間の宗教形態に、「畏れの宗教」（ユダヤ教など）、「恩寵と愛の宗教」（キリスト教）、そして「業（行為）の宗教」の三つの類型が想定される。この第三の宗教形態において「人は神性を万物の根底であるとともに自己の内なる根源としても認識するとともに、心胸の内なる神がみずからの行為の法となる。〔中略〕必然性の神、自己の本質なる神を自己と四周と自分自身において知る、神を体験しながら。神のことがらは、彼のことがらともなる、すなわち業の宗教は生成した」[19]。言うまでもなく、この「業の宗教」が「ゲルマン的・ドイツ的宗教」とされるのであるが、これを自己実現の問題と捉えるとすれば、どのように理解しうるだろうか。

ファーレンクロークらフェルキッシュ思想家は、エックハルトを好んでみずからの思想の先駆者に掲げる。たしかにカトリック教会からエックハルトに異端宣告がなされたように、中世ドイツ語圏の神秘家たちは、否定神学の枠組みの中で、神の客体化を拒む冒険的な言述を繰り広げた。しかしそれは、先に述べたように、最高度の普遍と最高度の個体性との逆説的な接合を表現するための手だてでもであった。これに対して、ファーレンクロークの言う自己実現とは、信仰告白の前後の文脈からもわかるように、あくまで種の自己実現である。ここでは、最高度の普遍性と最高度の個体性の逆説的一致の弁証法が放棄され、見まがいようもない形で、特殊項としての人種共同体が前景化してくるのである。

5　したがってわれわれは、ゲルマン人の宗教は、ゲルマン人の中からのみ生まれることを信じており、そうであることを知っている。

フェルキッシュ宗教思想にとっては、種的特殊の自己実現の中核をなすものは、当然ながら宗教性の自己実現である。ファーレンクロークは、シュライアマッハーにのっとりつつ、宗教を「名づけえぬものへの依存の感情」と定義するが[20]、第五項が意味しているのは、「ゲルマン人」固有の宗教感情の形式があり、それはまた「ゲルマン人」によってのみ獲得しうるとの主張である。ここで、フマニズム以来のゲルマン世界の再発見の歴史や、ことにドイツ国民主義の勃興以来のゲルマン的なるものの召喚のさまざまな側面にふれることはできない。[21] ただ確認しておきたいのは、以下の諸事実である。すなわち、まず古代ゲルマン民族の世界なるものを明らかにする歴史資料は非常に限られており、その世界を詳細に再構成することは不可能である。こうした一方で、実像が不確かなだけに、自由かつ恣意的なゲルマン世界の想像的構成の余地は大きい。さらに古代ゲルマン的なるものは、一方でギリシア・ローマ文明圏に劣るプリミティヴな世界であるとのイメージがあるとともに、前文明的な生命力やキリスト教以前の世界肯定的な生のあり方を喚起するという側面を持ち、この点でドイツの知識層にとってゲルマン的なるものはアンビヴァレントな世界でもあった。ファーレンクロークが本項で「ゲルマン人」と呼ぶときには、古代と同時代のドイツ人とのフィクショナルな連続性を前提としているが、そこには、こうしたゲルマン世界の持っている両義性を抑圧しつつ一つの宗教世界を強引に実体化しようとの態度が見られる。

ファーレンクロークの宗教的「ゲルマン主義」については、以下の諸点が指摘できよう。まず本項は、想像上の実体的「ゲルマン人」に固有の宗教性の可能性を言明するとともに、その宗教性がゲルマン人「のみ」そなわるにするものであるとすることによって、本質論的排他性のテーゼを打ち出している。さらにそこで語られる自己実現としての宗教性の内実が問題となる。フェルキッシュ宗教運動には、古代の宗教性を復興しようとのアルカイズムと、いわば「現代宗教」としてのゲルマン宗教を構想しようとの両極が見られるが、第二次大戦前期のフェルキッシュ宗教運動においては、後者への傾きがはるかに強い。しかもそのうえで、古代ゲルマンの自然信仰と多神教が、同時代の自然主義的キリスト教批判と価値多元主義に連なるものとして引き合いに出される、という論理が見られる。たとえば先にも引用したメルツァーは、過去と現在を通底し、またドイツの再興のために獲得されるべきは、キリスト教を克服する脱神話的な「イデアリズム的汎神論」であると言う[22]。あるいは、やはりGGGの構成員であったL・ロイナーにとっては、今日打ち立てられるべき「ドイツ自然宗教」は、そもそも古代においてすでに自然認識をベースにしていた自然主義的宗教であった[23]。

さらに第五項の末尾の「信じており、そうであることを知っている」という言葉も見逃しえない含意を持っている。フェルキッシュ宗教思想は、その思想の妥当性要求の基礎づけを、ほとんどの場合ゲルマン人なら誰もが持ちうるはずの「直観」なるものに仰いでいる（「ゲルマン人種の宗教的・精神的指導者たちは、『名づけえぬもの』が自分自身の内にあるとの認識に達した。現代のゲルマン人たちも、この認識を奉じている。なぜならそれは感情と悟性を満足させるからである。われわれは、星空を眺めるときに、〔中略〕そしてみずからの魂の内に深く沈潜するときに、われわれを取り囲む世界の本質がみずからの内に住むことを、証明なしに感知するからである」[24]）。信と知の関係づけをめぐる終わりのない論争が、ヨーロッパ思想史を貫く相克の源であったとすれば、ここでは「信じている」と「知っている」が、直観知を媒介として一気に等置されてしまう。しかしこの直証的な直観知そのものは、フェルキッシュな共同性の遂行的設定と強迫的同質化を超える根拠づけを持つことは決してないのである。

6　われわれにとって宗教とは、万象の精神およびその現象・顕現の諸形態に対する、魂の純粋な、世界肯定的な、悦《よろこ》ばしき行為と認識における関わりである。

それにしても、この新たなゲルマン信仰は、どのような内実を持つものでありうるだろうか。古代の復興を目指すのであれば、仮構のものであれ、神話と儀礼の一定のシステムの体裁を整えることは可能であろう。しかし脱神話化にもとづく現代宗教としてゲルマン信仰を打ち立てるとするならば、その内実はいったいどのような性格のものとなるだろうか。これについては、おそらくすべてのフェルキッシュ宗教運動に通じる二つの特質を挙げることができる。

その第一は、フェルキッシュ宗教の内実はほとんどの場合、キリスト教との対比で、キリスト教を反転させた陰画のようなものとして、そしてそのようなものとしてのみ構想されうるということである。たとえば一九一四年の「ゲルマン的教理とキリスト教的教理」(Germanische und Christliche Lehre) と題する論考で、ファーレンクロークは、「ドイツ宗教」とキリスト教との箇条書きの対照表を作成しているが(25)、これを一瞥するといかにフェルキッシュ宗教がキリスト教の鏡像のようなものとして構想されているかがわかる。そこで挙げられている対比を、「ドイツ宗教」/「キリスト教」の順に列挙するならば――「この現存在を完遂することを望む」/「彼岸を此岸にもたらすことを望む」、「人間の善性を信じる」/「人間の罪性を信じる」、「みずからの体験を通じて救済をもたらす」/「仲保者による救済を教える」、「いかなる報いも教えず、『みずからに忠実たれ』と要求する」/「義しき信仰には浄福なる天国を恵み、さもなくば永遠の呪いで脅かす」、「自然において、また芸術と学問を通じて人間において啓示される」/「聖書が啓示された神の言葉であり、仲保者を経ずして何人も父なる神には至りえない」、といった具合である。結局のところ先行的にキリスト教という地平があってのみ、ゲルマン宗教の内実が「直観」されるという皮肉な事実を、数知れずなされたこうした両宗教の対比の試みは示している。

これと同時に第二の特徴と考えうるのが、こうして構想されたドイツ・ゲルマン宗教の内容と諸形式に、キリスト教の諸要素が大きく影響し、そこにいわば「転移」している、という事実である。そもそもこのドイツ・ゲルマン宗教がみずからを「宗教」と規定するとき、近代ヨーロッパの宗教概念形成の土壌となった近代プロテスタンティズムから受ける影響は拭いがたい。「内面的信仰」や「宗教体験」の強調、神話批判と宗教改革の理念などにそうした影響がうかがえるほか、聖典の観念(26)、説教や祈りといった実践形式、そもそも本稿で分析している「信仰告白」などといったテクスト形式も、キリスト教に由来するものである。キリスト教に対する激しい攻撃は、まさにキリスト教との関係によってのみ宗教的アイデンティティを獲得しうるという事実の裏返しにほかならない。

7　終極的な真理にして存在性としての、またわれわれの内に、われわれを通して働く力としての全一なる精神の認識と経験は、われわれにとって同時に、われわれの自己の内なる道徳法則を知ることであり、またその法則の導きへのわれわれの信頼の根拠でもあり、さらにはゲルマン人の高き使命に対するわれわれの信仰の理由でもある。

前項について述べたように、フェルキッシュ宗教思想はキリスト教から決定的な影響を受けているが、同時にキリスト教を反転させたことによって、教義内容においては決定的な相違がある。人格神、二世界論、超自然主義――これらがキリスト教の根幹をなしているとするならば、フェルキッシュ思想はこれらを真っ向から否定する。その場合、世界像を描く限りでは、困難は生じない。どのような世界像も、描くのは自由だからである。困難と軋轢が生じるのは、その世界像が実践的世界を巻き込んで生きられる場面においてである。

キリスト教を含むいわゆる世界宗教の特徴は、自然的世界を超越した存在次元を想定することによって、正義の概念や倫理の基準を社会的共同性の外部に設定し、それによって道徳や倫理に基礎づけを与えた点にある。フェルキッシュ思想はこれに対し、外部なき自然的結合のうちに道徳と倫理を根拠づけようとするが、世界宗教の倫理認識の後《ポスト》にこうした理解を再度持ち込むことは、思想的にも実践的にも一定の困難に直面せざるをえない。

ファーレンクロークの論考「畏敬から生の秘蹟へ[27]」（Aus der Ehrfurcht zum Sakrament des Lebens）は、混乱を含んだ未定稿であるが、こうした困難を反映している。「道徳的なるものは共同体と結びついて」

おり、また高次の共同性をなすのが、「民族共同体」である。しかし道徳は単に不変のままに継承されるのみでなく、民族が絶えず若返るようなより高い目標を掲げねばならない。そして「この目標とは正義(Gerechtigkeit)であるが、この語をわれわれは、自然の神的・創造的エレメントと理解する」。続けてファーレンクロークは、道徳的結合を身体内の循環等の相互作用に喩えて、説明してゆく。これは有機体論的な比喩でもあるが、同時に道徳と倫理を自然的なるものにより実体的に基礎づけようとの発想をも表している。今日の倫理論も、基礎づけ主義の決定的な相対化を受けて、倫理の原理を合意論的な方向にシフトさせている。ファーレンクロークの共同性論は、部分的にはこうした共同体的合意論を連想させるところもある。しかし結局のところそこでは道徳の実体的基礎が求められ、議論は自然的なるものに還帰してしまう。

とはいえ自然的なものは、善悪以前あるいは善悪の彼岸にあり、それをもって行為の妥当性を倫理的に基礎づけることとは、原理的に不可能と言わざるをえない。むろんこのことはファーレンクロークにも実感されているため、本項では、「われわれを通して働く力としての全一なる精神の認識と経験」が、主観的に道徳法則を直覚させる媒介項として語られている。しかしこの主観的な「認識と経験」もまた、外部を持たない閉域にほかならない。第五項に付せられたフィヒテからの引用の言葉は、次のようなものである――「私がみずからの行為について下す判断は、私がその行為において私自身との一致のもとにあるか否かという点に左右される。この自分自身との完全な一致の内的な意識は、私に完全な充足を与える」。しかし、こうした「私の充足」は、言うまでもなく他者との関係にもとづく道徳と同義ではありえない。

8　こうした認識からわれわれに、善なるものへの意志が、純粋性と真理と正義への意志が、さらに自己救済と自己実現への意志が芽生えてくるとともに、自己犠牲にまで至る自由な道徳的行為への意志が生成

してくる。

自然的なるものや主観的直観により道徳と倫理を基礎づけようとする思想が出会うもう一つの困難は、いかに斉一的な共同性であれ、その外部を持ち、その外部との相互行為のうちにあらざるをえないということである。本項では、さまざまな「意志」の生成ということが言われている。意志を持つことはたしかに自由である。しかし他者が欠落した道徳的意志をなお道徳的意志と呼ぶことは難しい。

これまで確認してきた人種主義的共同体主義、普遍主義批判、自然主義的世界像などから推測するならば、ここでの「善なるもの」には、特殊的種の繁栄と拡大にとって善きことという以外の意味を見いだすのは難しい。「正義」という言葉も同様であろうし、一方「純粋性」という言葉は、種の純粋性の保持と促進という意味であることも、容易に予想できる。

このように種という特殊項を第一義的なものとするとき、道徳的行為の主体は個人でありながら、個そのものは滅却されざるをえないということになる。本項で、「自己実現」と「自己救済」がいわばもっとも極まったものとして「自由」な「自己犠牲」が語られていることに、それは端的に表れている。

文中に現れる「真理」という言葉についても、付言しておく必要があるだろう。道徳的原理と同様、この真理という概念についても、当然ながら普遍的な妥当性は求めえないことになる。またそもそもすべての認識が特殊でしかありえないことは、フェルキッシュ思想の主張するところでもあった。そうであるならば、すべての真理認識は、知の問題ではなく、信念＝信仰の問題ということになる。これに対し前出の論考でメルツァーは、信仰が「何かを真理と信ずること」(Fürwahrhalten)、すなわち弱められた知であるとの理解を退け、信仰とはむしろ断片的な知を「世界像」にまとめあげる「価値判断」であるとする。そのうえでこの判断を可能とするのは、結局「内的直観」であるとされるのである(28)。

フェルキッシュ思想は、真理の相対性と共同体的設定を主張することにおいて、現代的なポスト真理論に部分的に通じる側面を持っている。またそもそも人種＝民族の至上性という以外に、フェルキッシュ宗教には救済論や宇宙論にかかわる積極的な「真理内容」はほとんどない(29)。こうした一方でしかし、フェルキッシュ宗教運動は強いイデオロギー的クレイムを打ち出す運動として、自己の相対化を許容しえない。そこから、すでに第七項にも言われていたように、究極的なるもの自体の存在論的真理性が言明され、またゲルマン民族によるその直感的了解ということが主張される。このように、フェルキッシュ思想では、相対主義と絶対性主張との間に調停がなされないままに、両者の思想要素が併存することとなる。

9 かくしてわれわれは、全一なる精神がわれわれの内で作用する固有の現象形式としての自己の本性を自覚することに、さらにこの本性の健全さと力とを保持し、またそれをさらに純粋で高貴な形や目的へと、より先へ、またより高く発展させることに、ドイツ帝国の国境内外のすべてのゲルマン人のもっとも気高い責務を見るのである。

前項末で述べたことは、フェルキッシュ思想の根幹にふれる問題にかかわっている。フェルキッシュ思想は、さまざまな特殊項の併存を許容する文化多元主義の性格を持っている。そしてドイツ的特殊性が特殊な自己実現を主張する限りにおいて、その一定の権利はたしかにあると言わざるをえない。本項で語られていることを見ても、そこに人種主義的大ドイツ主義を背景にしたドイツ・ゲルマン的本性の拡張的発展の理念が露呈しているとはいえ、こうした理念を掲げることそのものに対しては、アプリオリに制約を課すことはできない。とはいえ、ここに言われる「健全さと力」や「純粋で高貴な形や目的」が共同体内の異分子を排除し、また共同体の外部にまで侵略的に押しつけられるならば、それは著しい問題を含むと言わざるをえない。自己の相対化と絶対性主張の併存は、それが思想レベルにとどまるならば、単なる思想的未熟さというにすぎない。しかしそうした思想が実践と結びつくとき、未熟さというだけではすまない災いともなる。

狭義の宗教論にもまた、フェルキッシュ思想一般のこうした問題が鋭く表れている。すなわちドイツ・ゲルマン宗教の限定的・共同体的主張と、それを超えた真理・妥当性主張の併存ということである。フェルキッシュ宗教思想は、「ドイツ帝国の国境内外」においてドイツ人はすべからくドイツ・ゲルマン宗教を信奉すべきであるとする本質主義的一元化と宗教自由の否定を主張する限りにおいて、すでに決定的な問題を含んでいる。これに加えて、宗教としてのあり方においてドイツ・ゲルマン宗教は他の宗教に優越するとの見方を、フェルキッシュ宗教思想は潜在的・顕在的に有している。再びファーレンクローの一九一三年の論考を見てみよう。

イスラエルにおいて、命令は禁令であったこと、イスラエル人が畏れの宗教の担い手であったことは、偶然ではない。そしてゲルマン人種が業の宗教を生み出したこともまた、偶然ではない。愛の宗教とその愛の福音は、仲保者そのものと同様に、その中間に位置する。

かくしてわれわれはここに一つの進化発展の歩みを見る。それは人類の教育、依存から自立性への教育である。子どもは責任を担う大人になったのだ。いまや為せ！ 汝は汝の業である。[30]

ゲルマン民族の特殊な自己実現として語られていたものが、ここでは人間一般の歴史的自己実現、「人類の教育」の精華とされる。実際に、超越神論や神話からの離脱の末に獲得される人間主義的宗教を宗教の終極的発展形態とする議論は、今日のポスト近代神学などにも見られる。[31] この意味では、フェルキッシュ宗教運動は、いわゆるポストキリスト教の思想空間に成立した思想であると言うこともできる。とはいえ、そうした主張が、特殊主義的な民族思想と結合されていることに、宗教論としてのその特質がある。

ここでも、自己の相対化と絶対化は媒介されないままに併置されているのである。(32)

10 しかし死を超えて、われわれは満幅の信頼を持って、われわれがそこに由来するところの無限性を観る。われわれの責務は、この現存在を完遂することにあり、その責務を条件づけるのは、万象とわれわれを、時間と永遠において貫いている、精神の権能と力なのである。

GGGの信仰告白の歩みは、この第一〇項において、再び「無限性」や「精神の権能と力」といった究極概念への言及で終わる。一連の主張を経たあとで、こうした概念をどのように理解すべきだろうか。

ファーレンクロークのテクスト、あるいはフェルキッシュ宗教思想すべてのテクストを通じて、私たちは無限と有限、超越と内在との間の、よく言えば緊張、また悪く言えば矛盾的併置に出会う。本項についても見れば、無限性と有限な現存在、あるいは永遠と時間とが対比されていると読むことができる。しかしこの信仰告白の全体を通じて、あるいはフェルキッシュ宗教運動のテクスト一般を通じて、こうした存在論的諸階層の関係づけは、ほとんど明確な像を結ぶことはない。むしろつねに前景化し、究極的意味づけを付与されるのは、自然的生命の世界であり、そこに基礎を置く民族的共同性である。

もちろん、こうした宗教性が先験的に非平和的であると断定することはできない。たとえばいわゆる超越主義的一神教は、あまりにしばしば神の名のもとに暴力と結びついてきたのであり、自然主義的宗教こそが人間の平和的共存に結びつくとの主張も繰り返しなされてきた。ファーレンクロークにもこの後者に通じる議論がないわけではない。たとえば未完の草稿「なぜ宗教か？」(33)（Warum Religion?）では、宗教が「私もまた他者である」という根本的認識をもたらすとされる。その意味するところは、「我－我－我存在」としての人間の利己性を破り、「神性に畏敬を感じるのみでなく、能力に劣り、困窮した人間同朋、エックハルトの言う神の足跡を前にして畏敬を感じる人間」となることである。こうした宗教観が、平和と和解の形而上学的な基礎となってても不思議ではない。

他者をも自己と見なしうるこうした他者とのつながりは、しかしフェルキッシュ宗教においては、結局のところ同種内でのつながりに限定され、またそこでも特定のつながりの形が強制されてしまうことになる――「かくしてわれわれの宗教はもっぱらドイツ的でなければならない。／この意味においてわれわれは全世界的宗教を望むのではなく、万人にかなった形式を発見したなどと思い上がるわけでもない。それと同時にまたわれわれは、すべてのわれわれに疎遠な形式を拒絶したいのである。ドイツ宗教的共同体には、この理由からアーリア人のみが受け入れられる。これは他者を軽視することではまったくなく、われわれ自身の尊重ということなのである[34]」。

前項での犠牲死への言及を受けて、本項では、死の克服ということが語られ、またバロック期の神秘主義詩人であるアンゲルス・ジレジウスの以下の詩句が引用されている――「新たな生がそこから花咲くことのない死こそは、私の魂が死を賭してでも避けようとするもの」。しかしジレジウスの語る死は、自我に死んで、より高次の個体性を獲得する否定神学の枠組みの中で理解すべきものである。一方フェルキッシュ宗教では、人間は死において、種に溶け込み、種に寄与することになる。ここでは、個体は個の析出以前の集合性に戻る。ファーレンクロークは、種に共有されている要素の「個人的な改良や展開については、すべてのゲルマン人は自由を持つ[35]」と言い、またみずからも芸術家として個性を生きようとする。しかしこの共有される人種的共通性が第二項で言われたように「自然必然的」であるならば、そこに本当の自由を見いだすことは難しいであろう。

かくして人間が意味にして目的となり、基準にして目標となった。人間において神は燃え上がり、みずからを意識するに至った。〔中略〕神に加えてなお、永遠の浄福を望むものなどあるだろうか。神と一体であるという感情ないし認識を凌駕する天なるものはない。天国は心胸の内に降りて来たのだ。われわれはもはや彼岸の神を求めない。われわれは神をみずからの内に持っている。もはやわれわれは、永遠の浄福を待ちこがれたりはしない。浄福はすでに心の内で始まっているのだ。われわれはもはや天なる報いを思い煩ったりはしない。われわれは、仮にその結果が苦いものとなるにしても、みずからの内なる神的なるものに従うのだ。われわれは必然と死を恐れることなく直視する。なぜなら神性はわれわれの内なる自己への恐れを克服したのだ。われわれは無限なるものと一体である……。(36)

ここでは神の人間化とともに人間の神化が語られている。あるいは言葉をかえて言えば、神と人間を媒介する自然と生命と民族の次元に、神も人間もともに飲み込まれ、一つに融溶している。この超越的審廷を失った一元的実在の中では、自己実現という名の自己拡張を押しとどめるものは、もはや何ものもない。

おわりに

おそらく第二次大戦の終戦間近に書かれたと思われる断片「無限なるものとの調和において」(IM HARMONIE MIT DEM UNENDLICHEN)の中で、ファーレンクロークは次のように言う。

「無限なるものとの調和において」!——このいとも典雅な感情の中には、地上的な本能、殺害と燃えるような貪欲と支配の入り込む余地はない。それどころか、人はそうしようと思ってもできないのである。無限なるものとの調和においてみずからの同朋たる人間の頭蓋を打ち砕くこと、無垢な子どもたちの上に焼夷弾を降らせること、神の大いなる栄誉をたたえてクリスマスミサに集う高潔な人々を焼き尽くすこと。もしある宗教共同体がこうした悪魔的なことがらに手を染めるとするならば、それはもはや宗教などと呼ばれるべきではないだろう。[37]

この断片は、おそらく連合軍とその宗教であるキリスト教について語ったものであるが、今日これを読む者は、ナチズムに連なると思われる宗教運動家がこうした言葉を記すこと自体を不当に思うだろう。ファーレンクロークがこのように書く背景には、フェルキッシュ宗教運動がナチズムの一翼であるどころか、ナチズムにより抑圧された側であるとの感情もある。ナチズムが新旧両キリスト教と手を結んだことを考えれば、この断片にはドイツのキリスト教界に対する憎しみもあるいは混ざっているかもしれない。

フェルキッシュ宗教運動は、個々の運動体としてはカルト宗教の規模を超えるものとはならなかった。しかし一九世紀以来の国民主義・民族主義の潮流を背景に、盛んな出版活動などを通じて、小さからぬ影響力を持っていた。そのフェルキッシュ陣営を土壌として成立したナチスが一九三三年に政権党となると、フェルキッシュ陣営の期待はいやがうえにも高まった。しかしこうした期待をよそに、ナチ政権はフェルキッシュ陣営、ことにフェルキッシュ宗教運動を抑圧する側にまわった。その背景には、ナチ政権が一般に競合する自立的団体の存在を一切許容しなかったという事情に加えて、旧世代の教養市民層に属するフェルキッシュ運動家に対するヒトラーの侮蔑や、その世俗主義的ニヒリズムに由来する宗教一般への嫌悪など、さまざまな理由が考えられる。[38] GGGも、一九三〇年代の後半からは、細々とした運動体としてかろうじて存続する状況であった。ナチズムは、フェルキッシュ運動の中に懐胎され、フェルキッシュ思想を中核として成立した政治運動であるが、ナチズムの中にも、また時代状況においても、フェルキッシュ宗教運動が夢見たような宗教的「調和」を求めるユートピア構想の入る余地はなかった。フェルキッシュ宗教運動に陰に陽に含まれていた争闘と支配の契機は、ナチスのレジームによって、永続戦のヴィジョンにまで高められることになったのである。[39]

注

（1） Hermut Plessner, Die verspätete Nation, *Gesammelte Schriften*, Bd.6, Frankfurt/M: Suhrkamp, ［1955］1982（土屋洋二訳『遅れてきた国民』、名古屋大学出版会、一九九一年）

（2） その全体像については、以下を参照。Uwe Puschner et al (Hrsg.), *Handbuch zur ≫Völkischen Bewegung≪ 1871–1918*, München: K.G.Saur, 1996.

（3） Armin Mohler, *Die konservative Revolution in Deutschland 1918–1932*, 4.Aufl. Darmstadt: Wiss. Buchgesellschaft, 1994, S. 130–165.

（4） ナチズムとフェルキッシュ陣営との関係は、連続性と断絶（ナチズムによる抑圧）の複雑な様相を呈している。理念的な意味での連続性を詳細に論じたものとして、Geroge L. Mosse, *The Crisis of German Ideology*, New York: Schocken Books, 1981（植村和秀他訳『フェルキッシュ革命』、柏書房、一九九八年）を、フェルキッシュ宗教運動とナチ政権との関連は、Karla Poewe, *New Religions and the Nazis*, London/New York: Routledge, 2006を参照。

（5） これらの運動群の包括的研究はなお存在しない。問題別の論集として、Stefanie von Schnurbein und Justus H. Ulbricht (Hrsg.), *Völkische Religion und Krisen der Moderne*, Würzburg: Königshausen & Neumann, 2001、さらに、Uwe Puschner, *Die völkische Bewegung im wilhelminischen Kaiserreich*, Darmstadt: Wiss. Buchgesellschaft, 2001, S. 203–240、また深澤『啓蒙と霊性——近代宗教言説の生成と変容』岩波書店、二〇〇六年、第三部を参照。

（6） 第二次大戦前には、フェルキッシュ陣営からいくつかのファーレンクローク論が出ているが（Ludwig Dessel, *Fahrenkrog und die Germanische Glaubens-Gemeinschaft*, Leipzig: Fahrenkrog-Verlag, 1937; Kurt Engelbrecht, *Ludwig Fahrenkrog, Seine Schöpfung und ihre Bedeutung für unser Volkstum*, Dresden: Verlag der Schönheit, O.J. ca. 1921）、戦後はまったく忘却された存在であった。Claus Wolfschlag, *Ludwig Fahrenkrog. Das goldene Tor*, Dresden: Verlag Zeitwende, 2006 は、戦後初の画家ファーレンクローク紹介の小著である。Daniel Junker, *Gott in Uns! Die Germanische Glaubens-Gemeinschaft*, Hamburg: Verlag Daniel Junker, 2002 は、小規模な研究であるが、ＧＧＧ関連のデータを種々集めている。ファーレンクロークの絵画とフェルキッシュ思想との関連については、Marina Schuster, Die Bildwelt der Völkischen, in: Schnurbein und Ulbricht (Hrsg.), *op. cit.*, S. 254-267 がふれている。ファーレンクロークの歴史理解については、深澤「ドイツ・フェルキッシュ宗教運動における宗教史理解――「ゲルマン的信仰共同体」の事例」（市川裕・松村一男・渡辺和子編『宗教史とは何か』リトン、二〇〇九年、二四一―二七六ページ）で論じた。なお、ファーレンクロークの遺稿資料は、ドイツの Germanisches Nationalmuseum（在ニュルンベルク）に収められており、閲覧が可能である。以下、同資料からの引用は、GNM と略記し、資料フォルダ番号を記す。

（7）GG (Hrsg.), *Das Deutsche Buch*, 3. Auflage, Druck und Verlag Wilhelm Hartung, Leipzig. (Nachdruck, Toppenstedt: Uwe-Verlag), 〔1923〕 2007.

（8）「知識人宗教」の概念については、深澤「『知識人宗教』の問題圏」『宗教研究』第五五五号、二〇〇八年、一〇一―一〇二ページを参照。

（9）この信仰告白のテクストは、『ドイツ書』の版によって、若干の違いがある。以下ではＧＧＧ当初の設立動機をより反映した初版からの抜粋版掲載のテクストを用いる。Ludwig Fahrenkrog, *Die Germanische Glaubensgemeinschaft*, Roland Faksimile 〔1920〕 2002, S. 7-10.

（10）Ludwig Fahrenkrog, *Gott im Wandel der Zeiten*, 6Bde, Leipzig: Wilhelm Hartung etc., 1925-1931.

（11）Ludwig Fahrenkrog, *Pantheismus und Dualismus*, Freiburg i.Sa.: Th. E. Hubricht, 1929, S. 10.

（12）「解釈学的同化」の概念については、深澤「ドイツ民族主義宗教運動における『解釈学的同化』の問題」『宗教研究』第五五九号、二〇〇九年、二三〇―二三一ページを参照。

（13）フェルキッシュ派とは反対に、民族主義批判やナチズム批判の立場からなされた、しかしフェルキッシュ派のそれともある意味で並行するドイツ思想史の系譜化の試みが存在する。たとえば Ernst Bloch, Erbschaft dieser Zeit. *Gesamtausgabe*, Bd.4, Frankfurt/M, Suhrkamp, 〔1935〕 1962（池田浩士訳『この時代の遺産』水声社、二〇〇八年）、Hermut Plessner, *op. cit.* などがそうした例である。

(14) Ludwig Fahrenkrog, Germanisch-Deutsche Religion, in: *Upland*, 1912, S. 21–22.
(15) Heinz Melzer, Religon und Rasse, in: GGG, *op. cit.*, S. 55–62.
(16) GNM: I, B-32d/3.
(17) これについては、上田閑照「『神の子の誕生』と『神性への突破』」上田編『ドイツ神秘主義研究』創文社、一九八二年を参照。
(18) GNM: I-B-48.
(19) *Ibid.*
(20) *Ibid.*
(21) ゲルマン的なるものの再発見史については、Sylvia Seiwert, *Germanische Religion und neugermanisches Heidentum*, Frankfurt/M: Peter Lang, 2002、フェルキッシュ思想におけるその意味については、Uwe Puschner, Die Germanenideologie im Kontext der völkischen Weltanschauung, *Göttinger Forum für Altertumswissenschaft*, Bd. 4, 2001, S. 85–97 等を参照。
(22) Heinz Melzer, *op. cit.*, S. 60–61.
(23) Ludwig Reuner, Deutsche Natur-Religion, in: *Upland*, 1. Jahrg, 1912, S. 27–28.
(24) Fahrenkrog, Germanisch-Deutsche Religion, *op. cit.*, S. 21.
(25) zit. in: Junker, *op. cit.*, S. 72.
(26) フェルキッシュ宗教思想における聖典理解については、深澤「創出される聖典――O・S・ロイターの『エッダの謎』の解釈学」鎌田繁・市川裕編『聖典と人間』大明堂、二〇〇一年、一二三―一四五ページを参照。
(27) GNM: I,B-32d/1.
(28) Heinz Melzer, *op. cit.*, S. 57–58.
(29) フェルキッシュ宗教思想のうち、神智学などのコスモロジー理解と習合した内容を持つものは、この例外とも言える。また、ファーレンクロークについて言えば、一九〇六年の『わが信仰の歴史』(Ludwig Fahrenkrog, *Geschichte meines Glaubens*, Halle: Gebauer-Schretschke, 1906) では、後年に比べてむしろより構造化された形而上学的世界論が開陳されている。同書は、著者による装丁・挿画ともになおユーゲント様式によってなされており、一九一〇年代からの画風のフェルキッシュな変化と対照をなしている。
(30) GNM: I-B-48.
(31) ファーレンクロークのそれと同様の、子どもから大人への成長という比喩をも含めて、こうした点は、たとえば現代英国のD・キューピット（Don Cupitt）のような宗教思想家に顕著に見られる。これについては、前掲『啓蒙と霊性』第三部第四章を参照。
(32) もちろんこれら両者がアーリア主義的人種進化論や、また当時のドイツの生改革運動などにも見られた「新しい人間」の理念などによって媒介され、最も進化した特殊＝人種としてのドイツ人のフェルキッシュな宗教意識なるものが語られることもある。
(33) GNM: I, B-32c/2.
(34) Fahrenkrog, Germanisch-Deutsche Religion, *op. cit.*, S. 22.
(35) *Ibid.*, S. 21.
(36) GNM: I-B-48.
(37) GNM: I-b32c1.
(38) このナチズムによるフェルキッシュ宗教運動の「拒絶」については、深澤「宗教的プレファシズムとファシズムの『拒絶』――フィドゥスの場合」竹沢尚一郎編『宗教とファシズム』水声社、二〇一〇年、近刊で詳しく論じた。
(39) 戦後に収監されたファーレンクロークの出所後、GGGは形式的には登録団体として一九六〇年代まで存続していたが、事実上は休止状態に近かった。ところが八九年になって、ニューエイジ的な新異教主義の運動家G・フォン・ネメニィ（Géza von Neményi）によってGGGの名称のもとに新たに運動体が発足した。戦前期のGGGとの対比で目につくのは、女性の会員が目立ち（指導層にも女性がいる）、もはや男性結社的な性格を持たないこと、戦前期の知識人宗教的性格は消失し、むしろ神話や儀礼を遊戯的に享受する傾向などの特徴である。また現在のGGGは、自身のホームページで、GGGとナチズムとはむしろ敵対的な関係にあったことを強調している。これはGGGをはじめとするフェルキッシュ宗教運動の明白な反ユダヤ主義的傾向、それらの運動体とナチズムとの錯綜した関係を考えるならば、およそ額面通りに受け取ることはできない。のみならず、現代ドイツのネオ・ペイガニズム（新異教主義）と政治的右派との間には、さまざまなつながりが指摘されている。一見すると牧歌的で「平和」な自然主義宗教運動の風景も、自文化優越主義から暴力的排外主義に至る政治主張と無縁ではないのである。

■平和と和解の思想のために《文献案内》

ジョージ・L・モッセ『フェルキッシュ革命』植村和秀ほか訳、柏書房、一九九八年

従来その歴史的意味が看過されがちであった、ドイツ・ナショナリズムの中のラディカルかつ民族神秘主義的なフェルキッシュ思想の系譜を追い、その民族革命的パトスがいかにナチズムを生み出し、またいかなる意味でナチズムにより「裏切られた」かを、克明に跡づけた記念碑的作品。

シュテファニー・フォン・シュヌーアバイン『現代社会のカルト運動――ネオゲルマン異教』池田昭ほか訳、恒星社厚生閣、二〇〇一年

キリスト教圏で広まっているネオ・ペイガニズム（新異教主義）の宗教・文化潮流は、自然宗教の平和主義的性格を強調し、この点で一神教を批判する。本書は、現代ドイツの異教主義的運動のフィールド調査にもとづき、こうした運動が、なお排外主義や民族主義と容易に結びつく性格を持っていることを明らかにする。

マックス・ホルクハイマー／テオドール・アドルノ『啓蒙の弁証法』徳永恂訳、岩波書店、一九九〇年

神話やロマン主義は、しばしば非合理主義的偶像崇拝に堕し、平和を根本から脅かす。それでは「啓蒙」の名のもとにそれらを指弾すれば事足りるだろうか。本書はナチズムの経験を背景に、啓蒙もまた神話化され、野蛮に転落しうることを描き出し、啓蒙と神話、支配と被支配の終わりない弁証法を凝視することを私たちに迫る。

III

第10章 和解と忘却

戦争の記憶と日本・フィリピン関係

中野　聡

はじめに

第二次世界大戦中、日本がフィリピンに深刻な戦争被害を与えた事実は、敗戦後の東京裁判やその他の戦争犯罪裁判、あるいは一九五〇年代までのフィリピン政府の厳しい対日姿勢などを通じて、日本社会でも広く知られ、また記憶されていた。ところが、今日の日本社会において、日本がフィリピンに与えた戦争被害はものの見事に忘れ去られているのが現実である。日中戦争における南京事件（一九三七年）をめぐる国内・日中間の論争が日中関係にも深い影響を与える問題としてくりかえし報道されているのとはきわめて対照的だ。この対照はなぜ生じたのか。そして、このままでよいのだろうか。これらの問いを通じて、本章では、戦争の記憶とりわけ戦争加害と被害をめぐる、より望ましい「質の高い和解」とは何かを考えてみたい。

1　フィリピンの戦争被害とその記憶

日比関係史研究を振り返る

まず、アメリカ史・米比関係史の研究から出発した私が、戦争の記憶をめぐる日本・フィリピン関係（以下、日比関係）史と取り組むようになった経緯を振り返っておきたい。

米西戦争（一八九八年）でスペインに勝利したアメリカは、一六世紀以来スペイン植民地だったフィリピンをパリ平和条約により併合した。このときフィリピンではスペインからの独立を目指す革命が進行中であり、アメリカは、革命に当初は協力的な姿勢を示しながら、結果としてフィリピンを軍事占領して独立を認めなかった。一八九九年二月、フィリピン独立革命政府とアメリカは交戦状態に突入した（米比戦争。米政府は戦争とは認めずフィリピン反乱Philippine Insurrectionと呼んだ）。一九〇二年、アメリカは「反乱平定」を宣言。その後は紆余曲折を経て、一九三四年、一〇年間の準備期間を与えたうえで一九四六年にフィリピンを共和国として独立させることが米議会で決まり、一九三五年には独立を前提として自治政府コモンウェルスPhilippine Commonwealthが発足した。第二次世界大戦をはさんで、予定通り一九四六年にフィリピン共和国が独立して今日に至っている。

このように、征服戦争により植民地化された過去がありながら、今日のフィリピンは、アジアの中でも日本や韓国とともに突出した「親米」国の一つである。独立後も、長らく通商上の特殊関係（一九七四年まで）や米軍基地（一九九二年に撤収）を通じてアメリカに依存・従属してきた。その負の遺産として、アメリカ植民地期以来の大統領制・議会制民主主義が、エリート支配を温存する一方で大衆の貧困やミンダナオ島で続く内戦状態に対する問題解決能力を欠くことや、脱植民地化が遅れたために周辺アジア諸国との関係強化に出遅れたことが、東アジアの急速な経済発展から取り残される一因ともなったことなどが指摘される。なぜ、このようなことになったのか。

私はこのような疑問を出発点として、大学院時代、学位論文の主題としてアメリカ植民地期の米比関係史、より具体的には独立問題史の研究を始めたのだった。しかし、正直なところ、やっていて非常に歯がゆいところがあった。二段落前に「第二次世界大戦をはさんで」とひとことで書いたのだが、これこそが大問題で、第二次世界大戦における日本のフィリピン占領と日米戦争を抜きにして、この疑問に答えが出せないことは明らかだったからだ。しかし、アメリカ外交史研究から出発した私は、日比関係史の領域である日本のフィリピン占領史にはなかなか踏み込めずにいたのである。

そのような私にとって、一九九〇年、神戸大学の教員として採用されたのと同時に、トヨタ財団が進めていた日本の東南アジア各国占領史に関する史料収集と研究を助成するプロジェクトのフィリピン版すなわち「日本のフィリピン占領史に関する史料調査フォーラム」に参加する機会を得たことは、大きな意味を持った。同フォーラムは、日本におけるフィリピン史研究のパイオニアで、のちに東京外国語大学の学長をされた池端雪浦教授を代表者として、気鋭のフィリピン研究者たちが参加して組織されたものだった。お恥ずかしい話だが、この時点すなわち一九九〇年までは、私の日比関係史に関する知識は乏しく、研究者としてはマイナスと言われても仕方がないくらいであった。ほかの共同研究参加者たちも、日本のフィリピン占領史を専門的に研究した経験はほとんどなく、誰もが五十歩百歩というありさまだった。私たちの共同研究は、まず、フィリピンを代表する第二次世界大戦史研究者であるフィリピン大学のリカルド・ホセ教授を招いて、日本のフィリピン占領史についてのレクチャーを受けるところから始まった。

同フォーラムは、一九九〇年代を通じて史料復刻や日英両語による研究論文集を日比両国で出版するなどして大きな成果を挙げることができた。この共同研究を通じて生まれたコンセンサスを、池端教授は成果論文集の序章において、次のように総括している。

> 日本占領がフィリピンにもたらした最大の逆説は、米国の植民地支配からフィリピンを解放するという日本の大義名分とは裏腹に、フィリピンの対米依存を従来にもまして強化したことである。〔中略〕フィリピン国民は残虐な日本軍を追放するために、米軍の再占領を待ち望んだ。〔中略〕戦後、政治・経済・軍事の諸側面で進行したフィリピンの対米依存関係を底辺で支持した国民感情のなかに、日本占領期に培われた親米感情があることを無視することはできない。日本の占領支配が結果的に東南アジア諸地域の独立を促進したとする歴史解釈は、フィリピンについてはまったく成立する余地がないものである。[1]

言いかえれば、独立後フィリピンのアメリカからの脱植民地化の遅れに、日本は歴史的責任を負っているということだ。この結論を取り入れる形で、私は、一九九六年に学位論文を提出し、これをもとにした著書を一九九七年に発表した。[2]

その後、やはり池端教授を代表に、外務省の後援を受けて、一九九八年、「日比交流史研究フォーラム」が組織された。「戦後五〇周年の終戦記念日にあたっての村山首相談話」（一九九五年）を受けた二国間関係の和解事業の一環として、日英・日蘭に続いてアジア諸国で唯一組織されたのが日比交流史の研究事業だった。同プロジェクトでも日英両語の論集を日比両国で出版することができた。[3]そしてこの二つ目の研究プロジェクトで、私は本章につながる研究テーマに初めて取り組む機会を得たのだった。

独立後フィリピンの「親米」国家としての歩みが、日本の占領と戦争がもたらした一つの遺産であるという見方からすれば、論理的には、フィリピンは「親米」国家であり続ける限り「反日」国家であり続けなければならない。たしかに、一九五〇年代までのフィリピンは、アジアでもっとも対日感情が悪い国の一つだと理解されていた。しかし、今日はそうではない。それどころか、かつて日比関係に戦争の記憶が重大な影を落としていた事実自体がすでにほとんど忘れられている。その一方、いわゆる歴史問題と言えば、まず、韓国・朝鮮、中国のことがわれわれの頭に思い浮かぶ。この対照はなぜ生じたのか。この素朴な疑問から、私は戦争の記憶をめぐる日比関係史の検討を開始したのである。

フィリピンの戦争被害

ここで、第二次世界大戦におけるフィリピンの戦争被害のあらましを確認しておこう。アジア・太平洋戦争でフィリピンは、日本軍侵攻から在比米軍降伏まで（一九四一年一二月～四二年五月）、米軍レイテ島上陸から日本降伏まで（四四年一〇月～四五年八月）の二度にわたって日米決戦の舞台となった。とりわけ戦争末期には、日本軍の激しい抵抗と米軍の圧倒的火力によりマニラをはじめとする都市部の大部分が灰燼に帰すなど被害は全土に及び、直接の戦闘による物的・人的被害は東南アジアでも最悪であった。さらに「民生への重圧を厭わず」を原則とした日本の占領政策（転作強制、米徴発など）のもとでフィリピン経済は壊滅的打撃を受けた。戦後フィリピン政府の算定によれば、一九三九年の総人口約一六〇〇万人に対して戦争犠牲者は全土で一一一万人余りにのぼり、物的損害が約五八億五〇〇〇万ドル、人命損害（民間人死亡者総数に一五〇〇ドルを乗じたもの）が約一六億七〇〇〇万ドル、軍票支払いを含めた供出財・サービスでの被害が約五億六〇〇〇万ドルにのぼった。[4]

しかし、フィリピンの戦争被害は、物的・経済的な損害や単なる死者の数にとどまるものではなかった。三年にわたる日本軍占領下（一九四二～四五年）でも、多くのフィリピン人がスパイ嫌疑などによる弾圧・粛清の犠牲となっただけでなく、とりわけ占領後半期から諸島各地で頻発した住民虐殺事件や後述する

「マニラ戦」における虐殺・強姦事件など、婦女子を含む非戦闘員に対する日本軍の残虐行為が多発したこともフィリピンの戦争被害をいっそう深刻なものにした。米軍と一体となって日本に抵抗した抗日ゲリラの掃討に苦慮した日本軍が住民虐殺に及んだことが主な原因として指摘されるが、それだけでは説明のできない、日本軍将兵の道徳心の崩壊と狂気の結果と言わざるをえない事例も多かった。

より深い喪失体験として戦争がフィリピン社会において持つ意味も指摘しておかなければならない。中でも、広島・長崎、東京大空襲のような象徴的な意味を持つ国民的な戦争経験のフィリピン版を選ぶとすれば、戦争末期のマニラの破壊、一九四五年二月三日から三月三日まで四週間にわたった日米の市街戦いわゆる「マニラ戦」ということになるだろう。「マニラ戦」では、日本軍が一万六〇〇〇名余り、米軍が一〇〇〇名余りの戦死者を出したが、最大の犠牲者はマニラ市民であった。約一〇万人が死亡したと言われている。(5)

作家ニック・ホアキンはこの市街戦を形容して「剣と炎による恐ろしい死」(a horrible death by sword and fire) と呼んだ。(6)「剣」は、米軍が完全に包囲する中で絶望的な抵抗を続けた日本軍による住民虐殺・強姦などの残虐行為を意味する。解放後ただちに米軍が戦争犯罪調査に入り、無数の宣誓供述調書が作成されたために、「マニラ戦」における日本軍の残虐行為は戦争犯罪の歴史の中でももっとも詳細に記録が残された事件の一つとなった。他方、「炎」は、米軍の無差別砲撃を意味する。「マニラ戦」ではマッカーサー司令官の指示により爆撃は禁じられていたが、米兵の被害を最小限にとどめるために市街地に対して無差別砲撃がおこなわれ、中心市街を完全に破壊した。近年の戦史研究は、民間被害の六割が日本軍による殺戮で、四割が米軍の重砲火による死亡であると述べている。(7)

被害の中心地となったエルミタ・マラテ地区が富裕層の住宅街を含む商業地だったことから、この戦いでは外国籍市民を含む多くの富裕層エリートが犠牲者・被害者になった。このため生存者にはその経験を文字にして出版する学歴と資金力を持つ者も少なくなく、多数の記録が後に出版されていくことになる。それらの証言記録の「語り」に共通する、戦前のマニラに対する強い郷愁と残虐な大量死の終末的な光景の対照からは、「マニラ戦」が、戦前の「オールド・マニラ」の生活と文化を文字通り絶滅させた事件であったことがわかる。富裕層の多くは、大量死と残虐行為の記憶が染み込んだこの場所で生活と文化を再建する意欲を失い、戦後、郊外都市開発ブームの中で、マニラ市の東南側に位置するマカティ市に開発されたフォルブス・パークなどの広大なゲイテッド・コミュニティに脱出した。猥雑な歓楽街と化したエルミタ・マラテ地区と高い壁で囲まれ武装警備員が守る深閑とした邸宅街の対照という、戦後マニラの都市景観は、ある意味で「マニラ戦」の忌まわしい記憶から生まれたと言っても過言ではないのである(8)。

2　戦争の記憶をめぐる日比関係

対日姿勢の政治学

これだけの戦争被害を与えたのだから、戦後フィリピンの対日感情が悪かったのは当たり前のことだ。そのこと自体がほとんど忘れられているので、確認しておこう。戦争直後の戦犯裁判でも、日本軍の戦争犯罪がもっとも多く告発された国の一つが、フィリピンだった。初代の比島派遣軍司令官・本間雅晴は主として戦争初期の捕虜虐待いわゆる「死の行進」の責任を問われ、最後の司令官・山下奉文は主として「マニラ戦」の残虐行為の責任を問われて、それぞれ処刑された。永井均の研究が明らかにしているように、極東国際軍事裁判（東京裁判）にもフィリピンは検事と判事を派遣して日本の戦争犯罪を厳しく告発・追及した(9)。これらの戦犯裁判については冤罪をめぐって日本側の不満も強かったが、被害の事実は否定しようがなく、日本の戦争加害の実態を国民に教育する場としての意味を持ったと言える。さらに興味深いことに、連合国占領下の一九四九年に出版されたもっとも早い原爆記録文学の一つでベストセラーとなった『長崎の鐘』には、連合国総司令部の命令により特別付録として「マニラの悲劇」――マニラ戦における日本軍の戦争犯罪を告発する、被害者の宣誓供述書を中心とする証言記録――が付けられた。アメリカは、強い明確な意志を持って、日本軍による戦争犯罪の事実を日本社会に周知させたのである。[10]

戦争直後から一九五〇年代まで、中国や韓国が戦争と植民地支配の過去をめぐる日本の批判者としてはまだ国際舞台に登場していなかった時代、フィリピン共和国は、日本の国際社会復帰に対するもっとも辛辣な批判者だった。一九五一年、サンフランシスコ平和条約締結の会議はそのよい例である。このとき会議にフィリピンの全権代表として参加したカルロス・P・ロムロ外務長官は厳しい言葉で日本を批判し、「私は日本に対するフィリピン人の〔戦後の〕態度が感情によって左右されてこなかったと偽ることはできません。人間である以上そんなことは言えないのであります」と述べた。[11] 外務省条約局長（当時）の西村熊男は、ロムロの演説が「対日怨恨と不信の深さをまざまざと感じさせるもので、会議を通じて日本人の胸に一番深刻な痛みを感じさせた」[12]と述べている。西村の述懐は、戦争加害国民としての自覚や良心の呵責が当時の日本の官僚にさえあったことを示す例と言えるだろう。

このように対日悪感情がフィリピンに横溢した時代を通じて、フィリピン政府は、戦争責任をめぐって外交舞台で日本を攻撃して、日本からの「償い」を求めていく「攻撃と交渉」をその基本的な対日姿勢とした。一九五二年に始まった日比賠償交渉は、一九五六年、難航のすえ賠償総額五億五〇〇〇万ドル（一九八〇億円、支払い期間二〇年）で妥結した。内訳は資本財五億ドル、現金二〇〇〇万ドル、役務三〇〇〇万ドルで、ほかに賠償を補充する目的で二億五〇〇〇万ドルの経済開発借款が供与されている。[13] この金額は日本のアジア各国に対する戦争賠償の中でも一番大きかったが、この金額についても、国会審議において、戦争中のフィリピンを知る自由民主党の小滝彬参議院議員が、フィリピン政府が当初八〇億ドルを被害総額として賠償するよう要求したことについて「まったく根拠のないものではない」、「この程度で折れたことに対しては〔中略〕ステーツマンシップに敬意を表しなければならない」と発言している(14)。このようにフィリピン側が攻撃的に喚起する「記憶」を受けとめる感性が一九五〇年代には日本の保守政治家の間にも存在していたのである。

賠償協定の締結と国交正常化後も、フィリピンはアジアでももっとも対日感情が悪いとされる国であり続けた。日本人はフィリピンへの入国滞在さえままならぬ状況であった。一九六〇年には日比友好通商航海条約が調印されたが、フィリピン議会は対日不信からその批准を棚上げし続け、結局、一九七二年、マルコス大統領が戒厳令布告後に大統領権限で批准するのを待たなければならなかった。その一方、冷戦状況の中で日比は間接的にアメリカを媒介とする同盟国であり、関係は修復されなければならなかった。その中でフィリピン政府は、過去の問題をめぐって日本を批判・攻撃しながら、その攻撃から最大の「償い」を日本から引き出そうとした。外交上の武器として戦争の記憶を使ったわけである。

戦没者慰霊をめぐる日比民間交流

こうした報復・告発・攻撃が、フィリピン側から日本側に向けた語りかけの基本文法であり続けたならば、日比関係の戦後の展開はかなり異なり、たとえば小泉純一郎政権時代の日中・日韓関係のように悪化していた可能性もあったのではないだろうか。しかし、現実はまったく異なる展開をたどった。おおむね一九六〇年代半ばから始まる、「お詫びと厚意」の互恵関係とも呼ぶべき新たな関係が、やがて両国間に「和解」と戦争の記憶の「忘却」をもたらしていく。その背景として見逃せない戦没者慰霊問題を、私は、「日比交流史研究フォーラム」における研究主題とした。以下、その内容をかいつまんで述べよう(15)。

フィリピンは日本人にとっても最悪の戦場の一つであり、日本人の戦没者総数は、政府統計で五一万七〇〇〇人を数える。[16] その大多数が山の中で悲惨な死を遂げた、いわゆる草むす屍である。そして、日本が高度成長の時代に入り、一九六五年に海外旅行が自由化されると、戦没者遺族や旧軍人の生還者が、遺骨収集と慰霊のために大挙してフィリピンへの渡航を希望するようになっていく。日本軍が大量死した現地には慰霊碑が建立されるようになり、その慰霊碑を毎年のように訪れる日本人巡拝の営みが始まっていく。

ここで注目されるのは、高度成長の時代に盛んにフィリピンを訪れはじめた日本人慰霊巡拝旅行者たちが、「お詫び」の論理を「携行」する傾向が認められたという点である。フィリピン側は、これを「悔悟と謝罪」と捉え、罪を認めて許しを請うというカトリック的な枠組みの中で理解しようとした。このような傾向が、「お詫びと厚意」の互恵関係を促進したのではないか。さらにこの過程を通じて、フィリピン側は、日本人戦没者の慰霊行為に協調して厚意を示すこと、そして忌まわしい過去について沈黙することが、日本人とのきわめて魅力的な関係構築の手法になりうる事実を発見したのではないか。これが、私がこの研究で示した見方であった。

この問題の検討を始めてすぐに気がついたのは、自分がそれまで取り組んできた「普通の」国際関係史の方法ではこの問題は解けないということだった。戦没者慰霊をめぐる日比の民間交流については多様な史料が大量に残っている。一九七〇年代以降、日本人の遺族や生還者は、盛んに戦跡の巡拝記録を自費出版したり、仲間内だけで文集を印刷したりしてきたからだ。それらは外交記録に残るような問題ではないが、日比関係の中で確実に重要な部分を占めていると私は痛感したのである。国会図書館に納本されないこれらの出版物や印刷物がもっとも充実しているのは靖国神社の偕行文庫である。私は吉田裕教授のご教示を得て、偕行文庫に通い、戦跡巡拝記録に目を通していった。

注目すべきことに、これらの記録には、フィリピンに対する「お詫び」と「感謝」の気持ちが、ほとんど例外なく、旅行記の文章や短歌の形で織り込まれていた。戦争被害国に加害国の戦没者を追悼する目的で訪れているという自覚が「お詫び」の背景にはあり、被害国であるにもかかわらずフィリピンが自分たちを寛容に受け入れ、「過去を水に流して」くれていることに対する「感謝」が語られているのである。ただし、「お詫び」は（日本がフィリピンに迷惑をかけたというように）あくまでも国民間の関係についてなされるのであって、わずかの例外を除けば、戦没者や自分（生還者）が加害者であったことを認めて謝罪するわけではなかった。

戦跡巡拝者たちを迎えるフィリピン社会の好意的反応も、多くの記録が強調するところである。海外渡航がまだ自由化されていない一九六一年に当時八〇歳の高齢を押して息子が死んだ北部ルソンのボントックを娘とともに訪れた衣川貞は、息子がフィリピンでもっとも嫌悪された存在である憲兵隊に通訳として勤務していたにもかかわらず、現地の人々が巡拝を支援してくれたことについて、「短い滞在の間よい面にだけ触れ、よい気分にだけ浸って帰国出来たことが、不思議な程仕合せだった[17]」と述べている。一九六六年にフィリピンを訪問した日本遺族会の訪問団長も、「案ぜられた対日感情も、かえって意外なくらい歓迎され、温かいもてなしを受けた[18]」という言葉を残している。こうして、深刻な戦争被害にもかかわらず日本人を寛容にもてなす「胸の熱くなる寛容さ」に感激した訪問者たちの中には、何度も再訪してフィリピンを「第二の故郷[19]」と呼ぶ人たちも現れるようになる。

記録を見る限り、日本人巡拝者たちに接するフィリピンの人々の反応は、対日悪感情が言われていた時代から一貫して好意的であったようだ。日本人戦没者の大半は、簡単には訪問も滞在もできない山間僻地で戦没したので、巡拝する日本人は訪問先でフィリピン側の保護に頼らなければならない。これに対して、関係する町村長・有力者・警察などは一様に寛容で協力的な態度を示すのが常であった。対日悪感情が依然として強い時代であればこそ、フィリピン側の関係者は、厚意を示して保護を与えることで、日本人から大きな謝意を得ることができた。この謝意が、のちに自分たちに利益をもたらす。そういう互恵的な人間関係形成が日比民間交流の現場には見られたのである。

政府間関係――「お詫びと厚意」から「沈黙は金」へ

注目すべきことは、このような「お詫びと厚意」の互恵関係が、民間交流を超えて、日比政治外交関係の基本的な構成要素に組み込まれていったことである。

日比関係史では、両国間の国民感情の転機として、一九六二年の皇太子・皇太子妃夫妻のフィリピン訪問がよく引き合いに出される。対日悪感情とその歴史的背景を学習して大いに緊張してフィリピンを訪問したにちがいない若き皇太子・皇太子妃夫妻と、そのホスト役であるディオスダード・マカパガル大統領一家（その長女が現大統領のグロリア・マカパガル・アロヨ）との間には、戦跡巡拝者とその世話役としてのフィリピン人関係者と遠くない関係がたしかに成立していたことだろう。

一九七三年、前年の銃撃戦で小塚金七を失った小野田寛郎がルバング島でついに投降したとき、マルコス大統領は、長年にわたる住民被害の責任を一切問うことなく、英雄を遇する態度で、マラカニアン宮殿を訪れた小野田の肩を抱いて小野田を驚愕させた[20]。さらにマルコスは、一九八三年五月、フィリピンを訪問した中曽根康弘首相（フィリピン戦の経験者）を、沿道に大観衆を動員して歓待し、感激した中曽根首相から次の発言を引き出している。

> 過去の戦争で貴国と貴国の国民に多大な迷惑をかけたことは極めて遺憾と思い、深く反省している……みなさまの友情と寛大さが温かければ温かいほど日本人はさらに深い反省と戒めを心がけなければならない[21]。

一九八六年二月の政変で政権に就いたコラソン・アキノ大統領が一一月に日本を訪問したときにも、最晩年を迎えつつあった昭和天皇が「日本人が第二次世界大戦中にフィリピンに対してかけた迷惑について、おわびを言いつづけ、〔アキノが〕そのことは忘れて下さいと言ったが、天皇はそれにもかかわらず、日本人がフィリピンに強いた苦痛を日本が償うことを望んでいると述べた」と、テオドロ・ベニグノ報道官がリークする事件があった。[22]「おわび」を繰り返す昭和天皇と「忘れて下さい」と答えるアキノ大統領の姿は、比日両国の草の根の遺族交流から始まった「お詫びと厚意」の互恵関係のパターンが、ついに両国元首レベルにまで登りつめた瞬間を示していた。

同じ頃すでに北東アジアでは、「歴史問題」摩擦の時代が始まっていた。これ以降フィリピン政府は、比日関係を――「歴史問題」がない隣国関係として――北東アジア諸国の対日関係と差別化しようと試みることになる。ひとことで言えば「沈黙は金」なりの政策である。すでに一九九五年の時点で、私が参加したフィリピン政府主催のフィリピン戦「解放五〇周年」関連行事の中で、加害国・加害者としての日本や日本人をイメージさせるような演出や言説は慎重に回避されていた。[23]抜群の知日派外交官として知られるドミンゴ・シアゾン現駐日大使（エストラーダ政権外相）は、二〇〇一年、アロヨ政権の駐日大使として日本に再赴任の際、朝日新聞の紙面で「日比間で政府レベルでは歴史認識が問題になったことはない」と発言した。[24]サンフランシスコ平和条約のロムロ演説から半世紀、隔世の感を禁じえない発言であった。

「沈黙は金なり」は、対日政策として、ある時点まではたしかに成功したと言えるかもしれない。政府間レベルにおける日本のフィリピンに対するODA供与は二〇〇六年までの累計で一一〇億ドル余りに達し、インドネシア、中国に次ぐ第三位で、フィリピン側から見れば最大の援助国である。[25]このことは、両国関係の和解の成功を日本政府が戦後日本外交の資産・成功例として重視してきたことを示している。その一方、現在もフィリピンが日本政府に対して頼もしい未来志向の隣国として中国や韓国とみずからを差別化できているかというと、そうではない。靖国参拝問題をめぐって中国と韓国との関係を悪化させた小泉純一郎首相は、その国会における発言記録を参照する限り、フィリピンに対して一切の関心を示さなかった。日本のメディアの視界の中で「フィリピン戦」の記憶が参照されることも今やまれである。「お詫びと厚意」の互恵関係がもたらした両国関係の和解は――おそらくフィリピン政府と社会にとっては予想外で不本意なことに――和解の果ての忘却をもたらしたのである。

3 より質の高い和解とは何か

和解と忘却

戦争の記憶をめぐる日比関係における和解のあり方は、ある意味で非常に興味深い事例である。日本は甚大な戦争被害をフィリピンに与え、なおかつ日本人も大量死した。こうして加害・被害の関係が明確な一方で、なおかつ死者を弔うために日本人がフィリピンに行かなければならないという状況が、和解の契機となりツールとなったのである。

しかし、この和解は「過去の共有」を前提として初めて成立していたことも指摘しなければならない。過去を共有しているという了解があるからこそ、フィリピン側は、過去を語らない沈黙に「友好的な発話」としての意味を付与できた。フィリピン人は「私が言わないことには意味がある」と語りかけ、過去を知る世代の日本人は「沈黙を守り、死者の追悼に協力してくれてありがとう」と言えたわけである。しかし、戦没者追悼は、結局のところ戦争世代に限定された営みである。遺児の世代まではある程度は継承されても、第三世代になれば継承はまず無理である。実際、高齢化によって戦跡巡拝を担った世代は海外慰霊の営みからほぼ退場しつつある。海外慰霊碑は荒廃しており、遺族・戦友会の間では慰霊碑を国内に還送する動きも出ている。海外慰霊の時代は、今、終わりを告げようとしているのである。その現在、明らかなことは、後続の世代においてフィリピン戦の記憶が無残なまでに忘れ去られた現実なのである。

忘却に対する抗議

もちろんフィリピンでも戦争の記憶の風化は進んでいる。しかし、注目されるのは、「忘却に対する抗議」もまた活性化していることである。その一例が、一九九五年に発足した「メモラーレ・マニラ1945」という、「マニラ戦」の被害者・遺族がつくった、民間人・非戦闘員犠牲者を追悼するための団体である。すでに述べたように「マニラ戦」の被害者には富裕層が多く含まれていたので、錚々たる顔ぶれが団体を支えている。コスモポリタンな植民地都市だったマニラにはヨーロッパ諸国の市民も多く住んでいて、「マニラ戦」でも多くの犠牲者が出た。この団体のエドガー・クローン事務局長は、フィリピン国籍を取得したドイツ人である。

一九九四年から九五年にかけて客員研究員としてフィリピン大学で一年間を過ごした私は、「マニラ戦」慰霊碑の除幕式とマニラ大聖堂でおこなわれた第一回の追悼ミサを見学する機会があった。このときはフィデル・ラモス大統領（当時）が除幕式に参列し、マルコス政権崩壊時に大きな役割を果たしたハイメ・シン枢機卿（二〇〇五年死去）が追悼ミサをつかさどり、「マニラ戦」被害者の遺族・生存者の代表がその思いを訴える祈祷文を詠みあげた。その痛切な内容に、私は深い感動を覚えた。しかし当時、阪神大震災の報道一色に染まっていた日本のメディアでは「マニラ戦」五〇周年の報道は皆無であった[26]。

それから一〇年後の二〇〇五年もまた、日本のメディアは「マニラ戦」六〇周年を一顧だにしなかった。また、フィリピンの新聞報道によれば、政府・議会の関係者さえ「メモラーレ・マニラ1945」が主催した追悼ミサに姿を見せなかった（アメリカ、EU大使は列席[27]）。その一方、「マニラ戦」の記憶回復の動きは確実に進んでいる。有力紙・雑誌には毎年二月を中心に体験記録が取材・寄稿により掲載されるようになり、「メモラーレ・マニラ1945」を中心に多くの体験記録が出版されている。日本大使館が——「マニラ戦」の月として記憶されている——二月を日比友好月間とさだめてマニラで多くのイベントを企画することには以前から批判があったが、二〇〇五年二月には、「マニラ戦」の遺児から抗議の投書が大手紙に掲載された。[28] 北東アジアの「歴史問題」摩擦にほとんど関心を示してこなかった各紙オピニオン欄にも、二〇〇五年には、日本政府に対する批判が現れるようになった。

このような情勢について、ある雑誌論文に「私が日本政府の外交官であったなら、『ここに火種がある！』と上司に報告することだろう」と私は書こうとした。二〇〇五年後半のことである。[29] ところがその原稿を書いている最中に、意外な展開があった。山崎隆一郎・日本大使（当時）が、フィリピン国内でおこなわれた戦争関係の式典における発言で、「深い自責の念」(deep remorse) という表現を用いた謝罪の言葉を織り込み、フィリピン・メディアの対日批判を緩和させたのである。山崎大使は、二〇〇六年二月の「メモラーレ・マニラ1945」の追悼集会にも日本人大使として初めて出席して、同様の表現で謝罪し、メディアに歓迎された。一連の発言は、フィリピン側の忘却への抗議に対して現地レベルですばやく適切に応じたもので、一種の予防外交として効果的であり、その場限りではあるけれども「お詫びと厚意」の互恵関係を復活させることに成功したものだった。[30]

しかし、問題なのは、この山崎大使の発言が日本ではまったく報道されなかったことである。これではいかなる意味でも日本側における記憶回復の契機とはならない。フィリピンでは記憶回復の動きが見られる一方で、日本では完全に忘却された状態が続いているのである。「マニラ戦」やフィリピンにおける日本軍の戦争犯罪は、その戦場の記憶に一歩でも立ち入れば、南京大虐殺と同様の衝撃や怒りで人々の感情を沸騰させる事実に充ち満ちている。だからこそ、フィリピン戦後社会の喪失感の起点とさえなっている戦争の記憶回復の方向性は、日比関係において、依然として重大な意味を持つ可能性があるだろう。

より質の高い和解を求めて

本章が検討してきた戦争の記憶をめぐる日比関係史は、戦争の過去に拘束された現在として「戦後」を捉え、そのような意味での「戦後」を終わらせようとしてきた日本人の営みに、フィリピン社会がある種の互恵関係への期待を持って協力してきた歴史として捉えることができる。しかし、両者の和解の行き着く先にあった戦争の記憶の無残なまでの忘却がこの互恵関係の基礎を流失させてしまった現在、むしろ求められているのは、より質の高い和解と心の平和を得ることができるような、そして終わらせることを目的としないような「戦後」を新たにつくりなおし、生きなおす営みである。そして本章の冒頭で、私がなぜこの問題に取り組むようになったかを説明した際に述べたように、独立後フィリピンの脱植民地化の遅れに、日本が歴史的責任を負う存在であることも確認しておきたい。

将来に希望を抱かせる動きも出ている。二〇代、三〇代の若い世代が中心のNPO法人フィリピンと日本を結ぶビデオ・メッセージ・プロジェクト「ブリッジ・フォー・ピース」は、加害者である旧日本兵のビデオ・メッセージを、上映会を通じてフィリピンの戦争被害者たちに届ける活動や、旧日本兵の声を残し、戦争を知らない若い世代を啓蒙する活動を展開している。代表の神直子は、青山学院大学の在学中に、スタディーツアーで戦争被害が深刻だった村にホームステイして、そこで夫を失った戦争被害者の女性に面と向かって詰問されたのが活動の原点となったと語っている。このように被害者の声を聞いた若い世代が新たに記憶を再生・保存する運動を始めていることは、大いに注目される。[31]

私は、結局、対話こそが記憶保存の一番よい方法だと考える。そういう意味では「和解と忘却」をもたらす結果に終わったフィリピン側の「友好的発話」としての「沈黙」には問題があった。戦没者追悼を通じて和解が進んだプロセスそのものは、非常に人間的で感動的な側面を含んでいるのだが、長期間にわたる社会変化の中でこのプロセスを見ていくと、「追悼の政治」は忘却を促進したマイナス面の方が大きかった。むしろそれよりは、日韓・日中間の、サイバー・ウォーすら引き起こす歴史問題をめぐる喧噪のほうが健全ではないか。より質の高い和解のためには、Forgive & Forgetではなく、戦争の記憶を保存し、過去を共有することを通じた対話型の和解が重要なのである。それだけに「ブリッジ・フォー・ピース」のような対話型・記録保存型のプロジェクトが生まれたことは、非常に興味深く、またこうした動きを促進するような学術研究を進めたいと考えている。そのような問題意識を持って、現在、日本学術振興会科学研究補助金による共同研究で、「マニラ戦」で何が起きたのか、そしてどのように記憶されてきたのかについての研究プロジェクトを展開しているところである。(32)

注

（1） 池端雪浦「序章」池端雪浦編『日本占領下のフィリピン』岩波書店、一九九六年、一八—一九ページ。英語版は、Ikehata Setsuho & Ricardo Trota Jose eds., *The Philippines Under Japan: Occupation Policy and Reaction*, Quezon City: Ateneo de Manila University Press, c1999.

（2） 中野聡『フィリピン独立問題史——独立法問題をめぐる米比関係史の研究（一九二九—一九四六年）』龍渓書舎、一九九七年。

（3） 池端雪浦、リディア・N・ユー・ホセ編『近現代日本・フィリピン関係史』岩波書店、二〇〇四年。英語版は、Ikehata Setsuho & Lydia N. Yu-Jose eds., *Philippines-Japan Relations*, Quezon City: Ateneo de Manila University Press, 2003.

（4） 吉川洋子『日比賠償外交交渉の研究』勁草書房、一九九一年、三八六—三八七ページ。

（5） Robert Ross Smith, *United States Army in World War II. The War in the Pacific: Triumph in the Philippines*, Washington DC, 1963, 306-307.

（6） Nick Joaquin, *A Portrait of the Artist As Filipino (An Elegy in Three Scenes)*, Manila: Alberto S. Florentino, 1966.

（7） Richard Connaughton, John Pimlott, and Duncan Anderson, *Battle for Manila*, London: Bloomsbury, 1995, 121, 174.

（8） この論点は下記論考で詳しく展開した。「カルメン・ゲレロ・ナクピルと『マニラの死』――『対象喪失』の同時代史をめぐる予備的考察」『同時代史研究』第一号、二〇〇八年、二一―三二ページ。

（9） 永井均『フィリピンと対日戦犯裁判』岩波書店、二〇一〇年。

（10） 永井隆『長崎の鐘（附マニラの悲劇　連合軍総司令部諜報課提供）』日比谷出版社、一九四九年。

（11） "Excerpts of Speeches Delivered by Delegates at the Japanese Peace Treaty Conference," *New York Times*, September 8, 1951.

（12） 西村熊男『日本外交史27　サンフランシスコ平和条約』鹿島研究所出版会、一九七一年、二六七ページ。

（13） フィリピンの戦争被害と賠償に関しては、吉川洋子『日比賠償外交交渉の研究』を参照。なお、フィリピンの戦争被害は日米戦争の結果であり、米軍の火力による被害も大きく、戦後アメリカは物的損害に対する補償の必要を認めてフィリピン復興法（一九四六年）で総計六億二〇〇〇万ドル（公共施設復元一億二〇〇〇万ドル、個人財産補償四億ドル、余剰物資の引き渡し一億ドル）を交付した。

（14） 第二四回国会、参議院外務委員会会議録第二〇号、一九五六年六月三日。

（15） 詳しくは、「追悼の政治――戦没者慰霊問題をめぐる日本・フィリピン関係」前掲『近現代日本・フィリピン関係史』、三六七―四〇八ページ。

（16） 厚生省社会・援護局監修『援護五〇年史』、一九九七年、五七八―五七九ページ。

（17） 衣川貞「子の遺した言葉のままに――ボントックを訪ねる」土谷直敏編『山ゆかば草むす屍』自費出版、一九六五年、七三―八〇ページ。

（18）『日本遺族通信』第一八六号、一九九六年七月。
（19）村田三郎平『戦野の詩——証言・比島作戦の綴り』彩流社、一九八五年、一八二—一八三ページ。
（20）小野田寛郎『わが回想のルバング島』朝日新聞社、一九八八年、一九八—一九九ページ。
（21）『朝日新聞』一九八三年五月七日、朝刊、一ページ。
（22）*Washington Post*, November 11, 1986, A23.
（23）中野聡「戦後五〇年とフィリピン」『季刊・戦争責任研究』第一一号、一九九六年三月、五〇—五四、七五ページ。
（24）『朝日新聞』二〇〇一年九月五日、二ページ。
（25）外務省ウェブサイトによる。http://www.mofa.go.jp/mofaj/area/PHILIPPINES/data.html
（26）中野、前掲「戦後五〇年とフィリピン」。
（27）Ma. Isabel Ongpin, "Ambient Voices," *Today*, February 19, 2005.
（28）"Not in February! -IF memory serves, it was in February 1986, during the first…" *Manila Bulletin*, February 22, 2005.
（29）ゲラの段階で削除した。実際に発表した論文は、中野聡「フィリピンが見た戦後日本——和解と忘却」『思想』第九八〇号、二〇〇五年一二月、四二—五六ページ。本章は同論文を大幅に改稿したものである。
（30）詳しくは、中野聡「日本・フィリピン戦没者追悼問題の過去と現在——『慰霊の平和』とアムネシア」森村敏巳編『視覚表象と集合的記憶——歴史・現在・戦争』旬報社、二〇〇六年、二八九—三二一ページ。
（31）http://bridgeforpeace.jp/
（32）科学研究費補助金（基盤研究B）『「マニラ戦」の実像と記憶——平和のための地域研究』（研究課題番号：19401007）.

■平和と和解の思想のために《文献案内》

大沢清『フィリピンの一日本人から』新潮社、一九七八年
「マニラ戦」を生き延びた在留邦人で戦後もフィリピンで活躍した著者による、フィリピンの人々への感謝に満ちた記録。

ニック・ホアキン『物語マニラの歴史』宮本靖介監訳、明石書店、二〇〇五年
「マニラ戦」については詳しくないが、フィリピンの人との「オールド・マニラ」への強い郷愁と愛情を知ることができる本。

熊谷伸一郎編『私たちが戦後の責任を受けとめる30の視点』合同出版、二〇〇九年。
一九七〇年代生まれ以降の若い世代の著者たちが「戦争責任」を「戦後責任」としてどう受けとめていくかを語り、問う本。

第11章 征服に和解はありうるのか
メキシコ人の過去と現在

落合一泰

はじめに——現在形としての征服・被征服の歴史

メキシコは一八二一年にスペインからの独立を達成した共和国である。それ以前はスペインの「副王領」(Virreinato) だった。実態は植民地だったが、スペインはこの言葉を使わず、国王の代理を務める副王が支配する海外領土と位置づけ、副王領を正式名称とした。メキシコが副王領になったのは、一六世紀にこの地方の先住民諸社会がスペインに征服されたからである。その後、独立までの間、メキシコは三〇〇年にわたってスペインの支配を受けた。征服を受け植民地化された過去は、一八二一年に独立を達成して二〇〇年近く経った現代メキシコ社会に、今なお色濃く影を落としている。

メキシコの現在を考える格好の場所とはどこだろうか? 歴史ある町なら、中央広場に足を運ぶことをお勧めする。たとえば、メキシコ南部のユカタン半島の小さな町アカンケー。その広場には、毎朝、市が立つ。マヤ語を話す人々が集まり、野菜や果物、肉や自家製の食べ物などを売り買いし、うわさ話に花を咲かせていく。この広場にはアーチのある少し昔の洋風の建物があり、コカコーラの大きな広告ボードもある。自動車も入ってくる。しかし、訪れる者の目を引くのは、なによりも、広場の一角を占める巨大なピラミッドではあるまいか。紀元一〇〇〇年頃、マヤ後古典期と呼ばれる時代に建造されたピラミッドである。一部崩れたまま、取り壊されることもなく、さりとて修復されるわけでもなく、それとして現代の日常風景の中に溶け込んでいる。ピラミッドは、この広場で繰り広げられてきた日々の営みを一〇〇〇年前からずっと見下ろしてきた。住民にとり、古代ピラミッドは過去の遺産ではない。現在の生活の一部として、それは生きているのである。

メキシコの首都メキシコシティは一六〇〇万の人口を誇る大都会である。この近代都市の中央には通称ソカロ、正式には憲法広場と呼ばれる東西約二〇〇メートル、南北約一五〇メートルの広場がある。中央の国旗掲揚塔には、巨大な国旗が高々と掲げられている。広場の東側を占めるのは国家宮殿と呼ばれる大統領府であり、かつてはスペイン副王の執務室がそこにあった。南側はメキシコ市庁舎である。西側は古い建物の中に金細工商やホテルが軒を並べている。金細工商が集中しているのは、貧しい人々が手持ちの小さな貴金属をお金に換える国営質屋（モンテ・デ・ピエダ）が、かつてここにあったことに由来する。そして、広場の北側を占めるのは、ラテンアメリカ最大級の大聖堂（カテドラル・メトロポリターナ）の威容である。一五六三年に礎石の置かれたこの大聖堂が完成したのは、二五〇年以上のちであったと言われる。

この広場の東北の隅、すなわち国家宮殿と大聖堂に挟まれた場所には、古代アステカ王国の首都テノチティトランの主神殿テンプロ・マヨールの大遺跡がある。一九七八年から約二〇年をかけて発掘され、博物館も併設された。テンプロ・マヨール遺跡は、今では市内一番の観光スポットである。このように、メキシコシティの中央広場は政治センターであり宗教センターであり、さらに古代史センターでもある。言いかえれば、メキシコシティの中央広場ソカロは、現代メキシコ社会がスペイン人の到来前の時代、征服され植民地化されていった副王領時代、そして独立後の時代というさまざまな層に根ざしていることを、半平方キロにも満たない空間の中で、はっきり見せているのである。

このようなメキシコを歩くと、多様な人々とすれちがう。先住民インディオの血の濃い顔立ちの人がいる。白人と言ってよい人々もいる。混血（メスティソ）の人々はさらに多い。すなわち、征服・被征服の歴史は年表上の過去ではなく、今、街路を歩く人々の顔つきに表れてもいるのである。したがって、メキシコの現在に関心を持つ者は、征服・被征服という歴史から目をそらすことができない。

1　征服の過程と先住民人口の減少

スペインによるメキシコ征服と副王領化について、歴史的経過を簡単にまとめておこう。

一四九二年のコロンブスの大西洋横断航海の数年後、メキシコ地方にスペイン人が到来し、ユカタン半島の沿岸を制圧してメキシコ湾に入った。スペイン軍は、一五一九年にメキシコ湾岸の現在のベラクルスに上陸して内陸に進軍し、一五二一年にはメキシコ中央高原のアステカ王国を征服した。その後、周辺部への遠征が続く中、フランシスコ会、ドミニコ会、アグスティン会などの修道会が、キリスト教の組織的な布教のために大西洋を越えてやってきた。そして、スペイン国王は、中南米カリブ海域やフィリピンなどスペインが支配下におさめていた広大な地域（インディアス）を、王の代理人である副王や総督などを通じて統治するシステムを整備していった。メキシコ初代副王アントニオ・デ・メンドサが着任したのは一五三五年のことである。このように、アステカ征服以後の十数年間は、宗教活動、なお続く軍事遠征、そして行政システム構築などがないまぜになって進行した時代だった。

スペイン支配に対しては、あちこちで先住民の反乱が起きていた。しかし、ことごとく鎮圧されてしまう。その後、銀山開発が急ピッチで進む。一六三〇年の時点で、ヨーロッパにあった銀の四分の三は新大陸産だったと言われ、その大半がメキシコ産だった。のちには、ペルーやボリビアの銀山も開発されていく。その合間にはイエズス会などもアメリカ大陸に進出し、布教活動に拍車をかけていった。こうして征服後の一〇〇年間に、時代は軍事中心から経済中心へと移り変わり、精神的征服と呼ばれる布教活動が活発に繰り広げられていった。カトリックに改宗した先住民の中には、カトリックと先住民宗教を融合させ、先住民宗教の考え方や宇宙観を保持する人々も少なくなかった。

征服とは、有無を言わさぬ暴力行為である。キューバやメキシコで布教をおこなったドミニコ会士バルトロメ・デ・ラス・カサス（一四八四—一五六六）は、一五四二年に先住民社会への暴力を告発する『インディアスの破壊についての簡潔な報告』を国王に提出した。[1] 同じスペイン人とはいえ、宗教者としてとうてい看過できない残酷かつ非道な行為が繰り返されていたとラス・カサスは記している。この本がオランダで出版された際に付された挿絵には、スペイン人が先住民の子どもの足を持って頭を岩に叩きつけて殺し、大人を絞首刑にしたうえ焼き捨てるという蛮行が描かれている。このような大量虐殺があったことを、ラス・カサスは国王に告発したのだった。命がけでメキシコを征服して土地を手に入れたスペインの武将たちは、自分たちのやり方を批判するラス・カサスの命を狙いもした。この時代には、国王と宗教者と征服者の間に、三つ巴の権力闘争が起きていたのである。

ヨーロッパでは宗教改革が起き、キリスト教徒であってもカトリックとは信条を異にするプロテスタントが台頭していた。プロテスタントにとり、カトリックは敵にほかならなかった。とくにスペイン人は悪者集団と見なされ、新大陸での振る舞いに対しては「黒い伝説」と呼ばれる批判がわき起こった。その出発点になったのが、ラス・カサスの告発だったのである。

実はインディオたちの命を奪った最大の要因は、スペイン人の武器ではなかった。それは、スペイン人がヨーロッパから持ち込んだ流行病だった。外来の病気に対して免疫を持たなかったインディオは、天然痘、はしか、百日咳などに次々と感染して大量死したのである。植民地時代の人口変化を見ると、地域により違いはあるものの、はなはだしいところでは先住民人口はスペイン人に接してからわずか五〇年ほどの間に、約一〇分の一に激減している。場所によっては、住民が死に絶えて、村そのものが消えてしまったところもあった。アステカの中心地だったメキシコ中央高原は、かつて二五〇〇万人の先住民人口を擁していたと言われるが、一六〇五年にはわずか一〇七万五〇〇〇人にまで落ち込んだ。(2) 先住民人口は、一八世紀頃にわずかながら増加に転じたが、現在に至るまでスペイン人到来以前の水準に戻っていない。一九世紀以降に増えたのは、先住民よりもメスティソの人々だった。

2　争いにおける和解とは何か

ここで、法理論的・法制史的な問題に言及しておきたい。中世、近世のヨーロッパでは、争い事があった場合、まず当事者同士で和解を目指した。和解といっても平和的解決とは限らず、場合によっては決闘もありえた。また、町と町が戦う場合には、勝ったほうが三日間、負けた側の市や町でどのような略奪をしてもよいという仕組みもあり、その期間が過ぎれば和平が保証された。そうしたコンセンサス（合意）が紛争当事者間にあった。

したがって、町と町との戦いでもし負けてしまったら、女性は食べ物を持ち子どもを連れて山中に逃げ込んだという。そうしなければ、三日間は殺されても何をされても仕方がないという約束事があったからである。このようなコンセンサスにもとづく紛争の解決や和解とは、双方が相手を紛争当事者として認識していたことを意味する。和解過程においていずれかが超越的な力を持つのではなく、関係者は同条件の当事者となるのである。もともと法的な意味で同条件にあった関係者の間に、たまたま争いが起こったのだから、当事者同士という対等な立場で解決しうるという考え方が、その前提にある。この論理に従うなら、大航海時代にヨーロッパ人が出会った南太平洋の島々やアジア各地やアメリカ大陸とヨーロッパの関係も対等のはずであり、そこで起きた衝突はコンセンサスにおいて解決されるはずだった。

では、中世にさかのぼるヨーロッパのこのような和解理念は、アメリカ大陸征服の過程にも適用されたのであろうか。答えは否である。征服された側すなわち先住民インディオは、暴力による侵入という歴史的事件の当事者として扱われなかった。スペイン人は先住民を、一戦交えるという合意のもとで戦い負けた人々とは見なしていなかった。もし先住民を当事者と認めていたのならば、征服者側は、コンセンサスにもとづき、勝利の後になんらかの幕引きを試みていたことであろう。しかし、スペイン側がメキシコ側に征服の理由と結果の和解についてコンセンサスを求めたことは、現在に至るまで一切ない。それは、スペイン側が征服を対等な関係にある当事者同士が問題解決のために起こした衝突とは認識していなかったからである。スペイン人にとり解決すべき問題だったのは、異教徒の存在である。しかし、それはスペイン側の課題であり、アメリカ大陸の先住民には知らぬ問題だった。すなわち、そこには利害関係という同一の地平が最初から存在していなかった。

それでも、戦いには大義名分が必要である。その意味で、当時のスペイン人が「征服」(conquista)という用語を使わず、かわりに「鎮定」(pacificación)という言葉を主に用いていたという事実は重要である。コロンブスの航海のときもそうだったが、新しい場所に向かうときは、ローマ法王の許可を携行することが不可欠だった。そして、新しい土地に遭遇すると、「催告」(requerimiento)というラテン語の文書が読み上げられる慣わしがあった。そこには、この土地はありがたいことにスペイン国王とローマ法王の支配を受けることになったのだから、皆の者は恭順の意を示すようにと書かれていたという。ラテン語で読み上げられ、土地の人々は何がなんだかわからなかったであろう。そこで先住民が、そのようなものを認めないという態度をとったとする。するとそれは国王、法王に対する反逆と見なされ、反乱を鎮定する権原がスペイン側に生じることになるのである。ひどい理屈だが、征服はそうした手続きを踏んで、一歩一歩遂行されていた。

つまり、メキシコ征服は、コンセンサスと当事者意識の下で和平回復のためにおこなわれた戦いではなかった。アメリカ大陸の征服には、当事者意識のもと、納得づくで争うという法的根拠が十分にはなかった。つまり、中世以来の紛争と解決をめぐるヨーロッパの理念と実践は、実はかなり限定的な性格を持ち、見知らぬ大陸の異文化との衝突や征服には応用不可能だったのである。

この不備を突いたのが、先住民インディオの殺戮と搾取の実態を暴いたラス・カサスの告発だった。それを受けてスペイン・サラマンカ大学の神学教授フランシスコ・デ・ビトリア（一四八〇?—一五四六）は、先住民インディオの基本的人権を保護する必要から、今日の国際法の基盤を形成する二つの理念を提示した。すなわち、キリスト教徒も異教徒も同じ人間と見なす「普遍的な人類社会」という概念、そして、ヨーロッパのみならずすべての人間社会は共通の法により支配され、その法はあらゆる人間の基本的人権を保障するものでなければならないとする考え方である。このように、ビトリアは今日の国際法の基盤的思想を提起した。ビトリアが「国際法の父」と呼ばれるゆえんである。しかし、ビトリアの思想は征服されたメキシコ社会に十分適用されることはなかった。そして、問題は現在にまで持ちこされることになったのである。

3　人間科学の相対主義とその限界

問題は二つあった。一つは異文化・異民族をいかに認識するかである。いま一つは、異民族との関係をどのように構築すべきかであった。

ミシェル・フーコーが『言葉と物』で論じたように、外部世界での経験や観察の乏しかった一六世紀以前のヨーロッパには、人間の本姓をほぼ不変と見なし、異民族も自分たちとの類似性において把握できるとする思考様式があった(3)。しかし、大航海時代において、ヨーロッパ人は、各地で土地の人々と自分たちの間に大きな相違があることを経験していった。人間のこの非類似性・非連続性をどう説明したらいいのか。この問いから、異民族の観察・記述・分類に向かう人間科学が生まれていった。しかし、それを実践するには、事前に解決しておくべき哲学的課題があった。それは、世界中の人間に当てはめられる普遍的な価値基準ははたしてあるのか、あるならそれは何なのかという問題だった。ある社会では、人間を食べ、人に背を向けて挨拶するのが正しい。これはフランスではだめである。しかし、自分たちの習慣と異なるというだけでそれを拒否していいのか。たとえば人食いは、古代ヨーロッパのスキュティア社会にも見られた習慣である。自分たちが基準にしている自然法的秩序とは、現時点のヨーロッパという特定の脈絡でのみ成立するものなのではないか。それを普遍的価値と誰が保障できるのか——。これらは、モンテーニュが『エセー』(一五八〇年)で展開した問いだった(4)。モンテーニュは若い頃ルーアンで会ったブラジル先住民に印象づけられ、「野蛮」というレッテルに疑問を抱いていたのである。

この疑問への回答の一つが、たとえ不自然な行為に見えても、それがその社会生活の中で有益とされているならば、とにかく容認すべきだとする相対主義的な道徳観だった。相対主義とはいっても、それはヨーロッパ中心主義、キリスト教中心主義を自明の理としたうえでの相対主義ではあった。したがって、経験から相対主義を学び取ったものの、ヨーロッパ中心主義も捨てがたいという矛盾が、ヨーロッパにはずっとあった。では、相対主義とヨーロッパ中心主義という相異なる原理は、どのように一体化できたのだろうか。

両者を媒介する歴史哲学として一八世紀に一般化したのが、文化的差異は各社会が到達した歴史的段階の相違にもとづくとする、進化主義的思潮だった。文化発展ははしご段に例えられ、どの文化も一定の進歩を遂げていくが、そのはしご段の上方をのぼっているのがヨーロッパで、いまそのはしご段の途中にある他の文化も、いずれは上段にのぼってくるだろうと考えられた。このように進化主義は、ヨーロッパ中心主義を認めながら、ヨーロッパ外の諸文化も相対的に位置づけるという意味で相対主義的でもあった。ヨーロッパ外の遠隔地の文化は、ヨーロッパのかつての姿を示すものと考えられた。それは、いわば空間的距離を時間的距離で説明しようとする立場だった。一八五〇年を過ぎた頃には、この進化論的な考え方はヨーロッパ人の生活の隅々まで行きわたり、人類文化の変異を生物学的に決定されたものと見なす社会進化論が一般的に受け入れられるようにもなった。産業資本主義の発展期における「進歩」の概念とダーウィンが提唱した生物学的「進化」論が融合して社会に流布したのだった。「知は力なり」という啓蒙哲学に裏打ちされたこの普遍主義的な発展史観、すなわちヨーロッパ中心主義的な相対主義は、植民地の拡張とともに、世界各地の諸民族・諸文化の解釈に適用されていった。民俗学的・地理学的関心、地政学的・経済学的野望などが一つに織りなされ、帝国主義という文様がそこに浮かび上がりはじめていくことになった。

4 コロニアル状況をめぐる歴史哲学

ところで、植民地とは、植民地的状況とは何であろうか。読者には身をもってそれを経験した方はほとんどいないであろう。筆者自身もない。日本社会自体、他国に支配されて身動きが取れない経験、それまでの名前・宗教・言語・食べ物・飲み物・履き物などを否定され、すべて新しいものに変えるよう強制された歴史的経験がない。一三世紀の元寇においても、「神風」が吹いて元の船隊は沈んだと言われ、第二次世界大戦後の進駐軍の時代にも、そこまでの大変化は求められなかった。では、そうした歴史を生きてきた私たちは、たとえばメキシコの被征服経験やその結果としての多民族状況を、どのように理解すればいいのか。植民地的状況とは何かという問いを、どのように想像すればいいのか。

植民地主義とは、「あなた（=被植民者）と私（=植民者）の関係は私が決める」、「あなたの存在意義は私が判断する」というように、自分に関する決定権を剝奪された状況である。植民地では、この状況がかならず起きる。支配・被支配の関係とはそうしたものである。植民地的状況をこのような関係性のあり方として捉える観点が重要である。

植民地には、支配者という少数の強者と被支配者という多数の弱者が同居している。ブリティッシュ・インディア（旧英領インド）について思索を重ねるパキスタン出身の英文学者サーラ・スレーリは、植民地とは恐怖の共同体であると言う。少数者である支配者イギリス人は、被支配者インド人やパキスタン人が反乱を起こすかもしれないという恐怖と緊張を、つねに抱いていた。また、多数者であるインド人やパキスタン人は、日々、支配者の武力に対し恐怖を覚えざるをえなかった。つまり、強者と弱者が恐怖を共有しながら生きたのが植民地であると、スレーリは言う[(5)]。

このような緊張した植民地的関係は、強者＝男性、弱者＝女性というメタファーで示されることがある。支配者層の男性が被支配者層の女性を陵辱しても罰せられることは少なかった。逆に被支配者層の男性が支配者層の女性に同じことをしたら、レイプとして強く罰せられた。このように、力ある者が男性のポジションを取り、弱い者に服従的な女性の役割を押しつけるというパターンが、植民地では自然化されていた。男女の象徴的対立にことよせて征服や植民が表現され理解されるようになると、これをはね退けるのはなかなか難しくなる。

強者＝西洋から弱者＝非西洋へは、どのような思考方法が導入されたのだろうか。ここでは、弁証法的な歴史観を取り上げたい。私たちは学問的トレーニングを積む過程で、子どものときから弁証法的なものの考え方を植えつけられている。それは論理トレーニングにとどまらず、私たちのものの見方や価値観まで形成している。

弁証法 dialectics は、対話 dialogue という言葉と語源を同じくする。プラトンの戯曲的スタイル『対話篇』と同じである。その後、弁証法は一般的な論理構造として捉えられるようになった。ある人が一つの命題 thesis を示したところに別の人が反論 anti-thesis を言い、言葉を闘わせているうちに、より次元の高い統合的結論 synthesis が導き出されていくという論理の立て方である。テシスとアンチテシスからシンテシスが生じるというこの論理を、日本語では正と反から合が生まれるというように表現する。

このように、弁証法とはほんらい論理の組み立て方なのだが、歴史的事象の連なりや変化、その解釈にも当てはめられるようになった。文化・社会制度Aと別の文化・社会制度Bが衝突する中で新たな文化・社会制度Cが誕生したという、弁証法的発展と呼ばれる歴史認識のあり方がそれである。社会と社会が衝突する中から、より高次な社会を人類は生み出してきたとする歴史哲学と言うこともできる。

5　ジェンダー化された文化の出会い

一六世紀〜一九世紀のヨーロッパの視線
男女の対比という形でジェンダー化された、あるいは自然化された征服者と被征服者の関係は、ヨーロッパ人とアメリカ大陸人の間の、上の表のような対照として、しばしば絵に表された。

これらの対比では、左項が右項に勝っており、全体として、ヨーロッパによるアメリカ大陸の「発見」・征服・植民は、心理的にも原理的にも正しかったというヨーロッパ側の主張が絵画表現の中に埋め込まれている。それがヨーロッパにおいて共有された感覚だったのであり、そこでは、男女という性別が優劣を示す原理として用いられていた[6]。

スペインの劇作家ロペ・デ・ベガ（一五六二―一六三五）は、『クリストバル・コロンによる新大陸発見』（一五九八―一六〇三）という長大な戯曲を書いている[7]。この中で位の高い先住民首長デュルカンケリンがスペイン人に向かって次のような言葉を発する場面がある。「偽りの言葉と神を伴い、汝らは我らの黄金と女を奪いに来た」。スペイン人にとり黄金と女性が征服にかかわる主要なアイテムだったことが、ここからもわかる。

ヨーロッパとアメリカ大陸の間には、性という自然原理から派生した支配の正当化が見られる。ヨーロッパ人男性とアメリカ大陸女性を対比的に描く

ヨーロッパ人：アメリカ大陸人	＝男性：女性
	＝着衣：裸体
	＝立ち姿：横臥
	＝見下ろす者：見下ろされる者
	＝科学：非科学
	＝キリスト教：反キリスト教
	＝新：旧
	＝優位：劣位
	＝文明：野蛮
	＝文化：自然

とき、しばしばヨーロッパ人男性は衣装が立派であり、顔が明るく、姿勢が積極的である。それに対し、アメリカ大陸女性は、裸体であり、顔が暗く、受け身の姿勢をとることが多い。

一九世紀に出版されたメキシコ史の本の挿絵には、スペイン人征服者エルナン・コルテスが敢然と一人でアステカの神殿に乗り込み、犠牲として殺されそうになっていた地元の人々を救った場面が描かれている。その挿絵では、コルテスは剣を振るい、アステカの神官たちを蹴散らし、今にも心臓をくりぬかれそうになっている人々を助けている。追い払われているアステカ人が全員男性であり、命を救われた人々がすべて女性である点には注目すべきであろう。つまり、スペイン人男性コルテスはメキシコという女性を救いに来たのであり、悪人であるアステカ男性は皆放逐されたというメッセージが、そこに込められているのである。

一八九二年のコロンブス四〇〇年祭にちなんでイタリアでつくられたポスターでは、船のいかりに身をもたせかける航海者コロンブスの脇に、羽根飾りを着け、片膝で裸体の女性アメリカがいる（図1）。コロンブスは、このアメリカを覆っていた布を、さっと取り去っている。このようにカバーしている布を取るとは、ディスカバー（＝アンカバー）、つまり発見を意味する。コロンブスがアメリカ大陸をディスカバーした、発見したということを強調するポスターと言える。ここにも、ヨーロッパ：アメリカ大陸＝男性：女性＝立ち姿：片膝＝着衣：裸体など、一連の対比が約束事のように登場している。

このような性差を梃子にしたヨーロッパ対アメリカ大陸の関係表現は、覇権がヨーロッパからアメリカ合衆国に移って以後は、どのように変化したのだろうか。一八九八年にスペインとアメリカ合衆国は米西戦争と呼ばれる戦争をおこない、アメリカが勝利して、スペインはフィリピンやキューバ、プエルトリコを失った。米西戦争敗北は、コロンブス以来の栄光のスペイン帝国の没落にとどめを刺した。アメリカ合衆国がカリブ海に利権を確保したことは、のちのパナマの領有の基盤になり、近代史に大きな影響を与え

図1　コロンブスのアメリカ大陸「発見」（イタリア，1892）

ることになった。

『キューバのメロドラマ』というタイトルの一八九八年のアメリカ合衆国の新聞漫画は、同年の米西戦争でアメリカがスペインに勝利した結果、ラテンアメリカ＝女性に対する優位な男性がスペインからアメリカ合衆国に入れ替わったことを表している（図2）。鼻高々のアンクル・サムは、参ったという仕草で退場しようとするスペインに対し、どんなもんだいという顔をしてみせる。そして、ああ助かったとアンクル・サムにすがるのが、女性擬人化されたキューバである。腰の帯には「キューバ」とあり、キューバ国旗も描かれている。このように、それまではヨーロッパ＝男性が優位に立ち、ラテンアメリカ＝女性を支配していたが、今度はアメリカがヨーロッパの位置を奪い、アメリカ合衆国（男性）：ラテンアメリカ（女性）という対比がそこに表現されるようになったのである。

　一九二〇年代には、アメリカ合衆国とラテンアメリカとくにメキシコとの関係が冷え切っていた。

メキシコでは一九一〇年に革命が起き、この革命が次第に社会主義的な色彩を強めたため、隣国アメリカ合衆国との折り合いが悪くなっていたのである。しかし、スピリット・オブ・セントルイスという単発複葉機で一九二七年に大西洋横断無着陸単独飛行を成功させたあと、飛行士チャールズ・リンドバーグはアメリカ合衆国からラテンアメリカ各地に友好飛行をおこない、各地で大歓迎を受けた。そのため、冷え込んでいたアメリカ合衆国とラテンアメリカ諸国との関係が一気に好転したと言われている。当時のアメリカ合衆国の新聞漫画には、アンクル・サム＝アメリカ合衆国と女性＝メキシコが結婚式を挙げ、リンドバーグが「グッドウィル」（善意）と書かれた聖書を読み上げている場面が描かれている。両国の関係改善が結婚で表現されているのだが、ここでも、アメリカ合衆国＝男性＝大柄、メキシコ＝女性＝小柄という対比を見ることができる。

図２　『キューバのメロドラマ』（アメリカ合衆国，1898）

一九世紀メキシコにおける文化的自画像

では、ラテンアメリカやメキシコは、このようなヨーロッパやアメリカ合衆国からの支配的視線に対し、どのような応答を試みてきたのだろうか。メキシコは、一八一〇年にスペインからの独立の戦いを始め、一八二一年にそれを果たした。独立後の国家的課題はスペイン的過去の清算だったが、三〇〇年間もスペインの副王領（植民地）であったことから、その遺産の処理は簡単ではなかった。カトリック教会は相変わらず絶大な力を持っており、スペイン系市民と混血や先住民インディオとの政治的・経済的格差は大きなままであった。しかも、地方ごとに有力者が覇を競い、国家的まとまりもなかなかつかなかった。独立後の三五年間に大統領が五五人も入れ替わったと言われ、政治的不安定が続いていた。

そうした中、西部への国土拡大を狙っていたアメリカ合衆国は、テキサス独立を口実にメキシコと戦争を構えた。一八四八年にメキシコは敗北し、カリフォルニア、ネバダ、モンタナ、コロラド、テキサス、ニューメキシコなど、当時の国土の半分を失った。このように国力が弱体化していく中で、自分たちはいったい誰なのかという模索が芸術運動の中で始まった。スペインにみずからの起源を求めるだけでなく、さらに古い先住民の世界に自分たちが根ざしていることを積極的に評価してもいいのではないか、そこがメキシコの比類なさなのではないかという文化ナショナリズムが胎動しはじめたのだった。

その嚆矢と言えるのが、マヌエル・ビラル作『トラウィコレ』像（一八五二年）だった（図3）。トラウィコレは、アステカの隣国トラスカラに実在したヘラクレス的英雄の名前である。トラウィコレは戦争でアステカ軍の捕虜になってしまい、簡単な盾と梶棒一本を与えられ、足を木につながれた裸体で、重装備のアステカ兵と戦わされたという。ローマ時代のグラディエーターのような見世物だった。誰もがトラウィコレなど簡単にアステカ兵士の餌食になってしまうと思っていたところ、トラウィコレはたった一本の梶棒で一八人のアステカ兵を倒してしまったと言われる。しかし、疲れ果てたトラウィコレは、一九人目にとうとう殺されてしまった。ことほど左様に強い人だったという伝説である。

そのトラウィコレが、独立国家像が模索されていた時代において、たいへんたくましいメキシコ人男性として表現されたのだった。顔を隠したらヨーロッパでつくられた像かと思うような姿である。つまりテーマはナショナルだったが、手法はヨーロッパのアカデミズムそのものだった。

もう一人、一九世紀から現在に至るまで、メキシコの精神世界においてしばしば取り上げられる重要な人物がいる。アステカ最後の王クアウテモクである。この王はスペイン軍と勇敢に戦い、負けて捕虜となり、最後は殺された。しかし、死ぬまでスペインに屈することのなかった男の中の男というイメージがつくられ、現在に至っている。メキシコシティの大通りに一九世紀に建立されたクアウテモクの像は、今もその交差点に立っている。

クアウテモクは、スペイン軍に捕えられてのち、黄金のありかを白状せよと足を焼かれる拷問にあった。そのような拷問にあっても、クアウテモクは決して口を割ることがなかったと伝えられている。現代メキシコ人は、たしかにわれわれの先祖は敗北したが、簡単に負けない強靭な人々だったという誇りを持って各地のクアウテモク像を見上げ、自信回復、自己イメージ強化を図ってきた。クアウテモクを顕彰する像や彼の名前を戴いた小中学校は、メキシコのいたるところに存在している。クアウテモク以外にも筋骨たくましく理想化されたアステカ王やその時代の英傑が、数多くブロンズ像になった。それは、一九世紀後半から二〇世紀のはじめにかけて、アステカが敗北したのは事実だが、われわれも男らしい男だという主張が文教政策として広く展開された結果だった。

図3　マヌエル・ビラル『トラウィコレ』(メキシコ，1852)

男女という形で自然化された支配・被支配関係は、このような被支配者メキシコ側の抵抗で乗り越えられるものなのだろうか。筆者は乗り越えられないと考える。トラウィコレやクアウテモクを称賛するという抵抗のあり方は、性差による優劣設定という枠組みそのものを批判しているわけではないからである。おまえは女だ、弱い、と言われていたのを、いや、おれたちだって男だ、強い、という形で言い返したにすぎず、これでは強いのは男性で弱いのは女性だという観念に根本的な批判を加えたことにはならない。

カレンダーアートに見る現代メキシコ人の被征服観

ここ一〇年ほど、筆者はメキシコのカレンダーを研究している。正確に言えば、カレンダーの上の空間に印刷された絵画（カレンダーアート）が研究対象である。(8) カレンダーアートは、およそ一九三〇年代から一九七〇年頃までさかんに描かれたが、その後、早くて安い写真が絵画に置き換わったため、新しいカレンダーアートはもう描かれなくなった。ただ、印刷物という特性で、古い作品が今も再利用されている。

メキシコでは、日本と同じように、年末に近くになるとお店のお客にカレンダーがプレゼントされる。カレンダー本体の上部にはカレンダーアートやその店の名前や住所・電話番号などが印刷されている。カレンダーアートは印刷物であり、作者不明のこともある。オリジナルを重視する芸術観念は、それをコマーシャルアートすなわち消費物としてしか扱わなかった。そのため、これまで研究の対象となることがほとんどなかった。しかし、特定の絵が一年間は壁に貼られ、人の目にふれていくのであるから、文化人類学の視点から見れば、たいへん興味深い素材である。

たとえば、征服者コルテスとその現地通訳で愛人でもあったマリンチェを描いた、画家ヘスス・デ・ラ・エルゲラのカレンダーアートがある（図4）。マリンチェは花を抱えて幸福に見える。白馬にまたがるコルテスはたいへん立派な身なりでマリンチェを抱きかかえている。同じような意匠で、若いスペイン人貴紳と美しい先住民女性が二人の間に生まれたばかりの子どもを幸福そうに見つめているというカレンダーアートもある。

そこには、スペインを否定しない大衆の視点が見え隠れしている。それは、現在のメキシコ人たちにとり、ある種の安定感ある自意識と言えるだろう。ここにあるのは、スペイン＝男性とメキシコ土着の世界＝女性の融合から自分たちの先祖が生まれたという歴史観であり、それを祝福されるべき幸福な結合とする考え方である。このような形で、被征服者意識が顔を出している。これは、一つの弁証法的歴史観である。先住民とスペインの対立の中から混血の子どもという高次のシンテシス（統合的結論）が生まれ出た、そしてそれがほかならぬ自分たちだと主張しているからである。

メキシコ人男性には、自分たちの女性をスペイン人に奪われたという意識が存在すると、しばしば指摘されてきた。アステカを征服した六〇〇名ほどのスペイン軍には、女性は一人もいなかった。スペイン軍の進軍のあとには、その土地の女性との間に子どもが生まれていった。それは征服と女性の陵辱が一体化していたからであったが、この歴史的事実は、メキシコ人の間にわれわれ（の先祖）は自分たちの女性を守ることができなかったという敗北意識を植えつけてきたと言われる。その反転した意識が、メキシコにおける男性優越主義マチズムの極端な表出ではないかと論じられることもある。

図4　ヘスス・デ・ラ・エルゲラ『ラ・マリンチェ』（メキシコ，1941）

そうした敗北意識の逆の表現として、アステカの首都テノチティトランへの攻撃が続き、大きなピラミッドに火も放たれている中、アステカの一人の兵士が刀を振り上げて自分の家族である妻と娘を守ろうとする場面を描いたカレンダーアートがある（図5）。最終的には敗れたが、われわれも家族を、女性を守ろうとしたのだという潜在意識が表出しているように見える。あるいは、驚くほど筋骨隆々としたアステカ兵が自分たちの女性を抱えながら剣を振るう場面。われわれ（の先祖）はこのよ

図5　エドワルド・カターニョ『偉大なるテノチティトランへの攻撃』（メキシコ，制作年不詳）

うな英雄的男性だったのであり、敵を倒して自分たちの女性を守ったのだという主張が、そこに見て取れる。メキシコ人の心情に強く訴えるこのようなカレンダーアートが、多数制作されていた。

このように、女性を奪い返し守るメキシコ人男性というテーマが、カレンダーアートにはくりかえし登場する。女性を奪われたがゆえに自分たち混血が生まれてきたという現実を前に、自分たちの女性を守ろうとしたとして先祖を肯定し、その観念に自分も支えられるという心情が、このようなカレンダーアートを生み出してきたのだろう。その一方で、クアウテモクという一九世紀に再評価されたアステカ王が、今もなお虚構と言わざるをえないような英雄的姿でカレンダーアートの中に登場し、メキシコ人の誇りを再生産している。

6　モニュメントによる歴史意識の展示

展示された歴史意識という意味では、街路に置かれたモニュメントの数々も研究対象にしなければならない。モニュメントはどのように街路や広場に置かれ、人々の日常生活において見上げられ、位置づけられてきたのか。メキシコシティの目抜き通りには、コロンブス像、最後のアステカ皇帝クアウテモクの像、独立記念塔、植民地時代最後のスペイン王カルロス四世の像などが、大きな交差点ごとに、一直線上に並べられている。アステカ時代、コロンブスの時代、スペイン植民地時代、独立の時代が、それぞれモニュメントとして表現され、同じ目抜き通りにほぼ等間隔で立っているのである。これこそがメキシコだと言わんばかりの、オフィシャルな歴史認識の表現である。

スペイン的なるものと先住民的なるものから何が生まれたのかを表現したモニュメントもある。一九七八年に除幕された像で、「人種混交記念碑」と呼ばれている（図6）。左側にアステカ兵が立ち、右側にはスペイン兵がいる。二人が背中を合わせる中央の柱の頂上からは、若い女性が生まれ出ている。混血が力強く生まれ、今日のメキシコを形づくってきたという主張が、そこに込められている。二つの文明の衝突から新たな文明が生まれたという歴史観の表出という意味では、まさに正反合の弁証法的歴史観である。その下で大きな手が二つ手首を握り合っているのも、正反を越えた合一がそこにあるということであろう。アステカとスペインの兵士がまったく同じ背丈でつくられていることは興味深い。実際にはメキシコの兵士のほうが小さかったかもしれないが、ここでは平等に表現されている。また、メキシコ人の敗者意識を考慮してか、女性の父親がアステカ人かスペイン人かを特定していない点も、重要であろう。この像を一九七八年に除幕したのは、旧支配者のスペインのファン・カルロス国王だった。スペイン国王がメキシコの地を踏んだのは、これが初めてだった。スペイン国王にはメキシコ人も複雑な感情を抱いているが、国王の来訪を友好の印として歓迎し、その際にこのモニュメントが除幕されたのだった。

図6　人種混交記念碑（メキシコシティ，1978）

メキシコ革命（一九一〇～一九一七年）後に盛んになった芸術様式に壁画運動がある。文教政策的効果を狙った公共芸術である。メキシコ国立歴史学博物館には、ホルヘ・ゴンサレス・カマレナが描いた『メキシコ史』という一九五八年の作品が展示されている。縦が約七メートル、横が約八メートルの大作である。アステカ兵が騎乗のスペイン兵を攻撃し、やりをスペイン兵の首に突き刺している場面だが、同時にスペイン人が持つ剣もそのアステカ兵を貫いている。両者とも、ここで斃れたにちがいない。このモニュメンタルな絵には、この苦しい衝突こそ今あるメキシコの原点だとする歴史観が埋め込まれている。すなわち、この絵では、スペイン人もアステカ人も、ともにその後のメキシコを築いた当事者として描かれているのである。アステカ人が本当に征服の当事者と言えるのかという問いは、ここでは棚上げにされている。

おわりに——弁証法的歴史観からの解放は可能か？

本論の冒頭で、筆者は、征服における当事者とは誰なのかを問題にした。はたしてメキシコ人は当事者だったのだろうか。それとも、引きずり込まれた運命と戦っただけだったのだろうか。この問いは、征服に和解はありうるのかという問題提起の大前提である。争いは和解したほうがいいと一般的には言われ、和解すなわち善と捉える傾向がある。しかし、征服から和解へという流れは自明ではない。

メキシコ人の複雑な心性については、メキシコの思想家・詩人でノーベル文学賞受賞者でもあるオクタビオ・パスが、名著『孤独の迷宮』（一九五一年）の中で、征服から数百年経過しても、今なおわれわれメキシコ人は被征服者としてのメランコリーから自由になっていないと論じた。(9) 自分たちはメランコリーを抱えつづける民なのではないかというパスのメキシコ人論は大きな反響を呼び、メキシコだけでなく国外でもメキシコ人論の決定版のような扱いを受けてきた。

しかし、その出版から五〇年近くが経過して、パスへの反論が出るようになった。メランコリーにとらわれ続けていてはどこにも出口がないではないか、メキシコ人はいったいどのような未来を描いたらいいのか、というのである。ロヘル・バルトラの『メランコリーという鳥かご』[10]（一九九五年）、クラウディオ・ロムニッツ＝アドレルの『迷宮からの出口』[11]（二〇〇二年）などがそれである。後者は『孤独の迷宮』の議論から出るべきだという考え方が題名にも表れている。

しかし、筆者は、これらの思索がメキシコ人を鳥かごや迷宮から解放し自由にしたとは思わない。というのは、原理として、また手続きとして、和解は征服になじむのかなじまないのかという根本問題が、棚上げにされているからである。征服をただちに和解に結びつけるのは原理的に無理だと筆者は考える。和解を求めるならば当事者にならざるをえず、自分たちが始めたわけでもない征服戦争を是認し、受けて立ったという参加のあり方を認めねばならなくなるからである。この点で、被征服者メキシコ人は論理的困難に陥ってしまう。

征服はいわゆる紛争とは異なる性格を持つ。状況の解決に向けた論理構成も異なるものにならざるをえず、そこをクリアしないと、真にパスを乗り越えることはできない。したがって、バルトラやロムニッツ＝アドレルの著作は、和解パラダイムすなわち弁証法的な歴史観を超えていないと筆者は考える。弁証法的歴史観からどのように脱出するかまで考察しないことには、メキシコ人の「われわれは誰なのか？」という問題の心的重圧は解決を見ることがないのではないか。

筆者は、先住民インディオを含め、いわゆる知識人とは異なるメキシコ人からも多くを学んできた。そこで気づいたことの一つは、人々はかならずしも弁証法的論理だけに頼るのではなく、別の思考回路も持っているということである。それは弁証法的対立構造ではなく、二つを併置しておく考え方である。すなわち、AとBがあれば必ずCに向かうとは考えず、AとBがあり、ただそれだけであって、AとBは併存していると捉える考え方である。たしかに一部はCにもなるだろう。また、あちらへ行ったりこちらへ行ったりすることもあるにちがいない。それでも、すべてがCに回収されていくわけでもない。そうした歴史観が、そこに垣間見られる。

再びメキシコシティの中央広場ソカロ。週末になると、中央広場にはアステカ時代のいでたちをした人たちがたくさん集まってくる。いくつものグループが来て踊ったり、お香をたいたりする。古代風のお祈りもするが、すべてスペイン語である。コンチェロス（concheros）と呼ばれるこの人々のいでたちは、イメージの中のアステカと言っていい。この広場に来るまでは、みな普通の格好をしてジーパンなどをはいている。そして古代風の衣装に着替え、終わったらまた身だしなみを整えて靴を履いて家に帰り、また次週に広場にやってくる。彼らは薬草を香炉に入れていぶし、その煙を人にあてて体や精神を浄化するという儀式をおこなう。おはらいのようなものであり、大勢の人々が行列して順番を待つこともある。太陽への祈りもおこなう。

これは、一九六〇年代、七〇年代の対抗文化運動のような反近代運動ではない。終わってから車に乗って帰ることもあり、地下鉄で往復する場合もある。近代的なものも、それが抑圧してきた地元のものも、両方あっていいのではないか、それらのいずれも否定しきれないのが自分たちの生き方なのではないか——。それは、両方の併置を体現しているのが自分たちメキシコ人であるとの自己認識であり、その実践である。衝突する二要素があるならば、そこから第三のシンテシスが生まれていくはずであり、またそれが歴史の法則であるとする弁証法的歴史観が、知識人にはある。しかし、広場のこの人々は、その種の論理体系とは別の世界も持っている。

現代日本にも、同じように併置感覚があるのではないか。文明開化以降の西洋との衝突の中で、あらゆる面でシンテシスを遂げたかというと、そうでもないからである。両方を併置し、「いいとこ取り」をしてきた面もあるのではないか。こうして見ると、「征服に和解はありうるのか」という最初の問題提起に対しては、ある・ないと結論づける前に、和解というものが背後に持っている弁証法的なものの捉え方や歴史観をどのように認識し、どのような距離を置いてそれを見るのかという問題を解決しておかねばならないことがわかる。

日本も含めた今の世界には、非西洋を知らない純粋西洋人は実は少ない。また、西洋的なものや価値観を知らない純粋の非西洋人もほとんどいない。世界人口の九〇パーセント近くが「非西洋圏の近代社会」において生活している。この現実を見据えるならば、本章が取り上げた「征服に和解はありうるのか」という問題提起を手がかりに、近代西洋に生まれた学術言語や概念に縛られず、各地の現場における経験や観察にもとづいて新しいアプローチを試み、そこから近代西洋を相対化することが必要ではないかと、筆者は考えている。

注

(1) ラス・カサス『インディアスの破壊についての簡潔な報告』染田秀藤訳、岩波文庫、一九七六年。

(2) 落合一泰「先住民社会・文化の再編成」増田義郎・山田睦男編『ラテン・アメリカ史1』山川出版社、一九九九年、一〇四—一三〇ページ。

(3) ミシェル・フーコー『言葉と物——人文科学の考古学』渡辺一民・佐々木明訳、新潮社、一九七四年。

(4) ミシェル・ド・モンテーニュ『エセー（全六巻）』原二郎訳、岩波文庫、一九六五—六七年。

(5) サーラ・スレーリ「イングリッシュ・インディアのレトリック」川端康雄訳、『現代思想』第二五巻第二号、一九九七年二月、八—三一ページ。

(6) 落合一泰「ヨーロッパ美術のなかのアメリカ」青柳正規・大貫良夫編『世界美術大全集1　先史美術と中南米美

術』小学館、一九九五年、三二九—三四〇ページ。

（7）Lope de Vega Carpio, *Nuevo Mundo Descubierto por Cristóbal Colón*, Édition critique, commentée et annotée par J. Lemartinel et Charles Minguet, Presses Universitaire de Lille, Lille, 1980.

（8）落合一泰「被征服男性の〈受忍〉——現代メキシコのカレンダーアートに見る性的支配の表象」宮地尚子編著『性的支配と歴史——植民地主義から民族浄化まで』大月書店、二〇〇八年、一七三—二一一ページ。

（9）オクタビオ・パス『孤独の迷宮——メキシコの文化と歴史』高山智博・熊谷明子訳、法政大学出版局、一九八二年。

（10）Roger Bartra, *La Jaula de la Melancolía. Identidad y Metamorfosis del Mexicano*. Editorial Grijalbo, México, D.F., 1987.

（11）Claudio Lomnitz-Adler, *Exits from the Labyrinth: Culture and Ideology in the Mexican National Space*, University of California Press, Los Angeles, 1992.

■平和と和解の思想のために《文献案内》

山内進『北の十字軍――「ヨーロッパ」の北方拡大』講談社選書メチエ、一九九七年

エルサレム奪回が不可能になったカトリック世界は、一二世紀～一五世紀に、その十字軍的エネルギーを北方ヨーロッパの異教徒根絶に振り向けた。聖地奪回から布教へと目的を変更した十字軍的精神は、さらに大西洋を越えてアメリカ大陸へと拡大していく。黄金だけがヨーロッパ人をアメリカ大陸に駆り立てたわけではなかったことがわかる。

ラス・カサス『インディアスの破壊についての簡潔な報告』染田秀藤訳、岩波文庫、一九七六年

アメリカ大陸の植民地における先住民インディオの殺戮と搾取の実態を暴露し、スペイン王室に告発した一五四二年の書。ラス・カサス神父は自身が植民者だったが回心して宗教者となり、非道や不正を排した平和的な布教が王室の責務であるとユマニストとして説いた。本書はプロテスタント諸国における強烈なスペイン批判を招くことにもなった。

ツヴェタン・トドロフ『他者の記号学――アメリカ大陸の征服』及川馥訳、法政大学出版局、一九八六年

ヨーロッパ人は「絶対他者」アメリカ大陸をいかに解釈したのか？　トドロフは、コロンブスの航海誌、征服者コルテスとアステカ王モクテスマの対話記録、征服後のアステカ文化に関するスペイン人神父らの観察などを分析し、他者理解の変化を綴る。わかるとは何か？　わからないとは何か？　他者との対話とは何か？――トドロフは、時空を超えて現代の私たちに問いかける。

第12章
持続可能な戦争
スーダンの内戦を通して考える

岡崎　彰

はじめに

去年、こういうメールが飛び込んできた。ある人権関係NGOからだ。

初めまして。XXXのXXXXと申します。突然のご連絡お許しください。
実は今、XX月XX日にダルフールの人道危機に関するシンポジウムを企画しています。そのシンポジウムのパネリストになっていただけないでしょうか。……ダルフールに対する国際的な関心も薄れつつあるように感じる今、……日本のみなさまに是非、ダルフール問題が深刻な国際問題であることを知って欲しい、同じ時代に生きる人間として、私たち日本人がダルフールの人たちの力になりたい、ただそれだけの想いで、素人の学生が中心となって作り上げてきたシンポジウムです。……先生のお力添えを、何卒よろしくお願い申し上げます。

丸一日考えあぐねた結果、私はこういう返事をメールした。

パネリストのお誘い、ありがとうございます。しかし、以下に述べるようないろいろな意味で、残念ながら無理です。すみません。まず、当日は週末でも出勤して処理しなければならない用務が入っていますので、身動きできない状態です。しかし、それよりもっと重要な理由があります。私は、これまでダルフールに関してなされてきた人道的キャンペーンそれ自体の問題点を批判的に分析しているところです。もう少し詳しく言いますと、1980年代から、スーダン情勢の変化を現地の目線でこまめにフォローしている私には、この件に関しては当初から、スーダン外部からの政治的介入や人道的キャンペーンが現政権をますます硬直化・反動化させ、むしろ非暴力的解決を困難にするのに役立っていると思えてなりませんでした。そのキャンペーンは皮肉にもダルフール難民の苦悩を深め、死者の増加をもたらしたとさえ言えると思います。最近同様の見解を詳しい調査に基づいて明らかにした本が出ました。Mahmood Mamdani の *Saviors and Survivors* という本です。既にどこかでこの本に対する批判も眼にしておられるかもしれませんが、ご自身で現物に当たって判断されるのが一番です。……私は彼の議論の全てに賛同しているわけではありません。例えば南スーダンの解放運動が和平協定に進んでいった過程とダルフール武力闘争の発生過程がどう関係しているかという重要な問題に関する分析が弱いし、アメリカの読者を意識しすぎたアメリカ批判にウェイトが置かれすぎている嫌いがあるし、逆にダルフールの普通の人たちの声がよく聞こえてこないし、その上彼の主張は結局バシール政権に巧妙に利用されているようなところもある、などなどです。しかし、この本を読めば、人道・人権キャンペーナーは助けようとしている人たちの困難な状況を不本意にももっと困難にしてしまったり、知らず知らずに大国の思惑の手先を演じてしまったり、という「やぶへび」的な状況がよくわかると思います。というわけで、今回の企画については単に参加を避けたいというより、このような「まっすぐ」な趣旨の集会はダルフール問題の理解よりも誤解に貢献してしまう可能性が大きいので、できたら中止すべきだという立場です（開催に向けてご努力されているのに、すみませんが）。……ダルフールでの2003〜2004年の死者数はおびただしいものでしたが、現在の状態は、それほどでもないようですので、あまりご心配なく。せっかくのメールにこのような、ある意味で「非常識な」返事を書いてしまいましたが、「悪意」など全くありません。私も皆さんと同様、ダルフール、それ以外の南北スーダン各地、隣のコンゴ、その他の地域で、人々が不当に辛い生活を強いられている現状に黙っていられる人間ではありません。しかし残念ながら、ただ声を出すだけではもはや十分でない、あるいは「やぶへび（逆効果）になる」というケースがおおくなっています。

これは実際にやりとりしたメールで、ほんの一部を省略しただけのものである。ここで「集会は中止すべきだ」などとひどいもの言いをしたのは、とくにダルフールの場合、外国からの「人道的」キャンペーン自体が逆効果を生んでしまっているだけでなく、国際刑事裁判所がスーダンの現職大統領に対して「人道に対する罪」などで逮捕状を出すという前代未聞の「介入」があり、それに対して激怒した大統領が、ダルフールで国内難民の生命線を維持するために働いていたNGOを一斉に国外追放するという事態も生じていたからである。「ダルフールの人々の力になりたい」という想いを遂げるにはそれなりの事前調査と注意深い作戦が必要なのだ。

スーダンは独立以来五〇年以上経つが、紛争は絶えることがない。一九八三年頃から始まった第二次内戦は二〇〇五年に平和協定が成立するまで二二年間続いたが、第一次内戦（一九五五〜一九七二年）の一七年間を合わせると、アフリカで最長と言われるアンゴラ内戦の二七年間を上回る。そのうえ、スーダン西部ダルフール地方の紛争はまだ解決のめどが立たないままである。われわれは戦争や暴力を食い止めるにはどうしたらいいかという問いの立て方はしても、戦争という破壊と死と苦しみと空腹をもたらす状態がどうしてこれほど持続しうるのかという問いを立てることはあまりない。環境と開発の共存を謳った「持続可能な開発」という肯定的な響きがある標語は好まれるが、「持続可能な戦争」という否定的なもじりには眉をひそめるだろう。

この章では、スーダンの内戦を事例に、とくに外部からの働きかけとそれに呼応して内部で起こるさまざまな変化について、このような（1）人道的介入や（2）政治経済的介入に対する反動という面から検討し、（3）戦争や紛争に関するわれわれの研究傾向自体がはらんでいる危険性を指摘し、戦争がどうして「持続可能」なものとなってしまうのか考えてみたい。そこで、終わりのほうでは、このようにわれわれも片棒を担いでしまっているかもしれない戦争の持続性に対処する方法の一つとして、（4）ある「裏技」も示唆しておきたい。

1　ダルフールと広告代理店(1)

まずダルフール紛争における人道的介入が内部をどう変化させ、戦争の「持続可能性」を支えているか見てみよう。ダルフール地方では砂漠化の進行と不規則な旱魃などにより、かなり以前から、農耕や牧畜を営む人々の間で水や土地をめぐる争いが起きていた。土地を与えられた集団とそうでない集団という紛争要因ともなっている集団の区別は植民地政策の結果でもあった。しかし通常は集団の代表者同士で話し合い、大きな紛争にはならなかった。それはこのような過酷な環境を共倒れしないで生き抜くための知恵でもあったのだろう。しかし、一九八七年から始まった紛争は二年後に、クーデターで登場したイスラミスト新政権の関与もあっていちおう収まったが、この頃から人種的言説（アラブ対アフリカ）が主張されはじめ、きわめて惨忍な暴力が急速にエスカレートしていった。リビアやチャドもこの紛争に関与しだし、それまではローカルな隣接集団同士の争いであったものが一挙に国際化し、二〇〇三年の反政府軍の蜂起に至り、今日「ダルフール紛争」と称される事態が発生した。政府側の傭兵と噂され、その残虐さが伝説化されている「ジャンジャウィード」とは、もともと「盗賊」「強盗」を意味するが、ローカルな民兵のようなものから、政府が民間人を組織した人民防衛軍、そして隣国チャドでリクルートされ、「馬と銃を与えるので、あとは（サラリーは出ないが）略奪したい放題にせよ」と、政府が見て見ぬふりをするという約束で連れてこられた者たちなどを一緒くたに呼ぶ総称である。しかし政府は彼らを「盗賊にすぎない」としてその横暴に対して責任は取らなかった。しかし政府軍が空爆でジャンジャウィードと結託して住民を攻撃している証拠があり、二〇〇四年、国連は主要反政府軍とスーダン政府との和平交渉で、後者にジャンジャウィードの武装解除を求めたが、政府はこれを「ローカルな紛争にすぎない」と主張し聞き入れず、交渉は決裂した。それ以降も交渉が試みられ停戦合意の調印はしたものの実施がともなわず合意が形骸化するというパターンが続いている。一方、反政府軍側も分裂しだし、その一部には住民を殺害しレイプし略奪し村を焼き討ちするというジャンジャウィードと同様の行動に出るグループも現れてきている。また、国連やアフリカ連合の派遣団に対して待ち伏せ攻撃し、武器や車両を強奪する事件が相次いでいるが、その犯人が政府側か反政府側かも同定できないまま、混沌の度合いが増している。ダルフール地方で虐殺がもっとも頻繁に起きて多数の人命が失われたのは二〇〇三年から翌年にかけてで、世界保健機構はこの期間の死者数を七万人と推測しているが、これに関しては立場の違いでかなり異なる。最新の調査では三〇万人とされている。

「ダルフールを救え同盟」（Save Darfur Coalition）はダルフールで起きているとされるジェノサイドを止

めようと運動している米国のさまざまな市民団体の連合組織で、二〇〇四年に米ユダヤ系団体が中心になって結成された。その後世界各地の団体とも連携し、南アの反アパルトヘイト・キャンペーン以来最大とも言われるキャンペーン運動を展開した。その一方で、この運動に対するさまざまな批判が出されている。とくに重要なものは運動資金の用い方と運動の目的に関するものである。二〇〇六年の例で言うと、このキャンペーンで集まった一五億円はダルフールの現場には一切届かず、ほとんどが広報活動に使われたという。米国政府へ働きかけるロビー活動をはじめ、新聞や看板の大広告、たくさんのハリウッド・スターや有名人を起用したテレビ広告などの制作を請け負ったさまざまな広告代理店に対してである。この大規模なメディア作戦の目的は、単にダルフールで起きているとされる「ジェノサイド」に世界の関心を喚起するだけでなく、世論の盛り上がりを受けて軍事介入の機運を醸成することにあったと言われている。そしてそれはかなりの成功を収めた。というのも、「ダルフールの問題は倫理の問題であって、政治の問題ではない」という訴えを押し出していたので、このキャンペーンに乗らない人は倫理的に欠陥があるとさえ思わせるのに成功したからである。(2) ただし、同様の作戦は第一回イラク戦争の開始前やバルカン戦争での空爆に際してもとられたので、目新しいことではない。一方、これに対して、スーダン政府は「ネオコロニアリズム」だとして反発し、対立勢力を調停の席につかせようとしていた国連の計画も頓挫しかねなくなったが、これらをはたして前述したような予期せぬ「逆効果」と言えるかどうかは微妙なところがある。というのもキャンペーンの戦略本部はそのような反発を十分計算に入れていたと言えなくもないからだ。いやむしろ故意にそのような反発を引き出し、一挙に攻撃に出ようという作戦であったかもしれない。実際、サダム・フセインの場合もそうであった。

いくつかの疑問が残る。キャンペーンが始まった二〇〇四年にはすでに死者の数は激減していたにもかかわらずキャンペーンが続けられたが、この時期と、イラク戦争で米国による「民主主義」や「自由」の一方的な押しつけがかえって反発を呼び状況が泥沼化し、介入しはじめたときには予期しえなかったほど多くの人命が失われて世界的に非難されだした頃と呼応すること。そしてなぜ隣国コンゴの内戦の死者数はダルフールの一〇倍以上にのぼるのに、ジェノサイドとしてキャンペーンがおこなわれなかったのか。

ウォーラーステインは『ヨーロッパ的普遍主義――近代世界システムにおける構造的暴力と権力の修辞学』という本の中で、近代世界の「文明化された」者が「非文明的」地域に「干渉」する際、それを正当化するのにつねに用いてきた四つの基本的主張の一つとして、「残虐な他者の中に置かれた罪のない人々の防衛」というのを挙げているが、[3]このダルフールの人道的介入キャンペーンの主旨はまさにこれに当たるだろう。この目論見はダルフールでは成功しなかったが、紛争解決が遅れることで人々の苦しみは「持続」してしまった。ただし、外部からの介入を正当化するのに使われる「罪のない人々の防衛」という主張自体は根強く残っている。それははじめに引用したメールの文面にも生きている。

2 構造調整とNGO[4]

次に、外部からの政治経済的な介入が内部をどう変化させ、戦争の「持続可能性」を支えているか見てみたい。アフリカでは東西冷戦が終わってから内戦が勃発するようになったというのは定説だが、それが簡単には終結しないというのも興味深い点だ。ファーガソンによると、一九八〇年から九〇年代に導入されたIMF（国際通貨基金）や世界銀行による「構造調整」とは、「抑圧的」で「腐敗した」アフリカの政府が、「透明性の高い」「良いガバナンス」ができる能力を身につけ、各国が経済効率のよい、もっと「民主的」で活気ある「市民社会」に変貌することを前提に、金融資金を提供するというものであった。しかしその結果、形だけの民主主義はアフリカ各地に広がったものの、複数政党による「民主的選挙」の際には以前よりももっと暴力がともなうようになり、「部族紛争」はむしろ増加してしまったと言われる。

それと同時期にNGOが急速にアフリカに広まっていった。NGOのスポンサーたちは、信頼性がきわめて薄い政府の官僚を通さず、必要な人たちに恩恵が直接届けられるのを望んだので、グラスルーツ的プロジェクトが増加していった。その結果これまで政府の機能とされていた医療・教育・雇用促進・インフラなどをNGOが肩代わりするようになり、政府の能力が低下した。またNGOのほうが給料も雇用条件もいいので、有能な公務員たちの多くが流出し、こうして国家は空洞化していった。興味深いのは、もとは市民団体こそ「非政府団体」(NGO)だったが、今では、政府そのものが「非政府」化していったという点である。西欧の新自由主義はそのモットーとして「国家による干渉の減少」を望んでいたが、現実には秩序・平和・治安がますます低下し、内戦が盛んになった。こうしてアフリカの中で利益の出せる地区は民間警備会社や傭兵に守られた民間企業の領地になっていき、それ以外の政府の保護の手が届かない地域では、行政サービスはNGOに取って代わられていった。このような状況のため、以前では信じられないことが起きだした。たとえば、資源のある国では、内戦が進行中で国内の統制が利いていないからこそ、その「自由化経済」のせいで経済成長率が急上昇していった。アンゴラが内戦中の八〇年代にアフリカ随一のGDPの成長率を見せたのも、スーダンで九〇年代に同様の急成長が起きたのもそういうケースだった。

まとめると、「構造調整」という介入は、さまざまな議論はあるが、ここでの文脈で言うと、「持続可能な開発」よりも「持続可能な戦争」をアフリカにもたらしたと言えよう。これを「抵抗」と捉えなおし、ファーガソンはこう言う。「西欧的ないし『グローバル』的モデルに従わせようと外部から押しつけてくるありとあらゆるプロジェクトに対してうまく抵抗してきたという点で、アフリカはきわめて優れている」(5)。ただし、「抵抗」と言ってしまうと、この文脈では、あたかもアフリカ側が意図して戦争を持続させることで「抵抗」しているかのようにとられてしまいかねない。戦争の「持続可能性」はやはり外側からもたらされたものであることを押さえておきたい。

3　戦争研究と敵対主義

しかし、戦争の「持続可能性」を外部から押しつけられたものと言い切ってしまうことに問題はないのだろうか。スーダンに限らず、アフリカの国家元首で「現在のアフリカの問題はすべて（新）植民地主義がもたらしたものだ」といまだに言う者がいるが、それと同じような責任逃れの話になってしまわないか。その一方で、アフリカ人の「主体的」な「抵抗」をも否定することになってしまうのではないか。この「主体性」の問題はかなり厄介で、それについて筆者はいろいろな角度から追求してきたが[6]、ここではやや違う観点から考えなおしてみたい。それは国際社会の平和構築活動、人道的支援団体の活動、メディアの動き、そして紛争の研究自体を相互に関連し合うネットワークとして捉え、それ全体を外部から介入するものと見なし、それが紛争の当事者をどう変化させ、「主体化」させることで戦争が「持続可能」になっていくか検討してみるということである。ここまでは主としてダルフールに焦点を当ててきたが、ここからはスーダン全体について見てみたい。

現代スーダンにおける紛争は、まず南部の中央政権に対する反乱から始まったが、やがて西部、東部、さらに北部も反乱しはじめ、そのうえ反政府組織の内紛も頻発し、まさに紛争が新たな紛争を呼ぶという様相を呈してきた。これと並行して紛争の説明も多様化してきた。たとえば、イスラーム系アラブ人対キリスト教系アフリカ人という宗教や民族（人種）間の対立（南北間の戦争の場合、以下同様）、気候変動によより希少となった資源をめぐるアラブ系ムスリム牧畜民対アフリカ系ムスリム農耕民の対立（ダルフール紛争）、植民地時代の統治形態に由来する政治経済力を独占する中央の集団対周辺化された集団の対立（周辺部各地での反乱）、地元権力者間の対立（ローカルな利権争い）、隣国や外国の勢力間の思惑の対立（隣接する九カ国と米・英・仏・露・中・アラブ諸国など）、そして反政府組織内での和平案に関する解釈の対立（ダルフール紛争）などである。しかしスーダンの周辺部各地での分裂・対立・紛争は、南北勢力間で「和平協定」が結ばれて以来むしろ深刻化しつつあり、二〇一〇年四月の総選挙直後は一触即発状態になったままで、今後予定されている南部スーダンの独立の是非を問う住民投票の実施を危ぶむ声さえ出ている。このような事態に至った経緯を精査した結果、従来の社会科学的紛争研究には対立するアクターを重視する場合が多いが、そのような研究にもとづいて国際社会が平和構築の働きかけをすること自体が、図らずも新たな対立軸を生み出し、敵対主義を助長している疑いが生じてきた。

スーダンの紛争に関する研究は、歴史、経済、社会、文化、国際政治、国際法、生態環境など様々な側面からなされ、国際社会の平和構築活動や人道的支援団体の広報活動にも広く利用されている。これらを図式的に単純化しすぎた説明だと批判する紛争研究者は多いが、そう言う本人も、現場の複雑さを強調はするものの、結局、俯瞰的に見て目立つ対立するアクターを識別し、図式的な議論をしてきたことに変わりはない。その一方で紛争の当事者たちは、興味深いことに、紛争初期の本人の個人的動機がなんであれ、外部からもたらされたこのような明確な対立図式で描かれたアクターの役割を次第に「演じ」ていく場合が多い。その理由は、外部からの武器支援や闘争生活維持資金、あるいは海外脱出支援や留学資金援助などさまざまな恩恵を外部の支援団体から得られる可能性があることに気づくからでもあるが、それだけではなく、自分が何者であるか初めて自覚し、自己を規律し、「主体化」せずにいられなくなるからでもある。こうして対立図式を明確に体現したリーダーが誕生する。そしてこれは自分の「民族」的アイデンティティへの目覚めでもある場合が、とくにスーダンでは多い。フーコーにならって、これを自己規律による主体化の特殊例と言ってもいいだろう。いずれにしても、外部からの対立図式を身につけることで、「民族」であれなんであれ、これまで不分明であった境界が明確になるということはよくあることだが、それを明確に自己に体現した者が戦争でリーダーシップをとるようになる。

これと関連して興味深いのは、ダルフール紛争の和平協定の場におけるパフォーマンスである。そこでは各紛争当事者のリーダーたちが自分たちの立場を戦わせるが、あまり相手と折り合ってしまえば、これまで「演じてきた」イメージに傷がつき、援助側の態度が変わる恐れもある。その場合は和平協定の内容を自分が主張してきた戦う理由に沿うような形で提示し直しつつ交渉していく必要がある。こうした綱渡り的作業の末、対立関係が再調整されて和平合意に至るか、それでは自分の立場・イメージが維持できないという場合は、和平交渉のテーブルから立ち去るパフォーマンスをすることになる。そしてそこは一つのゲリラ集団が分裂する契機ともなる。和平仲介者の中には、紛争をやめさせるには、目立つ集団やリーダーに着目し、彼らを動かせばいい、という考えを持つ者が多い。そしてなかなか譲歩しない集団の場合は、その中で譲歩を引き出せるリーダーだけを選んで和平協定を結んでしまう、ということもやる。これは分裂を生み出しゲリラ運動を弱体化させる一つのやり方でもあると考えられているが、新たな敵対関係を生み出し、主体化を促し、あとになってやはり交渉を困難にし、結局紛争が長引くというケースも多い。

以上に述べてきたことは、紛争の連鎖や内紛の頻発という現象は、決して紛争中の当事者だけに責任を帰すべき問題ではないことを示唆している。むしろ紛争主体と紛争研究自体との間にある奇妙にも密接な関係を認める必要がある。

4　「まともに」戦争ができない人々

戦争の「持続可能性」には外部からの介入が大いに左右する場合が多いこと、それには戦争を止めさせようと介入する場合も、「単に」戦争を研究しようとする場合も含まれることがわかった。しかしこれ以外にもよく研究者がかかわってしまう問題がある。それは「問題化という問題」とも言える問題である。スーダンの紛争研究に限らないが、研究者が問題を発見し、しかるべき機関を通じて関係諸国に対して解決を促すという場合がある。しかしこのように上から立てられる「問題」は、大多数の「普通」の（統治する側でなく、される側の）人たちが抱える「問題」とかけ離れている場合が多い。いや、それは研究者が専門家として立てる問いなので当然だという言う者もいるだろう。しかしこのような問題の立て方には植民地時代の知識のあり方（知識の生産が支配の手段でもあるような知識のあり方）を図らずも踏襲しているところがある。さらに言えばこれ以外にも戦争研究の危うさがある。戦争研究をすること自体、そして戦争を解決しようとすること自体が、実は戦争というでたらめで無秩序な行為に対して制度としてのある一定のリアリティをつくり出してしまい、「戦争」というものがあたかもそこに存在し、それに対してコントロールできるという思い込みをつくってしまうところがある、という点だ。食べることで日々戦争状態で生きているわけではない学者が、敵対するアクターの行為として戦争を見てしまうところから「戦争」が始まるというのは言いすぎだろうか。

冒頭で、われわれも片棒を担いでしまっているかもしれない「戦争の持続性」に対処する方法の一つとして、「裏技」と言ったのは、戦争を既成の見方で研究しないで、「まともに」戦争ができない人々に注目してみるということである。スーダンの内戦の「主役」である対立する武装勢力より、「脇役」である庶民、「耐えがたきを耐え、忍びがたきを忍び」続けてきた「裏方」である「目立たない」人々に注目してみるということである。しかしそう言うと、たとえばダルフールで戦火を逃れて難民キャンプで暮らす女性へのインタビューがあると言うかもしれない。しかしそれはたとえばレイプされた女性の話を聞くためのもので、反戦キャンペーンの一環にすぎない。外部が思い描いている「戦争」というコンテキストで意味を持つ情報を集めているだけだ。スーダンには、従来の紛争研究が見過ごしてきた、あるいは関心を持たなかった人々、すなわち明確なアイデンティティや固有の宗教・信条をあまり主張しないで、いわば「目立たない」がゆえに生き延びてきた多くの人々がいる。彼らの日常に密着した文化人類学的調査をしてきた筆者は、彼らが対立を表面化せずに問題を処理するという「対決主義」とはほど遠いやり方をしていることについてすでに書いたので（注6参照）ここでは繰り返さないが、重要な点をいくつか指摘しておこう。

そのような人々は、前述した「境界の明確化」の流れ（あるいは「主体化の呼びかけ」）に乗らないで、あいまいなまま「目立たない」で、したがって攻撃の対象にもあまりならずに、生き続けてきた。たとえば、スーダンの南北境界に位置する青ナイル地域の住民たちは、スーダンの南北対立に関して外部から持ち込まれた図式的区分（アラブ対アフリカ）の両要素が分かちがたく入りまじったかなり複雑な現実を幾世代にもわたって生きてきており、この新たな対立的図式をなかなか「演じきる」わけにもいかなかった。同様の境界地域であるヌバ山地やダルフールでは、近年一部の集団がこの外部の流れに乗って武装蜂起し、そのアイデンティティ・ポリティックスは世界のメディアに注目されたものの、そこでも、大多数の住民は「境界の明確化」を避け、どちら側に属したいかも明示しないで、対立する諸勢力との駆け引きや妥協やへつらいで内戦を乗り切るほかはなく、そのため「目立たない」人々であり続けた。さらに言えば、スーダンの多様な地域の出身者からなる都市部の（とくに内戦勃発後急増した）下層の人々も（また下層とは限らない国外各地からの帰還難民も)、集団として明確化しえない人々と言えるので、「目立たない」人々は人口で言うと実はマジョリティなのである。したがって、「目立たない」人々は、むしろこれまでのアカデミックな研究の性質自体が抱える傾向や限界のせいで研究対象にならなかった「普通の」人々だと言える。

これは考えてみると驚くべきことかもしれない。われわれは戦争について語ることはしてきたが、戦争の「持続可能性」「実行可能性」を持ち合わせたほんの一部の人々だけを研究対象にしてきたにすぎなかったからだ。戦争について語れば語るほど「戦争」という現実が構成されていくが、それは「まともに」戦争ができない「目立たない」人々の経験からは遠ざかる。そこをなんとかしない限り、戦争の「持続性」という悪循環から抜け出ることは難しいだろう。

注

(1) ここは Mahmood Mamdani の *Surviors and Survivors: Darfur, Politics, and the War on Terror*, Pantheon Books, 2009 を主として参照したが、「ダルフールを救え同盟」(Save Darfur Coalition) に関するさまざまな情報の出典の詳細は英語版 Wikipedia にまとめられている。

(2) Mamdani, *Ibid.*, p. 57.

(3) イマニュエル・ウォーラーステイン『ヨーロッパ的普遍主義——近代世界システムにおける構造的暴力と権力の修辞学』山下範久訳、明石書店、二〇〇八年

(4) ここは James Ferguson の *Global Shadows: Africa in the Neoliberal world order*, Duke University Press, 2006 が参考になった。

(5) *Ibid.*, p. 27.

(6) 『『銃』と『笑い』——アフリカの或る二つの『解放運動』』『神奈川大学評論』第四五号、神奈川大学、二〇〇三年

七月、“The making and unmaking of consciousness: two strategies for survival in a Sudanese borderland” Richard Werbner ed., *Postcolonial Subjectivities in Africa*, London: Zed Books, 2002.

■平和と和解の思想のために《文献案内》

イマニュエル・ウォーラーステイン『ヨーロッパ的普遍主義――近代世界システムにおける構造的暴力と権力の修辞学』山下範久訳、明石書店、二〇〇八年

著者はヨーロッパ中心的世界がいかにつくられたかという壮大な研究『近代世界システム』を書いているが、本書ではそれを発展させ、普遍性を謳う「人権」、「民主主義」、「新自由主義経済」を不平等を正当化するレトリックとして、また「文明・野蛮」、「オリエンタリズム」、「科学的普遍主義」をヨーロッパ的普遍主義の暴力装置として論じている。前著より簡潔で、読みやすく、今日の問題を捉えなおすのにも役立つ。

栗本英世『未開の戦争、現代の戦争』岩波書店、一九九九年

本書は、戦争について人類学的視点から包括的に取り扱った労作である。まず戦争に関するこれまでの議論を批判し、戦争に関するさまざまなテーマをアフリカの事例・文献を中心に論じていく。議論は広く浅く、になるのはやむをえないが、個々の事例に興味を持ち、直接文献を読みたいという人には便利な入門書である。

Wendy James, War and Survival in Sudan's Frontierlands: Voices from Blue Nile, Oxford University Press, 2007

本書は、本章で言及したようなスーダンの「目立たない人々」の戦争の経験を、長期にわたる人類学的調査にもとづいて、丁寧に跡づけていった記録である。部外者からは「救助の対象」としか見られないような戦争に翻弄されてきた人々が、実は過酷な状況でも離散した人たちとのネットワークを維持しつつ、自分たちの歌や語りに霊感と快感を見いだしながらいかに生き抜いてきたかがよくわかる、読みごたえのある本である。

第13章 暴力の対峙点

スリランカとニューヨークから

足羽與志子

1 ポスト・コンフリクト社会の同時代性

スリランカ／ニューヨーク

アメリカがバグダッド先制攻撃の空爆を開始した二〇〇三年三月一六日（以下、アメリカ東部標準時）直後は、当然のことながら『ニューヨーク・タイムズ』の紙面は連日そのことにつきたが、開戦日の一九日の朝刊の最後のページのオピニオン欄に、ひっそりとスリランカの平和構築の記事が掲載されていたことに気をとめた人は少ないだろう[1]。この記事はラディカ・クマーラスワーミという、当時、ニューヨーク大学法学部で客員教員をしていた政治学者によるもので、彼女の主張は、暴力を強力な手段とするLTTE（Liberation Tigers of Tamil Eelam、タミル・イーラム解放の虎）のメンタリティも、政府が鼓舞してきたシンハラ仏教ナショナリズムのメンタリティも、そう簡単に喪失するものではないから、二〇〇二年に停戦協定が締結されたといっても、油断はならず、国際社会が交渉をしっかりと監視すべきだ、という和平交渉の成り行きへの強い懐疑を示した内容だった。

イラク戦争開始の同日に、スリランカ和平交渉の多難な前途を予測する記事が掲載されたのは、偶然ではないだろう。停戦を迎えたスリランカの平和構築の多難さの指摘はイラク戦争の楽観的終結を宣伝する政府への警告とも読める。その意味では彼女の指摘は正鵠を射たものであったと言えよう。その後、イラクは今も混迷を極め、スリランカは停戦を破棄、激しい戦闘のあと、LTTEが制圧された。グローバルな情報と意味のマトリックスの時代に生きる私たちには、異なる地域で同時に進行する暴力にあるかもしれない響き合いを、このように軍事戦略や政治状況の報道や分析に聞き取ることは可能だろう。しかし、それだけでなく、その後ろにいる、私たちとともに生きる人々について思いを馳せてみることも必要かもしれない。

たとえば紛争地や暴力を被った地域にとどまり、特別な環境下で生きる人々のことである。ニューヨークでもスリランカでも、想像できないような暴力を経験しながらそこでの生活を続ける人々の意識に何が生起し、生起しつつあるのかについて考えるとき、そこにも響き合うものがあるかもしれない。なぜなら現実において、こうした無名の人々は、国際関係や外交専門家による紛争や和解の分析では顧みられない当事者であり、ニュースの画面で悲嘆や怒りの表情を見せる路上の代弁者——しかしいったい誰の何を代弁しているというのだろうか——や犠牲者の数字——しかしその数字すら確かなものではないというのに——以上の注意が払われることはないに等しく、そしてほとんどの場合が暴力を受ける当事者であるからだ。

本稿では、スリランカの民族問題を扱いながら、折にふれニューヨークの住民の生活や風景について言及することを試みる。それは、一つにはスリランカの調査と並行して、同じポスト・コンフリクトの地としてニューヨーク在住の人々の意識の調査を私が折々に進めてきたという背景がある。しかし、むしろ、スリランカの民族紛争についてこれまで書かれてきた多くの論文が、スリランカ、あるいはシンハラやタミルという属性の特殊性に依拠した説明と地域性の強調や文脈化をおこなう一方で、その特殊性を紛争地域や激しい暴力のあったところに生じる普遍的な問題として一般化する傾向があり、そのことに疑問を覚えるからでもある。特殊性と普遍性が重層する現実を再度考察するために、まったく異質の社会に生きる個人の経験を並行させて記すことを鍵としてみたい。

さらにもう一つは、スリランカの問題も、紛争や暴力の生起とそれによる破壊の停止や修復として現代社会が直面せざるをえない世界共通の行為の一つであり、ほかの地域の同質な問題と同時代性を持つことをつねに意識に置く必要性を強く感じるからだ。西欧圏や発展途上国、あるいはすでに大きな戦争が過去になり数世代を経ている国といま内戦状態にあるような国を、同時代の現象としてつねに併置し、意識する試みの中に、紛争や対立が、民族や文化、政治体制や時代の違いという状況の説明に終わらず、人間や社会について、また平和や和解の思想についての思索が生まれる契機を探りたい。スリランカも、アメリカ、とくにニューヨークのいずれも、またほかの地域においても、現代におけるポスト・コンフリクト社会の同時代性を共有することの提示が、平和と和解の思想をたずねる本論の、もう一つの試みである。

スリランカの現在

さて、スリランカの民族紛争は世界でももっとも長く続いている現代の紛争だと言われてきた。タミルの政治的な排斥は一九五〇年代後半から始まったが、八三年の民間のタミルに対しての全国的な暴動から、激しい暴力をともなう民族紛争となった。その後、タミルの分離独立要求を掲げる武力集団LTTEと政府軍との内戦に近い状態に展開していった。そして二〇〇九年五月、LTTEの軍事的征圧でLTTEのリーダーや主要幹部の死、本拠地の徹底破壊をもって終結した。しかしLTTE征圧後も、政府による厳しい言論統制が続き、反政府的な言論活動への迫害は続いている。ジャーナリストや知識人の暗殺や誘拐、タミルやシンハラの多くの市民の失踪や誘拐はあとを絶たず、警察も軍も解明に熱心ではない。難民キャンプにいまだに留め置かれる何万人ものタミルが残り、LTTEとの関係を疑われるタミルが拘束されているリハビリテーション・センターという名前の拘置所がある。合法的手続きがなくても疑わしい人を逮捕、拘置できるテロリスト防止法や治安維持法が施行されているために、タミルの人々、とくに青年層においては遠出はおろか、近くの外出だけではなく家にいてさえも、つねに不安を覚えながらの生活を送っている。「タミルでいる限り、いつまでもこの国を自分の国と感じることは難しい」というのがタミルの一般的な意識として常にある。軍事的な暴力による解決をみても、それが紛争の最終的解決とはならず、武力対立に至るまでの根底にあった多くの問題が、二〇一〇年現在のラージャパクシャ大統領が率いる、一党独裁に近いシンハラの現政権のもとで、あらためて浮上しつつあるのが、現在のスリランカと言えよう(3)。

2 暴力の中で書くこと

紛争研究と紛争の研究者

スリランカのこの長く続いた民族紛争は、とくに八三年の暴動以来、多くの研究者やジャーナリストの注目を浴びるようになった。そして、国際関係論や政治学、法学、軍事問題の研究書や、あるいはジャーナリスティックなテロリスト論やドキュメンタリー的な報告が書かれた。これらの議論の多くは、紛争が激化したあと、スリランカをサンプルとして注目しはじめた研究者によるもので、例外なくスリランカを所与の民族紛争の地、あるいは近代国家に向けた途上的な状態にある国家として見なす。そして、テーマも国際関係、政治のシステム的問題や法律の欠陥、あるいは政治リーダーの資質やノルウェーを仲介とした和平交渉、さらには地方分権や連邦制度への移行をめぐるものに集中する。

しかし、興味深いことは、こうした著者が問題の根源としてきた武力対立の相手であるLTTEが制圧されると、形を変えて継続する暴力的現実があるにもかかわらず、平和なスリランカが達成されたことになり、論文もテーマも自動的に消滅してしまうことである。この種の論文は、大統領が勝利宣言で言ったように「もうスリランカには民族問題はない。スリランカには多数派民族も少数派民族もいない。いるのは、国を愛する人々とそうではない人々だ」という認識と本質的にそう遠くないところにある。しかし、LTTE制圧後も、新たな恐怖による支配状況は継続し――その意味では民族の違いがないと言えるのは皮肉であるが――、社会や人々の間にあるべき平和や和解とは正反対に進んでいる現状を鑑みれば、こうした研究がスリランカの問題の一側面のみを論じていたことは明らかである。

かといって、恒久平和の理想を論じ、平和のための国家を越えた組織形成の思想的支柱となったカント[4]や、西欧近代国民国家においてもエリート主義の崩しがたい支配を理想とするバーリンの哲学をスリランカの現状に当てはめる試みが成功したとも言いがたい。彼らの理想をスリランカの現状の分析や対処、将来構想に当てはめること自体への距離感は強く、外国の政治学者ですらそれをすることに抵抗感を覚えるほどの、スリランカの混乱と惨状でもあった。ガルトゥングもスリランカで何度か講演をおこなったが、暴力的な状況にみずからもさらされながら生きる活動家や宗教家、研究者にとってインパクトは少なく、期待はずれだった。これらの大きな学術的額縁が、現実を議論にのせる枠組みとして人々の意識に働くにはあまりに多くの死を、三〇年もの間、人々は浴びるように経験してきた。そしてその死や破壊をもたらした主体すら、特定できていない状態が日常であったし、今も続いている。

スリランカの人類学者（1）

このような状況の中で、紛争が生じる以前からスリランカの文化や社会の研究を始めていた人類学者、歴史学者、宗教学者は、その研究を継続する過程で一九八三年を、スリランカで、あるいは欧米の大学で経験した。このグループの人々はその後、研究を継続し発表していくが、いずれもそれぞれの研究領域や方法論において正面からこの暴力に対峙するすぐれた作品を生み出している。しかも、そのほとんどになんらかの個人的なこだわりがあり、内容にも感情的とも言える誠実で真摯な内省が見られることが共通する特徴である。

たとえば、暴動の直後から、文化人類学者のタムバイアは、スリランカ出身にもかかわらずこれまでの研究経歴でふれることがなかったスリランカについて、続けて関連する三冊の作品を著した。最初の著作では一九八三年の暴動を導いた文化と政治のシステムの過ちを厳しく糾弾し、二冊目では、スリランカの近代国家建設過程で政治が生んだシンハラ仏教ナショナリズムの形成過程をまとめ、過激な僧侶グループとそれを放置した仏教界と利用した政治家が社会的暴力を加速させたとして、その功罪を批判し、そして三冊目では、南アジアにおける都市型暴動のメカニズムの解明をおこなった[5]。この三部作は彼が晩年、タミルへの暴動をきっかけに、予想していなかった研究に人類学者の渾身の力を傾け自分を向かわせていった軌跡である。タムバイアより一世代若い文化人類学者のダニエルはタミルがこうむった暴力の記号象徴論的分析をおこない、その記述スタイルにおいても新しい暴力の人類誌学の構築を試みた[6]。スリランカで生じた暴力をテーマの中心に据え、正面から研究に取り組む姿勢は、タムバイアとダニエルがタミルであることとおおよそ無関係ではない。個人的経験としても、ダニエルは紅茶プランテーションのタミル労働者の歌い継ぐ作業歌と記憶についての調査の準備段階の期間に八三年の暴動を迎え、タムバイアは六〇年代、若手研究者としてスリランカでの調査中にタミルへの暴動に出合っている。個人的体験や家族の歴史といった私的な出自だけでなく、スリランカのタミルでいること自体が、人類学者としてスリランカの現状を考えざるをえない状況を突きつけ、たとえば、タムバイアのように、別の地域の別の研究ですぐれた功績を上げたあと、八三年の暴動をきっかけに前記の三部作を上梓することにもなっている。

スリランカの人類学者（2）

一方シンハラの人類学／社会学者であるオベーセーケレはまた別のかかわり合い方を示す。九〇年代に彼とサーリンズとの間で起きた文化理解をめぐる有名な論争は人類学の分野では歴史的事件だが、彼がサーリンズを手厳しく批判して著した著書が、スリランカの八九年から九〇年にピークを迎えて、一万人近くが殺された粛清の恐怖に深く影響を受けていることは、あまり知られていない(7)。

オベーセーケレは八三年の暴動が生じる以前からその危険性を指摘したもっとも先駆的な研究者である。彼は、七〇年代後半からスリランカの仏教ナショナリズムが大きくふくれあがり、全国に仏教モニュメントが建てられていく現象を指摘し、シンハラの建国神話の「美化」に対抗して、神話にある近親相姦や獣姦のメタファーの人類学的分析を提示するなど、批判的姿勢を貫いてきた。その後、米国の大学に移った彼は、キャプテン・クックをハワイ島民は自分たちの持つ神話の中の神として扱ったがために、神話にのっとってキャプテン・クックを殺害した、というサーリンズの分析に真っ向から反対し、ハワイ島民はキャプテン・クックが自分たちと同様の人間であることを正確に認識しており、彼がもたらす暴力への恐怖によって、彼を殺害した、と結論づけて、論争を挑んだ。そして、キャプテン・クックを神格化したのはハワイ島民ではなく、そのように白人を「優越したもの」と原住民が思うだろうと分析した、まさにその分析者である、ヨーロッパの白人の人類学者ではないか、と言ってサーリンズが代表するような西欧人類学の研究者としての姿勢を厳しく糾弾した。その後、サーリンズは人間文化の普遍性を説くオベーセーケレこそ、西欧近代啓蒙主義から抜け出せぬ、偽装したネイティヴ人類学者であると反論し、問題は感情的なやり取りをともないながらも、文化相対主義や文化理解をめぐる人類学の本質的な論争に発展していった。

しかしオベーセーケレによる問題の書の序文での彼の短いコメントが示すように、本書がスリランカの八〇年代終わりから数年間続いた粛清の時期に殺された、彼がスリランカで長年親しくしていた一人のタクシー・ドライバーに捧げられていることは、留意する必要がある。シンハラもタミルも恐怖が暴力を生み、暴力が恐怖を生むという異常な状況にさらされていたこのときに本書は書き上げられ、オベーセーケレがスリランカ社会を覆う暴力と恐怖の連鎖と、当時のハワイ島民を襲った暴力と恐怖を重ねて見ていたことがはっきりと読み取れることを指摘したい。ダニエルやタムバイアに共通する暴力への問題意識を、オベーセーケレは暴力と恐怖という問題を起点として人間文化に共通して存在する属性への研究へと発展させていったのだ。その後の彼が、カンニバリズムや輪廻等のコンセプトやそれをめぐる現象が西欧／非西欧の違いを問わず存在することを提示する研究を展開していった方向性を見れば、サーリンズとの論争に別な側面があったことがおのずと見えてくるだろう。スリランカの民族紛争から、シンハラやタミルのいずれかの政治的擁護や批判に直結する研究ではなく、ハワイ島民とキャプテン・クックの研究を通じて暴力と恐怖の連鎖に入り込む人間の属性への研究に傾倒していったことは、オベーセーケレの個人としての、また学者としてのスリランカの問題への対峙の仕方として見なすべきであろう。

人類学者と小説家の営み

ある意味では、市井に生きる一人として、紛争下にいる人々の一人ひとりの悲嘆や苦しみをみずからもその一人として聞き取り、微視的な特殊性、あるいは個別性の微分の中に普遍性を求めようとする民族誌、ダニエル風に言えば「人類誌」を書こうとする、こうした人類学者の営為は、文学の分野で同じテーマを描いた作品、リュドミラ・ウリツカヤの『通訳ダニエル・シュタイン』[8]、オルハン・パムクの『雪』[9]、ベルンハルト・シュリンクの『朗読者』[10]などと、非常に近いところにある。前者はそれでもその表現を人類学に依拠し、人類学的分析枠組みを語りの支柱とし、そのある種の権威性と同種の学問領域という安全地帯を持つのだが、後者においては、何にも守られていない、何の補償もない、きわめて個人的な経験や感受性を、同じ体験どころか同じ言語や時代を共有しない、多くの普通の人々に対して投げかけ、人として生きることのあり方について問いかけるという無謀で無作為の試みであるが、もっとも多くの人々の共感を呼んでいることも確かな結果である。特異で限定的な状況に潜在する普遍的なものが文学にあることのゆえんであろう。人類学者が個人として著しきれず、学問で著しながらも滲み出る色濃い痕跡は、これらの文学が伝えようとしていることであり、それはおそらくもっとも単純で平易なことであり、もっとも壊れやすいにもかかわらず、幾度でも、人として生きていく中で、つくらないではいられないようなことなのであろう。

それに近いものの感触を、これまでの自分の調査の中で幾度となく、くりかえし手にしてきた。平和と和解の思想をたずねる本論では、これらの数え切れないシーンの中からそのほんの一部を拾いだし、いくつかのエピソードの重なりの中で、まだ形づくられていないもののおぼろげながらの輪郭の一部なりとも、示してゆきたい。

3　住み続けるために

住み続けるということ（1）――スリランカ、ジャフナ

私たちが生きる時代は「ヒト」や「モノ」の移動が極端に簡単になり、かつてない大量の移動が起きて

いる。しかし、たしかに移動は多くなったとはいえ、いまだに多数の人は一つの場にとどまり続ける。この人々に焦点をあてる必要がある。悲劇や軋轢に満ちた生活の場に残り、住み続ける選択をした人々は、空間的・時間的に持続する過去のリアリティの只中で、それらとともに生きる責任を負いながら、外部からの刺激と影響を受け、既存のノームの維持・変化とともに、日常生活を営む。その場を動かず、空間の過去と現在と未来を担う。移動の時代とはいえ、こうした人々がいまだに世界の大半を構成している。

スリランカの最北端の都市、ジャフナは二〇年間の民族対立の戦場となり、もっとも厳しい暴力の波に見舞われたところである。ジャフナに住む多くの男性、若者、家族はインドやヨーロッパ、オーストラリア、カナダなどに難民となって流出した。富める階層はあらかた消え去り、中間層は移民先ですでに生活基盤をつくりはじめており、彼らのほとんどはジャフナに帰り再び住む意志がない。このジャフナ半島に住み続けてきた人々は現在、約四〇万人、ジャフナ市街には八万人が住む。紛争前のジャフナはスリランカ第二の都市であり、古くからタミルの歴史と文化の中心だった。また政府軍が北部の要塞として基地をつくり、空と海からの軍事支配体制を固めてきた。八〇年代に入ると、LTTEに代表される複数の武装集団が内部抗争を繰り返しながら、タミルの分離独立を要求して政府軍との緊張対立関係が高まった。八三年の暴動時に南部のシンハラ地域に住むタミルの多くが暴動の再発を恐れてジャフナに移住してきた。

ジャフナはつねにLTTEと政府軍の双方から二重支配を受けてきた。人々はLTTEと政府軍の双方から、暗殺、逮捕、誘拐、暴行、略奪などの被害を受けながらも、双方に対し一定の距離を保って生活する以外はなかった。バランスと沈黙がすべてだったという。インド・スリランカ平和条約締結により八七年から三年間、インド平和維持軍がジャフナに駐留し、LTTEの武装解除をおこなったこともあったが、インド軍は、政府軍とLTTEよりも一般市民の扱いが格段に激しく、人々はインド軍による虐殺や拷問、略奪と暴行等の暴力行為を記憶している。北の数キロ先がインドである半島に位置するジャフナは最大の商業都市コロンボと陸路で結ばれている。人々の生活の大動脈となっていたこの陸路が封鎖され、ジャフナは陸の孤島化を少なくとも二度経験している[11]。

ジャフナの多くの人々が国内難民になった経験がある。九五年には政府軍の総勢力をかけた攻撃が始まるが、その直前に、市民八万人全員が街を緊急脱出する事件があった。数時間の猶予しか与えられず、着の身着のままで老人も子どもも徒歩で街を脱出し、水や食料がないまま大雨の中を野宿した結果、多くの老人や子どもや病人が死亡したという。この状況が国際社会に知れわたると赤十字や国連が緊急援助を申し出したが、政府はそれを断った。その後、極端に劣悪な居住条件で短くて六ヵ月、長くは三年以上も住民全体が国内難民の生活を送ったのである。停戦協定締結後もLTTEと政府の非公式の二重行政下にあった。この三〇年の間で市内に破壊を免れた建物は少なく、市の周辺にある教会や学校、市役所やその他の大きな建物はほとんどが破壊され、跡形もない。

日常性という抵抗と和解

二〇〇三年八月、ジャフナ市内で約三〇〇人に対して過去の経験と現在の状況、今後の期待等を中心にインタヴュー調査をおこなった。調査では街の全体構成を代表する地区を一〇ヵ所選択し、ジャフナ大学の学生の協力を得て無作為抽出方式をとった。調査によれば、回答者のほぼ全員が過去二〇年間に戦闘を避けて一時的に難民になった経験があり、二回から五回の難民経験者が全体の四分の三を占めていることがわかった。また、ほぼ全員が家財の略奪を経験し、四分の三が家屋の破壊、同数が家族や親戚、親しい友人の死を経験している。

しかし、意外だったことはこの苦しい経験と記憶にもかかわらず、また調査時は停戦協定中であり、国内や海外への移住が以前よりかなり楽になっていたにもかかわらず、八六パーセントもの人々がジャフナに将来も住み続けると回答していることだ。その数には経済的な理由もあるかと考え、「もし経済的な心配もなく、どこでも好きなところに住めるとしたらどこに住みたいか」という質問をしてみたが、それでもジャフナを選ぶ人がわずか一〇パーセント減少したにすぎない。その最大の理由が「祖先がここに住んでいたし、私たちの家もここにある」というものであった。また「自分たちがジャフナから出てしまったら、海外や国内に散った家族が戻るところがなくなってしまう」と言い、「ジャフナに住み続けること自体が自分のライフライン」だという答えが印象的だった。つまりこれまでこれほどの苦労をして住み続けてきたジャフナを、今行動が自由になったからといって離れれば、これまでの苦労の意味がなくなってしまう、という意味である。ジャフナという場所が戦禍を経ても、自分であるために住み続けるという大半の人々の判断を導くのは、祖先の記憶であり、国内難民になってもくりかえし戻ってきた、家族が住む家である。

インタヴューの中で、過去二〇年間でもっとも悲しくつらかったことについての質問では、そのほとんどが政府軍やインド軍などによる肉親や友人の死、行方不明、飢えや乾き、十分な医療が受けられないままの子どもや親の病気や死、さらに九五年の脱出経験を挙げる。七七年や八三年の民族暴動を目撃した経験や、経済封鎖の時代の記憶を挙げる人も多い[12]。

一方、過去二〇年でもっとも幸福だった経験についての問いかけに対しては、いっそう家族に関連することに重点がおかれる。たとえば、圧倒的に多いのが戦争の中での兄弟姉妹、子ども、そして自分の結婚、娘の成女式、また停戦後に可能になった離散した親戚や親兄弟との再会、国外に移民した家族の帰省などである。

「一日のうちで幸せな場面はいつか」という質問については全体的に積極的な回答だった。家族、子どもも、孫と一緒にいること、食事を家族ととること、近所の人たちとおしゃべりをすること、仕事から家に帰ること、子どもの成績が優秀なこと、貧しくても食べ物を家族に持って帰れることなど、よりいっそう家族との日常生活を織りなすことの喜びが回答のほとんどを占める。

ジャフナに住み続ける決心をした人たちは、無差別の爆弾や経済封鎖による生活の苦しみ、近しい者の死を共通の経験として持つ。とくに一九九五年一〇月三〇日、二時間前のLTTEの予告を受けて、住民のすべてが脱出した経験は誰もが語る大事件となっている。当日、大雨が二日間降り続いたこと、橋を渡るために二日間、食料も水もなく野宿したこと、あるいは浅瀬に浸かったまま何時間も凍えていて、その間に幼児や老人が衰弱死したこと、ジャフナの大移動はジャフナの人々を結びつける共通の受難の記憶である。

その地に住み続けること選択した人々は、コミュニティを形成し、家族や友人や隣人とドラマをつくってきた。二〇年以上の戦争の災禍に遭ったジャフナの人があらためて思う幸せのほとんどが、娘の成女式、子どもや兄弟の結婚、また離れていた親戚や子どもとの再会であることは、不確かな状況において、すべての家財や命や機会を失ったあと、まず人は何から安定や幸せを得ることができるか、その原型を、はっきりと示している。こうしたことによって圧倒的な外からの破壊力と支配から自分たちを切り離し、外の力が破壊できないもの、外の力でもっても奪うことができない成長を進めるのである。

この作用は人の成長のスピードと深く関係する。人の身体的成長と文化的・社会的成長は、インターネットや超音速旅客機のようなスピードとは異なる時間の中にある。ましてや政府軍とLTTEとの武力闘争の歴史が左右するものでもない。人の成長、つまり誕生から次第に思春期を迎え、結婚、出産、育児養育という人の再生産の段階に入り、そして老いて、死ぬ。人間の身体的成長を意味づけるために、社会的には、誕生式があり、命名式があり、成女式や成人式があり、結婚式、そして出産と社会的儀式をこなしたのち、葬式となる。その時々に、儀礼を通じてかかわるコミュニティとの関係の再確認や関係の再調整、再編成がおこなわれる。災禍や不確実性の中で人々が幸福を見いだす多くのよりどころは、それらに打ち負かされることなく、成長の時間にしたがい、日常性の一つひとつをまっとうしていくことである。ジャフナの人々は徹底した破壊と恐怖の中で生きる積極性のよってたつところ、言いかえれば抵抗と和解の原点を私たちにこれ以上になく明確に示すのである。

住み続けるということ（2）──マンハッタン

ニューヨークのマンハッタンにも9・11の前から住んでいて、その後も住み続け、いまも9・11が生活の些事すべてに通低音として途切れることなく響く生活を多くの人々が送ってきた。二一世紀の幕開けを印づける戦争の片方の端にはアフガニスタンやイラクの人々がいて、もう片端にはニューヨークの人々がいる。9・11を日常生活の中で迎えた人々は、それ以前もそれ以降も住み続ける人々であり、イスラム過激派のテロリズムや核兵器製造、報復戦争とは関係なく、親密な人々を単位とする関係に多くの時間を割いていく。9・11とはまずもってニューヨークに住み、その日、そこにいた人々とそこに住み続ける人が所有するリアリティであることを看過できない。

9・11の直前、直後は、崩壊するビルの中からはもとより、何百万ものメッセージが親族や友人間で飛び交った。世界貿易センタービルや飛行機の中で、人々は家族や友人に携帯電話をかけ、最後の言葉を語った。凝縮した時間に無数の人々のコミュニケーションがあったことをその後の多くの記録が伝える。直接の被害者やその家族でないごく普通のマンハッタンの住人もこの濃密なコミュニケーションの渦中にあった。たとえば目の前で世界貿易センタービルが崩壊するのをデスクの向こうのビルの谷間に眺めていたシングル・マザーの友人は、ロッカーからウォーキング・シューズに変えたあと、粉塵まみれになった街を、多くの同じようなほこりをかぶった格好の人たちの群れと一緒にリバーサイドの自宅まで歩いて戻り、近くの友人宅で怯えながら待っていた六年生の息子を迎えに行き、シャワーを浴び、息子を寝かせ、自分は安定剤を飲み、その夜、前夫あてに遺書を書いたという。

人々はその日の数日後から、どんな小さなことでも、飼い犬の誕生日祝いからダイエットの成功記念まで、なにかしらのことを口実に、いくつもの家庭での小さなパーティーを開き、公園でのピクニックや昼食会を頻繁におこなった。ほとんど知らない同じフロアーの住人や話をしたこともない職場の人間ともよく食事をしたり、寄り添い、時間を過ごした。そうすることでお互いが生きていることを確認し合ったという。教会の神父の話にはさほど興味はないが、人が集まっておだやかに挨拶を交わしたい、その場に身を置きたいという気持ちで教会に毎週日曜日行くようになった人もいる。もちろんバーミツバ（ユダヤ教の成人式）や結婚式、出産祝いのベイビー・シャワーなどは、普段はメッセージを送るだけだったが、これまでになく大事な集まりになり、律儀に出席したという。

こうした経験は、再度の攻撃に対する不安と恐怖の日常生活の中でよりその傾向を強めた。晴天のセントラルパークにいても、小型核爆弾がこの芝の中心部で炸裂することとの心の準備をしている。地下鉄に乗る人々、大晦日にタイムズ・スクエアーでのカウントダウンに集まる人もメトロポリタン・オペラでアリアに酔う人も、自爆テロの可能性を頭の隅に少しでもおいていない人はなかった。三月一七日のイラク空爆を開始した当夜、一晩中マンハッタンの空を十数機の軍事ヘリコプターがサーチライトを路上にはわせて轟音とともに低く飛び交い、住民はサリンなどの毒ガス報復攻撃を警戒して、当局の指示通り、窓枠には目張りをし、三日分の水や食料を買い置き、乾電池ラジオを購入した。ニューヨークはアメリカのバグダッド、という意識だった。[13] 繰り返すが、事件の最中の被害者のコミュニケーション、直後の行方不明者を探すビラの波、グラウンド・ゼロのフェンスや消防署の前に並べられた犠牲者を追悼する写真や個人所有物の山、ニューヨークに住み続ける人の日常生活での人との接触の増加など、どれをとってもその行為は、その後のグラウンド・ゼロの観光による擬似体験化が進んでいるとはいえ、現実に9・11を体験した一人ひとりの親密性への回帰／再生に集約されている。ジャフナとニューヨークという異なるところで、筆舌に尽くしがたい経験のあとにも、人は近しい人との身の寄せ合いや、成長の過程やサイクルに合わせた小さな儀式や儀礼に心を寄せていったのである。

4　名前を記す

命名の親密性と名前を記す作業

親密な小さなコミュニティはお互いに名前を共有するコミュニティと言いかえることもできよう。むしろ、命名や名前については世界の各地におよぶ膨大な民族誌的研究の蓄積があり、レヴィ＝ストロースをはじめ多くの人類学者が理論構築に貢献してきた。名前を呼ぶことがタブーである慣習など、名前をめぐる文化が一様でないことは了解しているが、命名の方法や内容の多様性はあっても、また名前の種類が複数あっても、名前を認知し合わない文化はなく、その慣習や知識の共有がコミュニティの紐帯を示す一つの指標となっていることを否定する議論はないだろう。

最近になって大きな暴力を経験したところでは、名前がよく用いられる。「無名戦士の墓」が近代国家のナショナリズムを喚起する象徴的なモニュメントであると分析したのはアンダーソンだが、一人ひとりの兵士や市民犠牲者の名前を刻んだモニュメントは、今や世界の各地で見られるようになっている。この現象については別の機会に詳細に論を展開したいが、この名前が喚起する問題に簡単に触れておこう[14]。名前を記すのは、単に犠牲者の記録のためだけではない。名前は一人の死者を記録するもっとも単純な方法であり、それ以外にはない。本名であれなんであれ、一人で生まれ一人で育った人間がいないのと同じく、名前をたとえ本人が忘れたとしても、その人を指す固有の名詞を持たなかった人はいないだろう。一人ひとりが家族やコミュニティの中で生きるとき、まず名付けの行為によって人となる。与えられた名前を持ち、もっとも身近なコミュニティの一員になることで、人としての出発があるのだ。

殲滅、ジェノサイド、エスニック・クレンジング（民族浄化）、無差別テロ、大量破壊兵器等の言葉で表される現象が世界の各地で次々と繰り返されてきた。そこには大量の集団の死があり、殺戮がおこなわれるその場面で殺される一人ひとりの個別性はない。名前を持つ一人ひとりの人間の個別性は、ジェノサイドや無差別テロが何の価値も見いださず、徹底的に抹殺し、破壊しつくすのである。それが無差別テロの目的である。生命の破壊という暴力だけでなく、名前を持つ人の、その特異性を剝奪するという暴力は、相手を特定する殺人よりも、それぞれが名前を知り合うコミュニティとその親密性や関係性をまったく無価値なものとして扱い、人であることの意味をも抹殺する。人は生命と存在の意味の両方を抹殺されることになる。この事実に人々は圧倒的な恐怖、絶望感、無力感を覚えるのだ[15]。それへの抵抗のうち、暴力としてはもっとも無力だが、万人にできることは、名前を記すことであろう。

行方不明者の名簿——スリランカ

スリランカでは、多くの人が拉致され、連行されたまま行方不明になり、あるいはその場面の証人もなく、文字通り「消えて」しまった。その数を特定する公的な努力もされていない。難民キャンプにいる人の名前も容易には公表されず、現在、リハビリテーション・センターと言われている、ＬＴＴＥに関係があったとされる人々の収容所にいたっては、報道も許可されず、人数も名前も公表されていない。紛争による犠牲者の数さえも不確実であり、いまだに九四年に政府が公表した「一九八三年からの犠牲者は市民もあわせておおよそ六万五〇〇〇人」が唯一の公式発表である。行方不明者や遺体もわからない犠牲者はただ「名前」となって近親の記憶に存在するのみである。

二〇〇五年のジャフナの調査中に、一人の老父に出会った。彼は、停戦協定締結までに警察や政府軍に拘束されて行方不明になった一〇〇名近いタミル市民の名前と住所、性別、職業、失踪した地域と状況をタイプした紙を私に見せた。一〇年前、ジャフナ市街の自分の店から息子と一緒に帰宅途中、あとから少し遅れてモーターバイクで走っていた息子が、気がつくといない。政府軍の検問所を通過するとき、自分が先に出たが、息子がそこで拘留されたことを知った。急いで検問所に引き返すと検問所の外に息子のモーターバイクがあったにもかかわらず、兵士は息子はここにいないから先に帰れ、と言った。そのとき以来、息子は帰ってこない。彼は政府関係やNGO、赤十字、アムネスティなど、あらゆる機関に手紙を書き、息子の捜索を願った。その活動の中で息子のように行方不明になった人が多くいることを知り、親族の会をつくって会長となった。彼は「大統領にも招待されました。赤十字の会長にも会った。タミル政治家も協力すると約束したが、息子は見つからない。私は商売を人に任せ、大量の手紙を書き、たくさんの人に訴えたが、何も起こらなかった。この人たちは、行方不明者のリストを持っていき、血液サンプルを私からとっただけだ」。この会は、停戦後、警察や政府から嫌がらせを受けることを恐れて、急速にメンバーを失っている。彼が求めることは、息子がどうなったかを調べ、死が確認できたら習慣にのっとった葬式を出したいということだけだという。彼が嘆くのは葬式すらあげられないことの哀しみである。しかしもし息子の死体が発見されても、ほかのメンバーの犠牲者の行方がわかってから初めて息子の葬式をするのだという。彼は話の最後になって私に、再び名前が並ぶ名簿を突き出して、問いかけた。「私はすべてをあなたがたに話した。話を聞いたあなたは私に何をしてくれるのか?」。

失踪や誘拐、殺された人々の名前は、沈黙を守る親密な人々の心の中でくりかえし呼ばれる。しかし沈黙を破って、名前を記すことを望んだ親密な人は、カトリックの神父や教師によってつくられた名簿にその名前を連ねる。こうした多くの名簿がつくられ、しかるべき場所に送られ、そして積み上げられたファイルや引き出しの中に収まるのだ。

特記すべきは、その中でもまれに公の文章になった例である。一九八九年から九〇年におこなわれた粛清についての、政府から任命された調査委員会の報告書『スリランカ西部、南部、サバラガムア地域における強制連行および失踪についての調査最終報告書』である。(16) 一九九四年に選出されたクマーラトゥンガ大統領が公約に従って設置した同委員会は、多くのシンハラが、そしてタミルの人々も恐怖の時代として覚えている粛清の時期に起きたことがらの調査を徹底的におこなった。スリランカの歴史で初めてのことである。委員会の呼びかけで届け出をしたケースだけでも一万件近い数にのぼり、四五三ページの分厚い報告書の前半は詳細な当時の事情の報告と委員による厳しい批判、後半の二四六ページは七二三九件の行方不明者の名簿であり、本人の名前、申立人とその関係、行方不明者の住所などが書かれた細かい活字でぎっしりと埋め尽くされている。申立人は、父、母、妻、兄弟姉妹、息子や娘、義理の父、義理の母、甥や姪などがほとんどである。一人ひとりの名前を呼び合っていた小さな親密なコミュニティが名簿のページから彷彿と浮かぶ。きわめて真摯な報告書は強いインパクトを社会に与えたが、委員は解散したあと不特定の集団や政治家から強迫を受け、主要メンバーの多くは海外に移住してしまった。その後、激しい内戦が再開され、おびただしい犠牲者が出たが、その正確な数は不明であり、こうした調査はそれから一度もない。今後もその見通しは現状では薄い。ここに記された名前ですら、それ以上のものとは扱われておらず、集団埋葬の調査もいまだに未着手である。

読み上げられる名前――ニューヨーク

個人の親密な人々の間の名前が奪われ、突如として政治性を帯びる名前になるときがある。グラウンド・ゼロでおこなわれる9・11の追悼式では、二九七三人の犠牲者の一人ひとりの名前を犠牲者の関係者が呼ぶ儀式が毎年続けられている。初年はその周辺まで行ってみたが、強風がむき出しのグラウンド・ゼロの土ぼこりを舞いあげる中、空き地を取り囲むビルの間をぬって、犠牲者の名前が風にのって周辺に集まる者に聞こえてきた。当局がかけがえのない一人の人間として、一人ひとりの犠牲者の名前を呼んで弔うという意味が込められている。この事件が無差別攻撃のテロリズムであったために、余計に一人ひとりの名前を呼ぶこの儀式は、聞く者の感情に訴えた。この名前を聞くことで、犠牲者と直接に関係しない人でも、その人の生きてきたこれまでや、名前を共有する親密な人たちを連想して、擬似的な親密性を共有し、気がつくと呼ばれた名前の人と自分の大切な人とが重なり、感情移入に導かれる。

しかし、そこで名前を呼び上げるのは遺族代表であったり、市が準備した人であった。この追悼式で呼ばれる名前はもはやその名前を共有してきた私的な小さなコミュニティだけのものから、儀式を取り仕切る当局や空中に響く名前を耳にする不特定の人、テレビの前でそれを聞いている人々のものとなる。読み上げられた名前の数だけ、パブリックになったパーソナルな悲劇は、アフガニスタン侵攻と引き続くイラク攻撃というパブリックな暴力に正当性を与える、疑問を挟むことが許されない感情的メタファーに転じる。一人ひとりの風に漂い空中に消えていく名前と、その後のアメリカ政府の軍事行動やテロリスト防止キャンペーンの間のあまりに大きい距離は、この読み上げられる名前の親密性を共有することで消滅するかのようだ。そして、読み上げられた名前と国家の報復行為との間に実は巨大な裂け目があり、この裂け目に本質的問題がすべりこみ隠れてしまうことに気づく人は少ない。個別の名前を読み上げるという行為の、そのほんの一〇秒足らずの間に、現在の暴力的行為にあった私たちが直面するもっとも深部の危険な問題が露呈している。それに気づいたいくばくかの遺族は故人の名前を呼び上げられることに違和感を持ち、その拒否さえ試みた。読み上げるという瞬間的行為がつなぐ、犠牲者の名前と国家の報復戦争の間のあまりにかけ離れたこの裂け目が、私たちの生きる世界をもっとも明確に示しているのではないだろうか。

二人の母の混乱

スリランカの内戦で行方不明になった兵士を探す母親の会の代表と、ニューヨークの反戦集会で壇上に立ってスピーチをしたムスリムの母の、両者の混乱した態度が重なって見える。

スリランカの母は地域活動に熱心なシンハラの普通の女性だったが、息子の一人が兵士に志願し、戦闘中に行方不明になった。彼女は遺体が見つからない息子の死を受け入れず、遺族恩給も拒否して、息子を探しながら一人で前線のキャンプ訪問を繰り返す。そのうち兵士の扱いがきわめて粗悪であることに気がつき、予備兵も含めて失踪した兵士の母や妻を中心としたNGOを立ち上げ、名簿をつくり、LTTEとの捕虜の交換、放置された兵士の遺体の発掘、兵士のIDプレートの携帯義務の徹底などを要求して、精力的に活動を開始する。兵士の母親による反戦集会を組織して有名になると、ユニセフや国際赤十字をはじめ、世界的に著名なNGOの会議に招聘され、「行方不明の兵士の母」「反戦の母」として、スリランカの女性を代表して語るようになる。しかしながら矛盾するのは、彼女は、LTTEの兵士であった息子が行方不明であるタミルの母親や、政府による粛清で殺されたシンハラの母親を彼女のNGOに加えることはもとより、組織的な連携も拒む。なぜならLTTEと戦い国を守るために兵士に志願した息子を持つ母である自分たちと、彼女たちとは愛国の心が異なるという。また、彼女は非暴力の反戦主義者だと自認するが、同時に政府軍の幹部とも積極的に付き合い、遺族会でも活発で、軍隊における兵士の扱いを向上させ近代的な軍隊になればLTTEにも勝利し、平和が来る、と断言する。彼女の言動の矛盾に対して周囲の人からどのような指摘を受けても、彼女はそれを聞き入れることは、頑としておこなわず、兵士の母への無理解による攻撃と捉えることをやめようとしなかった。

ニューヨークでよくメディアに取り上げられたイスラム系移民の母親がいる。9・11の朝、息子は外出したまま帰宅しなかった。FBIは息子とテロ組織の関連を疑い、この家族の尋問と監視を継続した。この家族はコミュニティからも差別的扱いや嫌がらせを受け、兄弟は職も失った。数カ月後、崩壊現場から息子の死体が見つかった。当時近くを地下鉄で通過中だった息子は、緊急介護の心得もあったため事件を聞いて救助に駆けつけたところ、センターの崩壊にあって死亡したことがわかった。そして息子は一躍、英雄扱いを受けることになった。この母親は事件後、いろいろな種類の集会に呼ばれて、その体験を話しはじめた。

ワシントン・スクエアでの、反ブッシュの色濃い反戦集会で、平和運動家や詩人、文学者、聖職者が次々と壇上にあがり、スピーチをする中、この母親も呼ばれて話しはじめた。最初から興奮した様子の声で始まったスピーチは、「イスラムの移民」「母」「女性」「当局から差別的嫌疑を受けた」という話から「テロリストの母から一転して献身的な犠牲者の母となった嬉しい驚き」、「ブッシュに英雄として認知された息子」、「アメリカ人として国に忠誠を尽くす誇りある息子」「当局に感謝」と国務省への感謝に変わり、最後に息子の死を悼みながらも、息子を誇る母親として、「アメリカに平和を」というメッセージを涙ながらに参加者に投げかけて、終わった。

明らかに一方では「反戦」と「平和」を訴え、当局の差別に激憤しながら、その一方では国家権力のラベリングが「テロリスト」から「献身的犠牲者」に変わったことに、「感謝」するイスラムの母のこのスピーチには、「反権力」「反戦」の一貫性がなく、当局の認知やブッシュ大統領に感謝するなど、多くの矛盾がある。しかし、そこにいるのは運動家ではなく、一人の大切な息子の死を嘆く母親であり、この母親のイデオロギー的混乱が示すものは、彼女の無知ではなく、一歩イデオロギーの闘争の場に出たとき、いかに一人の母という存在が無防備な存在であるかということだ。反戦集会での彼女の発言がいかに矛盾していようと彼女はメディアや運動家にとっては「使いやすい」素人の「本物の犠牲者」という役目を忠実に果たし続けている。

この二人に共通する混乱は、実は二人の、どのような政治的なカテゴリーに分類されることに対しても示す強固な拒絶でもあるかもしれない。家族を失う哀しみに突き動かされる人々は、市民社会や国家が枠をつくるロジックや概念に、あるいは近代社会の「個人」や「市民」の衣装を着ることを余儀なくされ、さらにそれらの複数のカテゴリーの混乱と競合に巻き込まることを避けきれない。国家や国家を超える巨大な権力に訴え、対抗するならば、ジェンダー、階級、民族、人種といった対抗カテゴリーを必要とする。しかし、そこには、このカテゴリーを使って戦うことによって、逆にこれらのカテゴリーによって人のあり方が規定されてしまうという力学が働く。名前を共有する小さなコミュニティは解剖され、解体され、編成され、つくりかえられていく。二人の母の混乱はこうした規定に逆らうものであり、二人の母の共通する抵抗はスリランカとニューヨークの地名を重ねて滲ませる。

おわりに——始めの終わり

私には本論で、問題にしたい事柄がたしかにそこにあることはわかっていても、あいまいな姿しか見えていないものの輪郭の感触だけでも示したいと考えた。暴力が猛威を振るっているときですら、それが一人の人間が一人の人間に対しておこなった行為であることの徹底的な認識は、その人間を育み、名前を共有する親密な小さいコミュニティの経験として捉え続けることにより可能になろう。そこから認識をつねに離れさせないことが、実は、暴力の猛威の中で多くの人間が一人の、あるいは親密なコミュニティの判断をもって人をかばい、人を助け、人を守った行為が説明できよう。平和と和解への契機は、大上段の号令にあるのではなく、この親密な、名前を共有するこの小さなコミュニティにこそあるのだと、私は考える。

ダニエルは、暴力はつねに文化のカウンターポイント、つまり対峙する位置にあり、双方が一致せずに、あるいは接合関係にならないところに、思考の継続が生まれるという。私は暴力のカウンターポイントは、この名前を共有する小さな親密なコミュニティのあり方であると考える。アーレントは、その著書でナチズムという巨大な絶対な悪があるのではなく、じつは陳腐な悪があるだけだと看破したが、陳腐な悪が実は強大な悪を呼び込んでしまうメカニズム、それにくさびを打つ方法には言及せずに終わった。陳腐な悪が権力のシステムに乗り、巨大化しないためには、徹底して親密な名前を共有する小さなコミュニティの重さを追求し、そこに平和と和解の思想をたずねることができるのではないかと思うようになっている。自分のこれまでの研究の中でこの思いを深めるような無数の物語に出合ってきた。そして物語はさらに続く。しかしいまは、平和と和解の思想をたずねる、その始めの終わりに立っていることを確認して、ひとまず、本論を終わりとしよう。

注

(1) Radika Coomaraswamy, "An Island of Peace?" *The New York Times*, March 19, 2010. 彼女は国連関係の委員も歴任し、コロンボにある民族問題の研究所所長も務めるなど、スリランカの旧家のコスモポリタン知的階級のタミルを代表する知識人である。

(2) 二〇一〇年現在、米軍は政治的混乱を残したままイラクからの撤退を準備し、アフガニスタンでは今後の見通しすらたっていない。スリランカもその後、平和交渉は決裂、停戦協定は破棄され、二〇〇九年には国連や国際社会の忠告を無視して、人間の盾として使われた民間人の数千人から数万人という犠牲を払った激しい戦いがあり、政府軍がLTTEを武力制圧し、大統領の勝利宣言となった。

（3）二〇一〇年五月の政府のLTTEの制圧から、大統領選挙による強力な政権誕生のプロセスと問題については、足羽與志子「スリランカ内戦終結——平和の文化にむけて」『世界』二〇〇九年一一月号、二五—二八ページを参照のこと。

（4）イマヌエル・カント『永遠平和のために』宇都宮芳明訳、岩波文庫、一九八一年。

（5）S. J. Tambiah, *Sri Lanka: Ethnic Fratricide and Dismantling of Democracy*, University of Chicago Press, 1991; *Buddhism Betraied?: Religion, Politics, and Violence in Sri Lanka*, University of Chicago Press, 1992; *Leveling Crowds: Ethno Nationalistic Conflicts and Collective Violence in South Asia*, University of California Press, 1997.

（6）Valentine Daniel, *Charred Lullabies: Chapteres in an Anthropolography of Violence*, Princeton University Press, 1996.

（7）Gananath Obeyesekere, *The Apotheosis of Captain Cook: European Mythmaking in Pacific*, Princeton University Press, 1997.

（8）リュドミラ・ウリツカヤ『通訳ダニエル・シュタイン（上下）』前田泉訳、新潮社、二〇〇九年。

（9）オルハン・パムク『雪』和久井路子訳、藤原書店、二〇〇六年。

（10）ベルンハルト・シュリンク『朗読者』松永美穂訳、新潮社、二〇〇三年。

（11）最初は、インド軍撤退後に、政府軍とLTTEの闘争が再開し、LTTEはジャフナ支配権を手に入れた一九九二年から九五年の間、政府はLTTE弱体化のためにジャフナ市民に厳しい経済封鎖をおこなった。二回目は停戦協定後の二〇〇六年からLTTE制圧の〇九年までである。とくに最初の経済封鎖は厳しく、医薬品から子どものミルクや食料にも事欠いたという。

（12）ジャフナと南部主要都市を結ぶ幹線道路の封鎖による、ジャフナならびに北部のLTTE支配地域の二回目の経済封鎖はそのまま、二〇〇九年五月に北部地域の市民を人間の盾に使ったLTTE制圧戦争の終結まで続いた。本調査はそれ以前におこなわれたため、二回目の経済封鎖の影響やジャフナ市民の一部も犠牲になったこの戦闘の影響については回答されていない。

(13) コロンビア大学のオーラル・ヒストリー・プロジェクトでは、9・11の経験者にインタヴューを重ねている。

(14) 足羽與志子「暴力の記憶と和解への道――スリランカ、ドイツ、沖縄」一橋大学社会学部編『人と社会――つながりの再発見』彩流社、二〇〇九年、二五九―二五三ページ。足羽與志子「平和と和解の文化を育む――スリランカ平和構築と文化政策」中満泉他編著『紛争社会の国際政治学』ミネルヴァ書房、二〇一〇年、六五―九三ページ。

(15) 一方、一九世紀末からの社会科学は、社会的「個人」と社会の関係についてさまざまなモデルや議論をつくり上げてきた。社会科学でいう一人の人間とは、ルソーにしても、マルクスにしても、社会の規範に順応・対抗する社会的「個」だった。現在の「個性的」であること、「アイデンティティ」を持つことを期待される存在もたしかに社会的個の射程に入る。しかし社会と対峙するところに生まれる「個人」ではなく、存在論的に生まれ、大人に名付けられた人生の歴史を生きる「名付けられた人」の存在こそが、この不確定な世界で私たちが日常の幸福のよりどころとする、より重要なリアリティかもしれない。

(16) *Final Report of the Commission of Inquiry into Involuntary Removal or Disappearance of Persons in the Western, Southern and Sabaragamuwa Provinces*, Printed on the Order of the Government of Sri Lanka, September 1997, Printed by the Department of Government Printing, Sri Lanka.

■平和と和解の思想のために《文献案内》

オルハン・パムク『雪』和久井路子訳、藤原書店、二〇〇六年

トルコの架空の地方都市でのイスラム原理主義派、世俗主義派、国家組織の数日間の抗争を、偶然それに遭遇した詩人の目を通じて描いた作品。若者の群像、世代間の断絶、ジェンダー、家族、恋愛等をめぐる人の交差の細部の描写は、テロリズムとは一括できない状況の重層性と問題の普遍性を示す、優れた民族誌的寓話である。

ハンナ・アーレント『イェルサレムのアイヒマン——陳腐な悪についての報告』大久保和郎訳、みすず書房、一九六九年

ナチによるユダヤ人虐殺の責任者の一人、アドルフ・アイヒマンの裁判が一九五三年にイスラエルでおこなわれた。本書は政治哲学者の著者による裁判の報告と考察。命令に服従する能吏なアイヒマンに悪の陳腐さを見ると同時に、彼を裁く側やユダヤ人社会の欺瞞性を指摘した。善／悪の政治性、人間性についての冷徹で鋭利な批判は、読者に思考の停止と安住を許さない。

クロード・レヴィ＝ストロース『神話論理』みすず書房、二〇〇六—二〇一〇年

構造主義人類学の金字塔である『神話論理』は南米と北米の膨大な神話の構造分析により、自然から文化に移行する人の知的構造を抽出し、神話体系を表す。神話の中では、暴力、破壊、殺人、近親相姦、裏切り等の行為がその他の多岐にわたる人と自然の行為とともに語られ、その分析において、自然と人、自然と文化の間の架橋がされるとともに、不協和を含み込む精神の躍動、調和、あるいは認識的整合性を示す構造主義の世界が示される。そこにレヴィ＝ストロースが描く、平和や和解についての、まったく異なる次元を読み解くことができる。

あとがき

「戦中派」や「戦後派」と区別される形で、「戦無派」という言葉が、日本社会の中に定着したのは、一九六〇年代末から、一九七〇年代はじめのことだと考えられる。早坂泰次郎『現代の若者たち――戦無派世代の意識を探る』（日本経済新聞社、一九七一年）が、「戦後二十六年たった現在、戦争とは全く無縁なもっと若い世代が社会の人間の環の一つとして登場してきたのである。いわゆる〝戦無派〟の世代である」と指摘しているのが、一つの根拠にはなるだろう。早坂の定義によれば、この世代は、〝戦争もその後の混乱も知らない子供たち〟だった。

しかし、そのときから、四〇年近い歳月が流れた今日、「戦無派」という括り方自体がすでに意味を失おうとしている。戦後生まれが総人口の四分の三を超し、「戦中派」の中核である大正生まれは総人口のわずか四・四パーセントを占めるにすぎない（『朝日新聞』二〇〇九年四月一七日）。

しかし、その一方で本来の意味での「戦無派」に属する私自身は、井上靖の詩、「昭和も遠く」（『すばる』一九八九年六月号）の次の一節に強く惹きつけられたりもする。

〝明治も遠く〟と、詠んだ人があったが、同じように、何回か雪が降ると、やがて、〝昭和も遠く〟という詞が、ごく自然に、人の口の端に上るようになるだろう。〔中略〕明治が遠くなったように、昭和も遠くなるだろう。なるに違いない。ただ、その時、淋しいのは、その昭和に於て、若いままで散って行った多くの友が、その死の意味が、降りしきる雪片の中に、遠く、遠く、小さく、小さくなって行くことだ。

一九五四年生まれの私が、なぜ、この詩に惹かれるのだろうか。一つには、私たちの父、母の世代が「戦中派」に属していることと関係がある。私たちにとって、父、母の世代に対する反発や批判、共感や同情は、戦争の時代をどのように理解するかという問題と密接不可分の関係にあるからである。そのことは、一九五〇年生まれの若一光司が、『最後の戦死者――陸軍一等兵・小塚金七』（河出書房新社、一九八六年）の中で、次のように指摘していることと重なっている。

いずれにせよ、僕たちの親の世代は戦争によって人生を歪められ、その可能性を分断されながら生きてきた。〔中略〕そして僕たちは、そんな親たちの嘆きや怒りや諦めを肌で感じながら、幼い日々を暮らしてきた。あの戦争によって親たちが失ったものの、その何分の一かを共に背負い、共有することで、自分の人生を歩き始めたのである。「僕たちはあの大戦を間接的に体験した世代に属している」というのも、そのような事実を指してのことである。

もちろん、父、母の世代だけでなく、侵略戦争の最大の犠牲者であったアジアの民衆の存在や彼らとの共生の努力も忘れてはならない。また、「戦無派」と呼ばれた世代の戦後史を単純化することにも大きな問題がある。この世代は、ジローズのヒット曲、「戦争を知らない子どもたち」に象徴されるような形で、あるいは「全共闘」運動に象徴されるような形で、ときには親たちの世代の戦争体験に背を向け、ときには戦争体験の継承自体を否定していた世代でもあった。井上靖の詩への私の共感も、世代論だけに還元できない問題をはらんでいるのである。

　むしろ、ここで重要なことは、「戦争もその後の混乱も知らない」、「戦無派」世代の登場によっても、「戦後」と呼ばれる時代が終わることはなかったという事実である。戦後処理や戦争責任の問題、戦争の時代の評価をめぐる「歴史認識」問題など、かつての戦争に関する議論は絶えることはない。「終戦記念日」のように、「年中行事」化している面があるにせよ、戦争体験や戦争の記憶の継承についても、その意義を正面から否定する人は少ない。さまざまな問題点をはらみながらも、戦後の日本社会の中に平和主義的な政治文化が形成され、それが現在に至るまで、曲がりなりにも継承されてきたことは確かだろう。

　そうした戦後の日本社会のある意味でのユニークさを、「平和と和解の思想」の新たな可能性という面から、社会科学的に解明してみたいというのが本書の出発点だった。その際、「平和と和解の研究センター」設立の経緯からしても、国際社会における平和構築に向けての新たな実践や研究から、多くのことを学ぶ必要があるという認識が共有されていたことは、言うまでもない。

　同時に、「戦無派」と呼ばれた世代でさえ、もはや、五〇～六〇歳代であるという現実にも目を向ける必要があった。つまり、若一光司が言う間接的に戦争を体験した世代ですら、研究者の世界でも「少数派」になりつつあるのである。その意味では、次の世代との対話と共同研究が大きな課題とならざるをえない。幸いなことに、一橋大学大学院社会学研究科は、有能な多くの若手研究者を擁している。その協力を得て、本書をまとめることができたのは、編者として、大きな喜びだった。あらためて、すべての執筆者の方々に深く感謝したい。

二〇一〇年四月

「平和と和解の研究センター」共同代表　吉田　裕

索　引

ア行

カ行

サ行

タ行

ナ行

ハ行

マ行

ヤ行

ラ行

ワ行

内海和雄（うちうみ かずお）
1946年生まれ．一橋大学名誉教授．専攻はスポーツ社会学．著書に『プロ・スポーツ論』『アマチュアリズム論』『スポーツ研究論』（いずれも創文企画），『イギリスのスポーツ・フォー・オール』『日本のスポーツ・フォー・オール』（ともに不昧堂出版）など．

深澤英隆（ふかさわ ひでたか）
1956年生まれ．一橋大学大学院社会学研究科教授．専攻は宗教学．著書に『啓蒙と霊性』（岩波書店），共編著に『近代日本における知識人と宗教』（東京堂出版），共著に『宗教とモダニティ』（世界思想社）など．

中野　聡（なかの さとし）
1959年生まれ．一橋大学大学院社会学研究科教授．専攻は米比日関係史．著書に『歴史経験としてのアメリカ帝国』（岩波書店），『フィリピン独立問題史』（龍渓書舎），共著に『近現代日本・フィリピン関係史』（岩波書店）など．

落合一泰（おちあい かずやす）
1951年生まれ．一橋大学大学院社会学研究科教授．専攻は文化人類学．著書に『ラテンアメリカン・エスノグラフィティ』（弘文堂），*El Mundo Maya: Miradas Japonesas*（メキシコ自治大学），論文に「情報資本主義と近代観光」（『観光文化学』新曜社），「文化を受け継ぐ」（『マヤ学を学ぶ人のために』世界思想社）など．

岡崎　彰（おかざき あきら）
1949年生まれ．一橋大学大学院社会学研究科教授．専攻は社会人類学，アフリカ研究．共著に *Postcolonial Subjectivities in Africa* (Zed Books)，論文に「『銃』と『笑い』——アフリカの或る二つの『解放運動』」（『神奈川大学評論』第45号），「援助・誘惑・悪夢——日本とアフリカの悩ましい関係」（『神奈川大学評論』第51号）など．

足羽與志子（あしわ よしこ）◆
1957年生まれ．一橋大学大学院社会学研究科教授．専攻は文化人類学．共編著に *Making Religion, Making the State: the politics of religion in modern China* (Stanford University Press)，共著に『岩波講座 文化人類学５ 民族の生成と論理』（岩波書店），『紛争解決の国際政治学』（ミネルヴァ書房）など．

執筆者紹介（執筆順）　◆印は編著者

吉田　裕（よしだ ゆたか）◆
1954年生まれ．一橋大学大学院社会学研究科教授．専攻は日本近現代史．著書に『昭和天皇の終戦史』『日本の軍隊』『アジア・太平洋戦争』（以上，岩波新書），『日本人の戦争観』（岩波現代文庫），『天皇の軍隊と南京事件』『現代歴史学と戦争責任』（いずれも青木書店）など．

濱谷正晴（はまたに まさはる）◆
1946年生まれ．一橋大学名誉教授．専攻は社会調査論，社会調査史研究．著書に『原爆体験』（岩波書店），共編著に『社会調査―歴史と視点』（ミネルヴァ書房），共著に『戦争と民衆』（旬報社）など．

根本雅也（ねもと まさや）
1979年生まれ．日本学術振興会特別研究員（DC2）．一橋大学大学院社会学研究科博士課程在籍．専攻は文化人類学．修士論文に「広島の戦後三〇年間にみる原爆被害の表象と実践」．

多田　治（ただ おさむ）
1970年生まれ．一橋大学大学院社会学研究科准教授．専攻はグローバル社会学，沖縄研究．著書に『沖縄イメージの誕生』（東洋経済新報社），『沖縄イメージを旅する』（中公新書ラクレ），共著に『沖縄に立ちすくむ』（せりか書房）など．

渡辺　治（わたなべ おさむ）
1947年生まれ．一橋大学名誉教授．専攻は政治学，日本政治史．著書に『憲法９条と25条・その力と可能性』（かもがわ出版），『憲法「改正」』（旬報社），共著に『新自由主義か新福祉国家か』（旬報社），訳書にデヴィッド・ハーヴェイ『新自由主義』（監訳，作品社）など．

森村敏己（もりむら としみ）
1960年生まれ．一橋大学大学院社会学研究科教授．専攻はフランス史，フランス思想史．著書に『名誉と快楽』（法政大学出版局），編著に『視覚表象と集合的記憶』（旬報社），『集いのかたち』（共編，柏書房）など．

寺崎陽子（てらさき ようこ）
1977年生まれ．一橋大学大学院社会学研究科博士課程在籍．専攻は文化人類学．主にアメリカの国立公園政策について研究している．修士論文に「アメリカにおける国立公園制度の形成プロセス――イエローストーンからミッション66まで」．

平和と和解の研究センター（へいわとわかいのけんきゅうせんたー）

2007年4月，一橋大学大学院社会学研究科に設置．社会科学は平和と和解に対してどのような貢献ができるのか，という問いのもとに，思索を深め，研究と研究による実践を目的とする．日本における戦争と平和思想の研究と，海外の紛争／ポスト紛争地域での平和構築等の研究の両者を架橋することにより，新たな思想的領域をひらき，社会科学による平和と和解についての総合的研究と教育の中核的拠点形成をおこなう．略称CsPR（Center for the Study of Peace and Reconciliation）．

平和と和解の思想をたずねて

2010年6月11日　第1刷発行　　定価はカバーに表示してあります

編著者©　平和と和解の研究センター
足羽與志子
濱谷正晴
吉田裕

発行者　中川進

〒113-0033　東京都文京区本郷2-11-9
発行所　株式会社　大月書店
印刷　太平印刷社
製本　中條製本
電話（代表）03-3813-4651　（FAX）03-3813-4656／振替 00130-7-16387
http://www.otsukishoten.co.jp/

ISBN 978-4-272-43084-0 C0010